P 아우또노미아총서 69

메이데이

The Incomplete, True, Authentic, and Wonderful History of May Day

지은이 피터 라인보우
옮긴이 박지순

펴낸이 조정환
책임운영 신은주
편집 김정연
디자인 조문영
홍보 김하은
프리뷰 표광소

펴낸곳 도서출판 갈무리 등록일 1994. 3. 3. 등록번호 제17-0161호
초판인쇄 2020년 4월 24일 초판발행 2020년 5월 1일
종이 화인페이퍼 인쇄 예원프린팅 라미네이팅 금성산업 제본 경문제책

주소 서울 마포구 동교로18길 9-13 [서교동 464-56] 2층
전화 02-325-1485 팩스 02-325-1407
website http://galmuri.co.kr e-mail galmuri94@gmail.com

ISBN 978-89-6195-232-3 03900
도서분류 1. 역사 2. 서양사 3. 인문학 4. 정치

값 18,000원

이 도서의 국립중앙도서관 출판예정도서목록(CIP)은 서지정보유통지원시스템 홈페이지(http://seoji.
nl.go.kr)와 국가자료공동목록시스템(http://www.nl.go.kr/kolisnet)에서 이용하실 수 있습니다.(CIP제어
번호 : CIP2020014898)

메이데이

노동해방과
공유지 회복을 위한
진실하고 진정하며
경이로운 미완의 역사

피터 라인보우 지음
박지순 옮김

갈무리

일러두기

1. 이 책은 Peter Linebaugh, *The Incomplete, True, Authentic, and Wonderful History of May Day*, Dexter, Michigan : PM Press, 2016을 완역한 것이다.
2. 인명, 지명, 책 제목, 논문 제목 등 고유명사의 원어는 맥락을 이해하는 데 원어가 꼭 필요하다고 생각되는 경우를 제외하고는 본문에서 원어를 병기하지 않았으며 찾아보기에 모두 수록하였다.
3. 단체명에는 꺽쇠(〈 〉)를, 단행본·정기간행물에는 겹낫표(『 』)를, 논문·선언문·기사에는 홑낫표(「 」)를 사용하였다.
4. 저자의 대괄호는 〔 〕를 사용하였고, 옮긴이가 이해를 돕기 위해 첨가한 내용은 [] 속에 넣었다.
5. 영어판에서 대문자로 강조한 것은 두꺼운 명조체로, 이탤릭체로 강조한 것은 고딕체로 표기하였다. 단, 영어판에서 영어가 아니라서 이탤릭으로 강조한 것은 한국어판에서 강조하지 않았다.
6. 지은이 주석과 옮긴이 주석은 같은 일련번호를 가지며, 옮긴이 주석에는 [옮긴이]라고 표시했다.

로빈 D. G. 켈리에게

2020년, 한국 독자를 위한 지은이의 서문   7

1장 **메이데이, 주먹질은 넣어두고** (2015)   11

2장 **메이데이의 진실하며 진정하고 경이로운**   29
        미완의 역사 (1986)

3장 **X² : 웨이코와 LA에 비춰본 메이데이** (1993)   61

4장 **메이데이 묵상** (2001)   78

5장 **쿠트와 키엔탈의 메이데이** (2003)   86

6장 **마그나카르타와 메이데이** (2005)   114

7장 **마음을 다한 메이데이** (2006)   126

8장 **오바마 메이데이** (2010)   151

9장 **'메이데이의 방'에 쌓은 기록** (2011)   182

10장 **입실랜티 흡혈귀 메이데이** (2012)   196

11장 **메이데이를 노래하는 백조** (2014)   263

옮긴이 후기 294
참고문헌과 보충문헌 297
인명 찾아보기 302
용어 찾아보기 309

여기에 담긴 글은 각각의 주관을 담고 있다. 여기에는 많은 사람의 이름이 나오고 이들은 주로 유럽인과 미국인이다. 메이데이는 이 세상 어느 장소에서건 항상 나타난다. 사막에도, 도시에도, 숲에도, 호수에도, 들판에도, 해변에도, 동포들이 사는 우리 고향에도 있다.

여기에는 두 가지 주된 이야기가 있다. 첫째는 아메리카 원주민들과 5월의 기둥을 세운 1627년의 토머스 모튼이고, 둘째는 1886년 시카고의 헤이마켓 광장에서 노동자들과 함께한 앨버트 파슨스다. 이 책에서는 이 두 가지와 함께 내 이야기를 포함한 다른 여러 이야기를 알려준다. 곧 만나게 될 모든 이야기의 저변에는 슬픔과 비탄이 깔려있다.

올해 코로나바이러스 범유행 동안, 우리의 모임은 시작도 하기 전에 막혀있다. 데모도 없고 행진도 없으며 연회도 없다. 아마도 혁명적인 모임이 없으니 가능한 혁명적 행동도 없겠지만, 여전히 세상은 시끄럽다. 교도소에서는 단식 파업, 퍼듀Perdue 치킨에서는 살쾡이 파업, 건설 현장에서는 병가 파업, 오클랜드와 시카고에서는 렌트 파업[임대료 지급 거부], 피아트-크라이슬러에서는 생산 중단, 간호사들은 태업과 직접행동, 버스 기사들의 무료 운임 같은 상호조력 사례도 있다. 범유행에 대한 대중적 반응은 예측할 수 없고 널리 퍼져 있으며 시시각각 급변한다Zooming1.

공유지는 메이데이의 핵심이며 새로운 세상에 대한 영감이다. 우리는 상호 조력으로 올바른 행동을 실천한다. 출산, 교육, 양육, 음식, 건강, 주거, 지식과 같은 사회적 재생산의 모든 단계와 수준에서 공유가 필요하다. 공유지는 우리가 자본과 계급 그리고 시장의 두 얼굴에 맞서 유리한 위치에서 저항할 수 있게 해준다.

그들이 우리 물을 빼앗아 간다. 그들이 깨끗한 공기를 빼앗아 간다. 그들이 숲을 빼앗아 간다. 그들이 우리 땅을 빼앗아 간다. 그들이 바다를 빼앗아 간다. 그들이 우리를 우리 집에서 내쫓는다. 모순된 말뿐이다. 그들은 우리더러 손을 씻으라면서 물을 잠가버린다. 우리더러 집 안에 머무르라면서도 신자유주의자들은 우리 머리 위의 지붕은 거부한다. 서로 6피트[2미터 남짓]를 떨어져 있으라면서 우리를 붐비는 교도소에 집어넣는다. 디트로이트의 압둘 엘 사예드 박사가 말했듯이 불안의 전염병이 코로나바이러스의 전염보다 더 많이 퍼졌고, 그래서 우리는 수많은 무덤과 자본주

---

1. [옮긴이] 최근 코로나로 인해 온라인 소통앱 줌(Zoom) 사용자가 폭발한 것을 염두에 둔 표현으로 보인다.

의자들의 선별적 자원 배분을 직면한다. 이 이야기는 끝나지 않았고, 우리는 여기 터틀 아일랜드에서 한국이 보여주는 다중Dajung2의 예시와 경험을 지켜본다.

나는 한국의 독자와 이웃(!)들에게 또 다른 메이데이의 이야기를 들려주며 마무리하고자 한다. 1999년 5월 1일에 유명한 산악인 조지 맬로리의 얼어붙은 시신이 발견되었다. 그가 '세계의 지붕'인 에베레스트산 정상에 거의 다 와서 떨어져 죽은 지 75년 만의 발견이었다. 추락하기 전 해에 그는 "왜 에베레스트산을 오르는가"라는 질문에 맬러리는 "산이 거기 있기 때문에"라는 유명한 답을 남겼다.

"거기 있기 때문에?"

이 말은 영국 제국주의자의 고귀하고 메마른 목소리로 전해진다. 맬러리는 지배층 성직자의 후손이었다. 영적인 허위에 싸여 깔보는 듯한 태도로 블룸즈버리그룹의 수준 높은 문화에 열중하는 그는 자본주의자의 가장 두드러진 태도가 담긴 목소리로 말했다. 그의 차갑고 탁월한 위트는 자본주의적 공리주의와 제국주의의 추동을 배후로 둔 탁상공론을 표현했다. 왜 우라늄을 파냅니까? 왜 땅을 채굴합니까? 그러나 이 모든 과학, 탐험, 전쟁, 기업활동의 뒤에는 "인

---

2. [옮긴이] 저자는 갈무리 출판사와의 이메일 서신 교환을 통해 민중과 다중의 의미를 논의하였으며, multitude의 의미와 함께 공동체의 자율적 힘을 담은 뜻으로 다중(多衆)을 사용하였다.

간"이 있다. 제국주의자 인간이자 에베레스트의 정복자. 그러나 정복자들은 스스로 뒤처리를 하지 않고 똥을 내버려두어서 신의 고향을 하수구로 바꿔버린다.

"거기에 있기 때문에." 그러나 거트루드 스테인이 말했듯이, "거기는 이제 없다." 이 표현은 그녀가 고향인 캘리포니아 오클랜드의, 자기 집이 있던 곳을 두고 한 말이었다. 지구는 이제 누군가의 고향이 되지 않으며 "거기"가 되어버렸다. 메이데이의 정신이 우리를 고향으로 부르고 있다.

피터 라인보우
오대호, 터틀 아일랜드
2020년 4월 10일

1장

메이데이, 주먹질은 넣어두고

서론과 감사의 글

2015

사람들이 빼곡히 둘러앉은 야유회 탁자의 의자에서 '화물열차' 씨가 벌떡 일어났다. 식식거리며 말을 잊은 그는 교수의 눈을 노려보다가 이내 주먹을 날릴 채비를 하며 탁자에 몸을 기댔다. 우리의 메이데이 토론은 갑작스럽게 끝이 났다.

　'화물열차'라 불리는 사람은 180센티미터 이상에 100킬로그램의 거구였다. 엘위트 교수는 그보다 스무 살에서 서른 살이나 더 나이가 많고 작은 체구에 허약한 사람이었다. 최소한 주먹싸움이 가능한 상대는 아니었다.

　"그들이 나를 위해 죽은 것은 아니다."라고 말하는 교수의 입술에는 적의가 깔려 있었다. 또한, 이 말은 대상을 제대로 고른 도발이었다.

　'화물열차' 씨는 이제 막 동지들에게 "그들은 우리를 위해 죽었습니다."라는 말로 그의 담화를 마친 상태였다. 그는 예의를 갖추고 단어 선택도 자제했다. 그러면서도 직설적으로 말하며 핵심을 짚었다. 그는 하루에 여덟 시간의 노동을 위한 투쟁을 이끈 순난자들의 이름을 암송했다. 그는 시카고의 아나키스트들에게 정부가 자행한 광적인 폭력에 희생당한 사람들에 관해 이야기했다. 그는 1886년 메이데이에 있었던 총파업의 요구와 함께 며칠 후에 다이너마이트 막대로 경찰이 사망했던 헤이마켓 광장의 회합에 관해 이야기했다. 또한, 여덟 명의 아나키스트에 관한 재판과 그중 네 명인 앨버트 파슨스, 조지 엥겔, 아돌프 피셔 그리고 어거스트 스파이스가 교수형에 처해진 1887년 11월 11일 "검은 금요일"의 처형에 관해서도 이야기했다. 이들은 헤이마켓의 순난자, 즉 순교자los mártires들이며 '화물열차' 씨가 우리를 위해 죽었다고 말한 사람들이다.

우리는 시카고의 대학원생 로버트 하먼에게 애정을 담아 "화물열차"라는 별명을 붙였다. 그가 일단 일을 시작했다 하면 누구도 멈출 수 없었기 때문이다. 그는 〈세계 산업노동자 동맹〉[1]을 사랑하며 젊은 급진주의자들에게 "최후의 워블리"라고 잘 알려진 역할에 온 힘을 다하고자 했다. 그는 일리노이주 시세로의 이탈리아계 미국인 공동체에 깊은 충절을 가졌고 1920년대에는 가톨릭교회와 갱스터 문화가 어떻게 이탈리아계 아나키즘의 뜨거운 불꽃을 사그라트렸는지 설명하곤 했다. '화물열차'의 개인적 사명은 그 불꽃을 지키는 것이었다.

그는 르네상스 시대의 역사를 사랑하고 카스틸리오네의 책 『궁신론』(1528)에서 스프레짜투라Sprezzatura로 묘사한 태연함에 영향을 받았다.[2] 엘위트가 그의 박사학위 구술시

---

1. [옮긴이] Industrial Workers of the World. IWW 또는 워블리(Wobbly)라는 별칭으로도 불린다.
2. [옮긴이] 카스틸리오네는 『궁신론』 또는 『궁정인』이라는 책에서 궁정인이 추구하는 일종의 칭송과 호의인 그라찌아(Grazia)의 원천으로 스프레짜투라라는 태연하고 겸손하며 "기교를 보이지 않도록 하는 기교"를 언급한다.

험을 담당한 적이 있었다. '화물열차'는 출산 의자에 관해 설명하고자 했다. 그래서 그는 태연하게 자신의 의자에서 내려와 두 팔과 다리를 넓게 벌려 불가사리 형태를 취한 후 거의 바닥에 닿을 듯한 자세에서 신발 뒤꿈치를 시험대의 모서리에 고정하며 몸을 지탱했다. 깜짝 놀란 시험관들에게 그는 이탈리아 르네상스 시대에 활용되었을 것으로 그가 상상한 분만 자세를 설명했다. 그는 "이러한 방식으로 마키아벨리, 미켈란젤로, 레오나르도 다 빈치 그리고 다른 모든 이들이 세상에 나왔습니다."라고 설명했다.

야유회 탁자에서처럼 시험대에서도 '화물열차'는 생생한 역사를 만들어낼 수 있었다.

하루가 저물고 밤이 시작되는 시점에서 맑스주의자 엘위트 교수는 우리가 '화물열차'의 이야기에 귀를 기울이고 있던 탁자로 다가왔다. 교수는 사회주의자이고 학생은 아나키스트이기에 둘은 각자의 메이데이를 주장했다. 엘위트가 언쟁을 시작했다. 일시적으로 말을 잊은 아나키스트가 할 수 있는 것은 행동뿐이었고 그는 달려들었다. 붉은색과 검은색의 대립이었다.

찻잔의 물결처럼 별것 아닌 일이었을까? 아니면 가르시

스프레짜투라의 반대 개념은 아페타찌오네(Affettazione)로 자신의 능력과 자질을 드러내려는 과도한 바람에서 비롯된 행위를 말한다.

아 로르카[3]의 작품처럼 결혼이나 장례식과 같이 거의 제식적인 순간이었을까? 아마도 둘 다 해당하였을 것이다. 풍속 소설을 한 편 써도 좋을 만큼 학술적인 말씨름이 많이 있었지만, 이 논쟁에 실제로 관여한 사람들에게는 역사의 무게라는 보다 중요한 사안이 달린 싸움이었다. 아니면 당신은 이 이야기를 다른 방식으로 볼 수도 있다. 봄이 되어 성적이고 생산적이며 또한 정치적인 에너지가 어지러이 넓게 퍼지고 있으며 디오니소스의 컵 또한 흘러넘치고 있다는 점은 말할 필요조차 없다. 겨울의 끝에서 녹색이 피어나는 기세는 최소한 한 세기에서 두 세기 동안의 정치적 대립과 결합하고 그 긴장은 폭발할 준비를 마쳤다. 테스토스테론이 마녀의 양조장에서 미친 듯이 끓어오르고 있다.

어쩌면 붉은색과 녹색의 대립이었을 수도 있다.

우리는 뉴욕 로체스터에 있는 넓고 평화로운 엘리슨 파크에 있는 야유회 터를 하루 동안 빌려 메이데이를 축하했다. 순전히 자신의 먹거리를 직접 가져오는 포틀럭 모임이었다. 우리는 풀밭에서 깃발 뺏기Capture the Flag 놀이를 했다. 누군가 기타를 가져왔고 우리는 그를 따라 오래된 노동가요와 민권 찬가를 불렀다. 맥주와 와인을 물처럼 마셨다. 전

---

3. [옮긴이] Garcia Lorca. 스페인의 시인으로 애도하는 노래나 혼례와 같은 주제의 시가 대표작으로 남아 있다.

반적으로 느긋하고 한가로운 시간이었다. 대부분 충분히 행복을 느끼고 있었다. 학생과 노동자 사이에는 염색공이자 디자이너인 베디아 워터먼과 예술가이자 운동가인 조 헨드릭, 브레이크맨 "디스코"the brakeman "Disco"도 있었고 내가 사랑에 빠지게 될 열렬한 공중 보건 옹호자인 미카엘라 브레넌이 레즈비언 의사가 몰고 온 오토바이 뒷좌석을 타고 도착했다. 우리 교수들은 아이들도 이해할 수 있는 방식으로 말하기 위해서 우리의 이론과 추상적 개념은 제쳐두어야 했고, 그래서 언젠가 우리는 아이들을 위한 짧은 희극을 구성하기도 했었다(극장에서 시연된다고 하더라도 연극이라 부르기에는 모자람이 있는 것이었다). 이 이야기가 보스턴에서 샌프란시스코까지 미국 전역에서 유용하게 활용된 전단, 노래 그리고 소책자의 모습으로 나타났고 후에 『메이데이 : 노동해방과 공유지 회복을 위한 진실하고 진정하며 경이로운 미완의 역사』로 자라나는 씨앗이 되었다.

우리는 한 해 동안 연설을 했다. 검은 가죽 바지와 검은 셔츠를 입은 스위스인 크리스티안 마라찌[4]가 함께 다니며 나서서 이야기를 전했다. 그의 억양과 옷차림은 인상 깊었

---

4. [옮긴이] 안또니오 네그리, 빠올로 비르노, 프랑코 베라르디[비포] 등과 함께 자율주의 핵심 사상가 중 한 명이다. 저서로 『금융자본주의의 폭력』(갈무리, 2013), 『자본과 언어』(갈무리, 2013), 『자본과 정동』(갈무리, 2014) 등이 있다.

다. 금융 자본주의의 신비에 관한 그의 분석 역시 우리 중 많은 사람은 이해할 수 없었지만, 마찬가지로 무언가 깊은 인상을 남겼다.

1970년대 중반과 후반에 다양한 종류의 패배를 겪으면서 젊은 조직가, 활동가, 급진주의자, 개혁가 그리고 혁명가들은 공부라는 소명을 마음에 두고 있었다. 그 당시에 다양한 출신의 사람들이 로체스터 역사학과에 몰려들어 소위 말하는 맑스주의자와 좌파 들과 함께 공부했다. 대학은 교수들이 상상한 이데올로기적 구조의 주도적 위치에 정확히 있지는 않았지만, 분명 사상의 투쟁을 벌이는 장소 중 하나일 수는 있었다.

아프리카계 미국인이 이끄는 1960년대의 위대한 도시 반란을 계기로 미국 대학에서는 공통적으로 교육과정과 연구 그리고 대학 내의 사람들 모두에게서 그 안의 인종차별 현실이 분명하게 드러났다. 로체스터 대학교의 교수 중 일부는 이에 관해 무언가를 시도하기도 했다. 크리스토퍼 라쉬, 허버트 거트먼, 뱃시 폭스-제노비스, 유진 제노비스, 스탠리 앵거먼은 그곳에서 우리가 기대했던 이론과 실제, 사상과 실천을 가르치고 있었다. 마침내 백인 학자였던 이들은 아프리카계 미국인의 역사에 학술적인 이바지를 해냈다. 중요한 서평들이 출간되고 책에 관한 학술회의들이 개최되었다. 그러나 그들에게 남은 것은 혁명이 아닌 맑스주의 이론이었다. 이러한 결과물들은 자동차 제조공장의 노동자나 공공 주택 단지에서 생활보조금을 받는 부녀자들 또는 〈혁명적 흑인 노동자 연맹〉이나 〈가사노동 임금 캠페인〉과 같은 특정 조직과 연결되지 못했다.

미국 공산당의 유력한 구성원인 허버트 앱데커의 캠퍼스 방문은 중요한 순간이었다. 그는 웰스-브라운 룸[5]에서 연설했다. 누구도 그를 소개하고 싶어 하지 않았기 때문에 그들은 역사학과에서 가장 젊고 박사학위도 없는 교수단의 구성원에게 그 일을 부탁했고 그게 바로 나였다. 앱데커는 뉴욕주에서 미국 상원의원을 목표로 하고 있었다. 그는 무력한 역사학과의 속사정을 잘 알고 있었고 나쁜 상황을 최대한 활용했다. 그는 조용히 데리고 가서는 소개할 때 내가 정확하게 어떤 말을 해야 하는지 말해 주었다. 나는 "박사"doctor라는 호칭으로 그를 박사 허버트 앱데커라고 부르는 것으로 시작해서 그의 주요 저서를 열거하기 시작했다. 나는 당시에 정평이 나 있던 『미국 흑인 노예 봉기』(1943)를 포함한 그의 학술적 업적이 낯설었다. 나 자신의 무지를 고쳐 보기 위해 나는 〈아프리카계 미국인 연구 모임〉의 초청을 받아 최고 수준 보안 교도소인 아티카에서의 강의를 시

---

5. [옮긴이] 저자가 일했던 로체스터 대학교에서 연회나 방문 강사의 연설을 진행하던 장소.

작했다.

샌포드 엘위트는 프랑스 노동사를 전공한 교수이며 더욱이 학과장의 오른팔(누군가는 집행자hatchet man라고도 했다)이기도 했다. 학과장은 진Gene 제노비스였다. 이 무리는 그들 자신에 관해 꽤 과장된 사상을 가지고 있었다. "수정주의자"인 그들은 경제결정론에 얽매이지 않는다는 점을 자랑스럽게 생각했다. 대신 제노비스는 1960년대 반체제 맑스주의자들이 유행시킨 후 1970년대에는 여러 학문 분야에 걸친 대학 학과의 표어로 자리 잡은 "헤게모니"라는 용어를 위해 싸우고자 했다.[6] 비싼 신발을 신고 다녀서 우리가 "구찌Gucci 맑스주의자"라고 불렀던 이들은 미국의 노예를 노동계급으로 받아들일 준비가 되어 있지 않았다.

그러나 진실은 드러나기 마련이고 1979년의 그 야유회에서 그렇게 되었다. 학과 내에서 다툼이 한동안 끓어오르고 있었다. 이따금 탁자를 가로질러 달려드는 일은 있었지만, 분명 학생이 주먹을 휘두르는 일은 없었다. 나는 '화물열차'와 교수가 양쪽으로 나뉘어 앉은 탁자의 끝자리에 앉아 있었기 때문에 이러한 사실을 알 수 있었다. 확실히 짜증이 나고 얼굴이 붉어지기는 했지만, 살과 살이 맞닿거나 피

---

6. 안토니오 그람시는 1960년대라는 시대의 본질이었다. 존 캐멧은 그의 전기문을 쓰고 존 메링턴은 학술지 『소셜리스트 레지스터』에서 그를 소개했으며 트레버 그리피스는 그에 관한 연극을 써서 런던에서 공연하기도 했다.

가 쏟아지는 일은 없었다. 결과적으로 폭력 사태는 일어나지 않았지만, 후에 역사학과는 회의와 투표를 거쳐 '화물열차'를 제명했다. 나 역시 이제 곧 나가야 할 때가 된 것으로 보였다.

그러나 그런 일은 없었고 다음 해 메이데이가 오기도 전에 나는 〈공화국 전투 찬가〉의 곡조에 맞춰 어렸을 때 배운 영국 노동당의 노래를 부르고 있었다.

우리는 캔터베리의 수석사제를 하원의 의장으로 내세우리라(세 번 반복)
붉은 혁명이 도래했을 때!

캔터베리의 "붉은 수석사제"Red Dean는 영국 국교회의 사제이며 속속들이 스탈린주의자의 면모를 갖춘 휼렛 존슨(1874~1966)이었다. 문제는 맥주 한잔 걸친 듯 부르는 완전히 모순된 후렴구에 있었다.

방화와 강간 그리고 피 묻은 살인

이 구절을 지나면 다시 더 시끄럽고 더 불쾌하게, 동일한 행이 반복되었다. "정치적 올바름"Political correctness은 아직 통렬한 문구로 공식화되지 않았지만, 개념 그 자체는 건강하게 살아 있었다. 나는 스스로 사회적 의식을 고양하기 위해 비공식적인 페미니스트 모임을 찾았다. 여기에서는 여성에 대한 폭력의 현실 속에서 농담으로라도 이와 같은 감상을 담은 뜻을 비쳐서는 안 된다는 이야기를 들었다. 굴욕을 당했다고까지는 할 수 없지만 겸손해진 나는, 이러한 배움을 바탕으로 그 이후로는 그 노래를 부르지 않았다. 아무리 맥주 한잔 걸친 연회에서 소리치듯 부르는 노래라고 할지라도 멍청한 가사였다.

붉은색 또는 공산주의와 사회주의 전통과 우리의 관계는 무엇일까? 우리는 과거에서 무언가는 지키고 싶어 하며 또 다른 무언가는 버리고 싶어 한다. 우리 계급은 방화의 전통을 가지고 있다. 설탕 농장의 화재, 영국 농지의 방화, "도덕 경제"와 봉기 그리고 역사의 일부 기간에서 암살과 처형이 계급의 적들에게 행해지는 동안 있었던 방화를 떠올려 보라. 로버트 프로스트는 이에 관한 시를 쓰기도 했다. 그러나 내가 안드레아 스미스에게서 들은 바에 따르면 강간은 언제나 제국주의의 도구였다. 그녀는 이 도구가 최초이면서도 필수적인 도구라고 주장했다. 정치적 원칙은 과거의 희생에 관한 지식을 통해 강화될 수 있다. 그렇다고 해서 그들과 꼭 같은 생각을 해야 한다거나 꼭 같은 걸걸한 유머의 노래를 불러야 한다는 의미는 아니다.

후에 나는 보스턴으로 이사 왔다. 나는 전통을 보존하

고 싶었다. 그리고 로체스터의 페미니스트, 아티카의 아프리카계 미국인뿐만 아니라 맑스주의자의 노동사와 '화물열차'의 아나키스트 역사로부터 내가 배운 가르침을 더 발전시키고 싶었다. 터프츠 대학교에서 나는 반-인종격리적 투쟁을 통해 존 루사, 브린 클라크, 댄 코플린과 같은 훌륭한 동지를 만났다. 서머빌 지역 방송국의 일원인 라이커가 나로 하여금 메이데이에 관해 이야기하게 했다. 보스턴에서 나는 「침묵의 말」을 썼다. 1986년에 우리는 최초로 매사추세츠 대학교 메이데이 축전을 준비했다. 나는 이 사람들과 이 장소를 분명히 밝히고자 한다. 이들이 전 세계적으로 메이데이를 일깨우는 데 일조했기 때문이다. 이들은 모두 함께 운동에 참여한 사람들로 이 글을 쓰는 데 영감을 보내 주었기에 직접적인 감사를 전한다.

나는 메이데이의 공식적 명칭이었던 법의 날Law Day에 조지 라윅을 초청하여 연설을 부탁했다. 내가 그를 초청한 이유는 a) 그가 미국 노예의 이야기를 담은 책을 20권 이상 편집했고 b) 그가 C.L.R. 제임스의 반-자본주의 프로젝트와 이전의 〈페이싱 리얼리티 콜렉티브〉[7]에 긴밀히 관여했기 때문이었다. 그는 우리에게 사람들이 어떻게 변화할 수 있는지

---

7. [옮긴이] Facing Reality Colletive. C. L. R. 제임스와 라야 두나옙스카야가 이끌던 존슨-포레스트 경향을 근간으로 하는 단체로 대학과 도시의 자동차 공장의 아프리카계 미국인 활동가들 사이에 영향을 미쳤다.

를 멋지게 상기시켜 주었다. 그의 예시는 앨버트 파슨스였다. 파슨스는 남부군 기병대 장교였으며 남부에서 노예제도를 옹호한 적이 있었지만, 루시 파슨스와 결혼한 후에 사유노예제도chattel slavery와 임금노예제도wage slavery 모두를 반대하는 폐지론자가 되었다. 정치적으로 파슨스는 사회주의자, 아나키스트 그리고 노동조합원의 역할이 하나로 합쳐진 사람이었다. 그래서 라워의 질문은 누가 정상이냐는 것이었다.

우리는 발목에는 종, 모자에는 리본을 단 현지의 모리스 춤꾼들Morris dancers인 〈블랙 조커스〉와 함께 영국 민속춤을 추며 1458년으로 거슬러 올라갔다. 모리스라는 단어는 무어스Moors에서 파생되었다.[8] 그들은 "대지를 깨우기 위한" 춤을 췄다. 서머빌의 블루스 밴드인 〈위키드 캐주얼즈〉는 음악을 제공해 주었다. 곧 모두가 소리쳤다. 우리는 모터보트를 빌려서 1626년 북아메리카 최초로 5월의 기둥[9]이 세워진 퀸시로 배를 몰았다.

우리의 작은 배에서는 브라질 밴드인 〈엘 에코〉가 부드

---

8. [옮긴이] 모리스의 어원은 황야 또는 무어인을 뜻하는 무어스 또는 무어리쉬(Moorish)로 알려져 있으나 정확한 기원은 알려지지 않으며, 추측건대 황야를 배경으로 한 이야기이거나 또는 춤꾼들의 변장이 무어인의 모습과 닮았기 때문으로 보인다.

9. [옮긴이] Maypole. 오월제에 세우는 나무로 길고 곧게 뻗은 나무를 숲에서 베어와 가장 위쪽 가지만 남기고 나머지 가지는 모두 쳐낸 후 실과 종이 등으로 장식하여 마을 광장에 꽂아두고 주변에서 축제를 즐겼다.

러운 음악을 들려주었다. 아이티 출신의 디에리Dieri도 함께
했다. 에티오피아 출신의 테오도로스 키로스와 페루에서
자연인처럼 살아가는 우리의 동지 조니 마나나와 그의 아내
낸시 갤리도 합류했다. 살 살레르노Sal Salerno는 『헤이마켓
발췌록』의 복사본을 나누어 주기 위해 가지고 있었다. 랜달
콘래드는 크리스틴과 함께 그들의 아이 피트를 데리고 배에
올랐다. 랜달은 매사추세츠주 월폴Walpole의 최고 수준 보
안 교도소를 장악한 죄수들에 관한 이야기를 그린 〈3,000
년과 삶〉이라는 대단한 영화를 제작했다. 그는 1786년에서
1787년 사이에 있었던 셰이즈의 반란을 그린 〈오늘과 그날
의 작은 반란〉이라는 또 다른 영화도 제작했다.

마곳 피츠제럴드는 급여 잔고가 동이 나버렸다는 근로
학생들의 처지를 대변해서 이야기했다. 그녀는 하루 동안의
파업을 요구했다. 역사가이자 동성애 인권 옹호자인 찰리
샤이블리는 사형 집행에 관한 시를 낭독하면서 월트 휘트
먼의 표현을 빌려서 우리의 의무는 "노예에게 환호를, 폭군
에게 혐오를!"이라고 표현했다. 몬티 닐은 메리 마운트Merry
Mount의 무지개 연합10에 관한 멋진 연설을 들려주었다. 시
카고의 인터내셔널 하베스터11에서 일했던 노엘 이그나티에

---

10. [옮긴이] 메리 마운트에서 열린 오월제에 세워진 5월의 기둥에는 다채로운
색의 깃발과 배너가 걸렸고, 몬티 닐은 이러한 다채로운 참가자를 무지개
연합으로 비유했다.

프는 헤이마켓 폭발 사건의 공표되지 않은 이야기를 들려주었다.

같은 해에는 쉘 오일의 보이콧과 하버드 야드 공원에서 빈민촌까지 이어진 인종 격리에 대항하는 행진 그리고 케임브리지에서의 연좌 농성도 있었다. 늦은 오후에는 바다에 있던 우리에게도 남아프리카의 수백만 명의 사람들이 파업에 돌입했다는 소식이 들려왔다. 우리는 그들과 근처 우크라이나 체르노빌의 사람들에게도 인사를 전했다. 매사추세츠 대학의 미대생들은 보스턴 커먼 공원으로 행진하며 니카라과 혁명에 찬사를 보내는 노래를 불렀고 던컨 케니는 하버드 경제학과에서 "상품 물신숭배"the fetishism of commodities에 관해 강의했다.

메이데이는 긍정과 생명의 사랑 그리고 봄의 시작의 날이었기 때문에 당연히 착취, 억압, 불행, 투쟁과 혼란의 자본주의 체제의 종말이 시작되는 날이어야 했다. 메이데이에는 완전한 긍정의 선언 외에 경고적 선언도 필요했다. 즉, 자본주의, 가부장제, 동성애 혐오, 백인 우월주의 그리고 전쟁에 대한 경고가 필요했다. 나는 로체스터에서 이러한 지식

---

11. [옮긴이] International Harvester. 인터네셔널 하베스터는 헤이마켓 사건의 원인으로 지목되는 맥코믹 하베스팅머신사가 여러 농경업체와 합병한 회사였기 때문에 이 사건에 관한 공개되지 않은 내부 자료를 가지고 있었던 것으로 추측된다.

을 습득하고 보스턴에서 그 지식을 전했다.

이 책에 수록된 글은 모두 (당연한 이야기지만) 특정 시기에 맞추어 요청받아 쓴 글이며 대부분은 특정 시기의 바로 전날 밤이나 한 주 전에 쓴 글이다. 이 글들은 헤이마켓 축하 행사가 아주 드물었던 보수적 억압의 시기에 쓰였다. 이 책의 제목과 같은 2장의 글[12]은 반자본주의 단체인 〈미드나잇 노츠〉의 허락을 받고 출판되었다. 이 단체 역시 무기력하던 시기 동안 그들의 주장을 드러내기 위해 분투하고 있었다. 이 책 4장 「메이데이 묵상」은 〈미드나잇 노츠〉가 출판한 『사빠띠스따의 오로라』라는 책을 참고했다. 3장 「X^2」는 내가 아주 작은 판형으로 인쇄해서 길모퉁이나 스포츠 경기가 있는 곳에서 되는대로 나누어 주곤 하던 글이다. 이 책에 실린 글 중 여섯 개의 장은 온라인 잡지인 『카운터펀치』를 통해 출판되었다. 제프리 세인트클레어에게 특히 감사를 보낸다. 10장 「입실랜티 흡혈귀 메이데이」를 출판해 준 제프 클라크에게 역시 특별한 감사를 전한다. 8장 「오바마 메이데이」는 데이브 로디거와 프랭클린 로즈몬트의 없어서는 안 될 중요한 책 『헤이마켓 발췌록』의 2판에 재수록되었다.

---

12. [옮긴이] 이 책의 원제는 『메이데이의 진실하며 진정하고 경이로운 미완의 역사』(*The Incomplete, True, Authentic, and Wonderful History of May Day*)이며, 이는 2장의 제목과 같다.

이 장 다음에 이어질 글(2장 「메이데이의 진실하며 진정하고 경이로운 미완의 역사」)는 처음에 소책자의 형태로 출판되었으며 일부 판형에서는 녹색 표지로, 다른 일부에서는 빨간 표지로 출판되어 자연과 노동이라는 두 가지 주제를 표현했다. 녹색The Green은 국가가 후원하는 일신론이 범신론을 뿌리 뽑으려 하고 자본주의가 공유지를 파괴하려고 하는 거대한 수용의 시대에 토지에 대한 전복적 정신을 가진 로빈 굿펠로우[13]로 나타났다. 마지막 장인 「메이데이를 노래하는 백조」 역시 노동에 관한 붉은 주제를 담고 있다. 다른 장에서와 달리 여기에서 녹색 주제는 농업적 조망이 아닌 지질학적 조망으로 대체되었다. 이를 통해 농경 또는 신석기 시대 이전의 무수한 시간과 그 시간 안에 있었던 제국 그리고 "축의 시대"[14]의 종교까지 포함한다. 관료들이 메이데이에 나의 은퇴 날짜를 잡을 수 없게 했기 때문에 그날은 4월 30일이 되어 버렸지만, 원래는 5월의 첫째 날이 되었어야 했다.

11장 「메이데이를 노래하는 백조」에서는 야유회도 없고 주먹질도 없다. 11장에서 메이데이는 1장 「메이데이, 주먹질

---

13. [옮긴이] Robin Goodfellow. 영국 민담에 등장하는 홉고블린 요정.
14. [옮긴이] axial age. 칼 야스퍼스가 제시한 개념으로 동서양을 막론한 인류가 공통으로 지성과 창조성을 발현하고 종교와 철학이 탄생했던 기원전 800년에서 기원후 200년의 시기를 가리킨다.

은 넣어두고」에서 말하는 것처럼 더는 고압적인 날이 아니다. 미국-소련의 각축전이나 아나키스트와 맑스주의자 사이의 주먹다짐 대소동도 아니다. 친애하는 독자 동지들에게 고하건대 이 글들을 쓴 저자와 마찬가지로, 오늘날 메이데이는 새로운 의미를 담는 데에 전에 없이 대담하고 개방적이다. 이 글의 서두에 있었던 휘두르지 않았던 주먹질이 보여 준 사내들의 호기machismo에 균형을 맞추기 위해 우리는 축의 시대에 살며 출산을 기다리던 어머니들인 엘리자베스와 마리아가 반-제국주의 자매결연을 하는 심오한 이야기로 글을 마무리할 수 있을 것이다. 〈성모 마리아 찬가〉[15]는 혁명적 계급을 위해 투쟁하는 우리가 개인적 메시아individual messiah를 맞이할 것으로 예견했다. 메시아는 엄숙한 서약과 온갖 행위로 마음과 정신의 거만함을 몰아내고 권좌에서 권력자들을 끌어내리며 겸손함을 고양하고 선한 것들로 굶주림을 채우며 부자들의 손을 비워버리리라. 거기에 더해야 할 것이 공유지와 하루 8시간의 노동이다.

---

15. [옮긴이] Mary's magnificat. 마리아가 사촌 엘리자베스를 방문했을 때 읊은 찬가.

2장

메이데이의 진실하며 진정하고 경이로운 미완의 역사

1986

소련 정부는 메이데이에 미사일 열병식과 군인 행진을 보여 준다. 미국 정부는 5월 1일을 '충절의 날'이라고 부르며 이날을 군국주의에 연결했다. 이날의 진정한 의미는 양국 정부가 계획한 선전 활동에 가려져 버렸다. 메이데이의 진정한 의미는 완전히 다르다. 메이데이의 역사는 녹색과 붉은색의 모습으로 나뉘어 있다.

무지개 아래에서 우리의 방법론 역시 가지각색이어야 한다. 대지와 거기에서 자라는 것들 간의 관계는 녹색이다. 사람들 사이에서 흩날리는 피의 관계는 붉은색이다. 녹색은 오직 필요노동만으로 살아 있는 것을 가리키고, 붉은색은 잉여노동으로 죽음을 가리키고 있다. 녹색은 자연의 전용 appropriation이고, 붉은색은 사회의 수용expropriation이다. 녹색이 길들임과 보살핌의 과정이라면 붉은색은 프롤레타리아화와 타락의 과정이다. 녹색은 유용한 활동이며 붉은색은 쓸데없는 고생이다. 녹색은 욕구의 창조이며 붉은색은 계급투쟁이다. 메이데이는 이 모든 것을 말한다.

녹색

오래전에, 와인버거가 북아프리카를 폭격하기 전에, 보스턴 은행이 돈세탁하기 전에, 레이건이 나치 전사자들을 조문하기 전에, 지구는 광활한 숲을 옷처럼 두르고 있었다.

카이사르의 시대의 후반기에 사람들은 뻥 뚫린 하늘도 보지 못한 채 두 달 동안 숲을 지나다니기도 했다. 유럽, 아시아, 아프리카 그리고 아메리카의 거대한 숲은 대기에 산소를 공급해 주고 지구를 자양분으로 가득 채웠다. 삼림 생태계 안에서 우리의 조상은 야간 근무까지 하며 일할 필요가 없었다. 유연근무제를 생각할 필요도 없었으며 9시부터 5시까지 정해진 시간을 일할 필요도 없었다. 실제로 1606년 존 스미스 대위와 맞선 아메리카 원주민들은 일주일에 4시간밖에 일하지 않았다. 메이데이의 기원은 역사의 삼림세^{森林}^世에서 찾을 수 있다.

아프리카와 마찬가지로 유럽 사람들도 다양한 방식으로 숲에 존경을 표했다. 봄이 되어 나무에 잎이 돋아나기 시작하면 사람들은 인류학자인 J. G. 프레이저의 표현을 빌려 "초목의 비옥한 영혼"을 찬양했다. 그들은 마이아^{Maia} 여신의 이름을 따라 지은 5월^{May}이 되면 이러한 찬양을 시작했다. 고대 그리스의 일부 자료에 따르면 마이아 여신은 수많은 신의 어머니이자 천신 제우스의 짝이기도 했다.

그리스인은 작은 숲을 신성시하고 드루이드[1]는 참나무를 숭배하며 로마인은 플로랄리아 축제[2]를 주최하며 유희

---

1. [옮긴이] Druids. 고대 영국의 켈트 신앙 사제.
2. [옮긴이] 꽃의 여신 플로라(Flora)를 찬양하는 축제.

를 즐겼다. 스코틀랜드에서는 목동이 원형을 이루며 불 주위에서 춤을 추기도 했다. 켈트족은 그들의 신 벨테인을 경배하기 위해 언덕 위에서 큰 화톳불을 피웠다. 티롤Tyrol의 사람들은 개를 짖게 하고 냄비와 팬을 두들기며 곡을 연주했다. 스칸디나비아에는 불이 지펴지고 마녀가 나타났다.

온 세상의 사람들이 숲속으로 들어가 잎과 가지 그리고 꽃을 가지고 나와서 사람과 집 그리고 사랑하는 이를 녹색의 화환으로 장식하며 '5월에 빠져들었다.' 야외극장에는 '푸른 잎 속의 잭'과 '5월의 여왕'과 같은 인물이 올라와 연극을 펼쳤다. 나무를 심었고 5월의 기둥도 세웠다. 춤을 추며 곡을 연주하고 술을 마시며 사랑을 싹틔웠다. 겨울이 끝나고 봄이 발돋움했다.

이러한 관습의 역사는 복잡하며 과거를 공부하는 사람들이 종교, 성, 생식 그리고 마을 생태계의 역사에 관한 다양하고 흥미로운 통찰을 가질 수 있도록 한다. 1431년 5월에 화형당한 잔 다르크를 떠올려보자. 그녀를 심문한 자들은 그녀가 마녀라고 말했다. 그녀가 태어난 곳과 그리 멀지 않은 장소에서 그녀는 판사들에게 "사람들이 '숙녀들의 나무'라고 부르는 나무가 있습니다. 누군가는 '요정의 나무'라고 부르기도 합니다. 이 아름다운 나무에서 5월의 기둥이 태어납니다. 저는 때로 어린 소녀들과 동레미[3]의 숙녀들을 위한 화환을 만들기도 했습니다. 종종 저는 옛사람들이 이

나무에 요정들이 살고 있다고 이야기하는 것을 들었습니다.”라고 말했다. 잔 다르크에 대한 일반적인 기소 내용에서 그녀는 남자처럼 옷을 입는다는 점을 유독 지적받기도 했다. 잔 다르크의 정통을 벗어난 관습은 여자와 남자 주술사들이 정령을 숭배하던 구석기 시대에서 기원한다.

일신교는 지중해 제국과 함께 생겨났다. 가장 강력한 로마 제국조차도 정복당하고 노예가 된 사람들을 다룰 방법이 필요했다(제설혼합주의[4]). 로마는 일부 관습을 파괴하면서 일부는 수용하거나 변형시키기도 했다. 우리는 그렇게 크리스마스트리를 갖게 되었다. 메이데이는 제국의 노예가 되는 것을 거부한 필립보와 야고보 두 성자를 기리는 날이 되었다. 알패오의 아들 야고보는 술도 마시지 않고 수염을 깎지도 않았다. 그는 오랜 시간 기도에 전념하고 그로 인해 무릎에 커다란 굳은살이 생겨서 마치 낙타의 다리와 견줄 수 있을 것처럼 보였다. 필립보는 게으른 사람이었다. 예수가 “나를 따르라”라고 말했을 때 필립보는 아버지의 장례식에 가야 한다는 말로 빠져나오려고 했고 이러한 구실에 목수의 아들은 “죽은 이들의 장례는 죽은 이들에게 맡겨두라”는 유명한 응답을 보냈다. 야고보는 돌에 맞아 죽고 필립보

---

3. [옮긴이] Domrémy. 잔 다르크의 고향.
4. [옮긴이] syncretism. 하나의 종교에 또 다른 종교의 교리를 혼합하는 것.

는 거꾸로 십자가에 못 박혔다. 그들의 순교는 이야기의 붉은색의 측면을 보여 주고 있지만, 꽃말 안내 책자에서 튤립을 필립보에게 헌정하고 수레국화를 야고보에게 헌정하면서 일부 녹색의 측면도 보존했다.

중세 시대의 농부와 노동자 그리고 육아인child bearer(노동자)은 농부와 마녀에 대한 공격에도 5월의 녹색을 보존하는 수백 일의 축제일을 보냈다. 메이데이를 신성한 의식으로 보는가 불경스러운 의식으로 보는가에 따라서, 또한 이교도의 시선으로 보는가 기독교인의 시선으로 보는가에 따라서, 마술로 보는가 그렇지 않은가에 따라서, 이성애자의 시선으로 보는가 동성애자의 시선으로 보는가에 따라서, 고상한 손을 가진 자들의 시선으로 보는가 거친 손을 가진 자들의 시선으로 보는가에 따라서 메이데이의 인상은 매우 복잡했다. 그런데도 이날은 항상 세상에 자유와 생명을 준 날로 모든 이들이 함께 축하했다. 이것이 이 이야기의 녹색 측면이다. 이날이 어떤 의미를 가졌든지 간에 일할 시간은 아니었다.

따라서 권위자들은 메이데이를 공격했다. 여성을 화형에 처하면서 억압이 시작되고 16세기 미국이 "발견"되고 노예무역이 시작되며 민족 국가와 자본주의가 형성되면서 이러한 억압은 계속되었다. 1550년 의회제정법은 5월의 기둥을 파괴할 것을 요구하고 오락 경기도 금지했다. 1644년 영국의 청교도들은 일괄적으로 메이데이를 폐지했다. 이들 노동 윤리학자work-ethicist들에게 축제는 이단이며 세속적인 것으로 불쾌할 수밖에 없었다. 예를 들면 필립 스터브스는 『남용의 해부학』(1583)에서 5월의 기둥에 관해 다음과 같이 기록했다. "그러고 난 후 그들은 연회와 향연에 빠져들었고 펄쩍펄쩍 뛰어다니며 춤췄다. 마치 이교도the Heathen들이 그들의 우상 앞에 봉헌하는 모습이었다." 청교도가 "이교도"를 언급했다면 우리는 대학살이 멀지 않았다는 것을 알 수 있다. 〈퀸시 역사 협회〉가 제공한 탁월한 슬라이드쇼 자료에 따르면 1619년에 청교도들이 상륙하고 몇 해 뒤에 치카타바트 추장을 포함하여 매사추세츠주의 사람 중 90퍼센트가 수두와 천연두로 사망했다. 청교도들은 당시의 무분별한 성행위도 반대했다. 스터브스는 "40명, 60명, 때로는 100명의 처녀가 나무[5월의 기둥]를 찾아가지만 처녀인 상태로 집으로 돌아오는 이는 3분의 1도 되지 않는다."고 말했다.

사람들은 억압에 저항했다. 그때 이후로 사람들은 5월의 운동 경기를 "로빈 후드 게임"이라고 불렀다. 머리카락에 산사나무 가지를 매달고 무릎에는 종을 달고 뛰어다니면서 오랫동안 이어져 오던 5월의 특색은 메이드 매리언들Maid Marions과 리틀 존들Little Johns 5이 만든 추방자 공동체의 모습으로 변모했다. 5월의 축제는 "무질서의 군주"Lord of Misrule

나 "혼란의 왕"the King of Unreason 또는 "불경의 수도원장"Abbot of Inobedience이 주관했다. 워싱턴 어빙은 후에 5월에 대한 감정이 "이득과 장사의 습성으로 식어버렸다."고 썼다. 이득자와 장사꾼들이 단조로운 작업을 꾸준하고 엄격하게 부과하려고 하자 사람들은 그들의 축제일을 지키고자 반응했다. 이렇게 5월의 이야기는 본격적인 붉은색 측면을 드러내기 시작했다. 투쟁은 1626년 매사추세츠로 옮겨졌다.

메리 마운트의 토머스 모튼

1625년 월러스턴 선장과 토머스 모튼은 30명의 사람들과 함께 영국에서 출항했다. 수개월 후에 그들은 붉은 삼나무 지주支柱를 가지고 퀸시만에 상륙했다. 1년 뒤 이익과 수입에 조바심이 난 월러스턴은 버지니아로 돈벌이를 찾아 떠났다. 토머스 모튼은 메리 마운트에 파소나게시트라는 이름을 붙이고 거기에 정착했다. 이 땅은 그에게 "낙원"처럼 보였다. 그는 "들새가 풍요롭게 날고 물고기도 넘친다. 거기에 나는 수백만 마리의 거북이가 커다란 초록색 가지에서 물로 뛰어드는 것을 보았다. 거북이들은 풍성하고 알이 여문 포

---

5. [옮긴이] 메이드 매리언은 로빈 후드의 연인이고 리틀 존은 로빈 후드 일당의 부두목이었다.

도를 기분 좋게 뜯어먹었다. 포도나무는 튼튼한 줄기로 지탱되고 있고 그 풍성한 열매에 가지가 절로 휘어졌다."라고 기록했다.

1627년 메이데이에 그와 그의 인디언 친구는 북소리에 동요하여 80피트[약 24미터] 길이에 달하는 5월의 기둥을 세우고 화환으로 치장하고 리본으로 감싼 뒤 가장 꼭대기에는 수사슴의 뿔을 못 박았다. 후에 그는 "필립보와 야고보의 축일에 5월의 기둥을 세운 후에 좋은 맥주를 한 통이나 들이켰다."라고 기록했다. 젊은 술시중꾼은 바카날리아[6]의 노래를 불렀다. 모튼은 이 장대에 미국에서 처음 썼던 후렴구를 붙여 노래 불렀다. 가사는 다음과 같이 마무리된다.

　5월의 첫째 날을 축일로 선포하라
　메리 마운트는 이날을 기억하리라

플리머스의 청교도들은 메이데이에 반대했다. 그들은 5월의 기둥을 "우상"이라고 부르고 메리 마운트를 최초의 바다 제국주의자들인 페키니아인들 신의 이름을 딴 "다곤Dagon의 산"이라고 불렀다. 그러나 실상은 모튼이 아닌 청교도들이 제국주의자였고 모튼은 사람 대 사람으로 노예와 하인

---

6. [옮긴이] Bacchanalian. 로마 술의 신 바쿠스를 모시는 축제.

그리고 아메리카 원주민들과 함께 일하는 사람이었다. 그의 "사회 계약" 안에서는 모두가 평등했다. 주지사 브래드퍼드는 "그들은 다 함께 5월의 기둥을 세우고 난 후 여러 날 동안 함께 술을 마시며 춤췄다. 그들은 인디언 여성을 친구처럼 초대하여 (요정[동성애자]faries들이라기엔 요란furies한 모습으로) 함께 춤추고 뛰어다니고 풍습은 어지럽혀졌다."라고 기록했다.

메리 마운트는 인디언, 불평분자, 동성애자, 탈주 노예를 비롯해 지배자들이 "나라의 모든 인간 쓰레기scume"라고 불렀던 자들의 은신처가 되었다. 당국이 그의 행동은 왕명을 거역하는 것이라고 당부했을 때 모튼은 이는 "법에 관한 문제가 아니다."라고 대답했다. 모튼이 "새우 씨"라고 불렀던 마일스 스탠디쉬가 공격했다. 5월의 기둥은 잘려 나갔다. 정착지는 불타올랐다. 모튼의 물품들은 압류당했다. 모튼은 족쇄를 찼고 12파운드 7실링의 비용을 지급하고 영국으로 향하는 배 기프트호에 올라 국외로 추방당했지만, 청교도들은 이마저도 불평을 제기했다. 메리 마운트의 무지개 회합은 당분간은 이렇게 파괴된 채로 남겨지게 되었다. 이 메리 마운트는 후에(1636년) 유명한 조산사이자 유심론자이며 페미니스트인 앤 허친슨과도 연관을 가지며 이는 분명 단순한 우연의 일치는 아니었다. 그녀 남편의 형제는 작은 공소 예배당7을 운영했다. 그녀는 신이 사람들의 죄악과 관계없이 모든 이를 다 사랑한다고 생각했다. 그는 법을 제정하고자 하는 청교도들의 권위의식을 의심했다. 메리 마운트 근방의 퀸시에 있는 로버트 번스의 동상에는 다음 시의 구절이 인용되어 있다.

법으로 보호받는 이는 부질없어라!
자유는 영광스러운 축제여라!
겁쟁이를 위해서 법정이 세워졌고
교회는 사제를 기쁘게 하기 위해 세워졌다.

토머스 모튼은 보스턴과 플리머스 청교도들에게 가시와 같은 존재였다. 왜냐하면 그는 매사추세츠에 관한 또 다른 시각을 가지고 있었기 때문이다. 그는 비옥한 이 지역에 깊은 인상을 받았지만, 청교도들은 이 지역의 궁핍함에 깊은 인상을 받았다. 그는 인디언과 친구가 되었지만, 청교도들은 그러한 사고에 진저리쳤다. 그는 평등주의자였지만, 그들은 자신을 "선택받은" 사람이라고 선언했다. 그는 노예에게 자유를 주었지만, 그들은 노예의 손에 삶을 맡겼다. 그는 인디언에게 무기를 주었지만, 그들은 인디언을 향해 무기를 사용했다. 나다니엘 호손은 미국 정착의 운명이 메리 마운

---

7. [옮긴이] 사제가 상주하지 않고 출장하는 식으로 운영되는 예배당.

트에서 결정되었다고 보았다. 환락 대 우울, 백발의 성인 대 게이 죄인, 녹색 대 쇠붙이의 투쟁 속에서 승리는 청교도에게 돌아가고 미국의 운명도 인디언의 머리를 깨부수던 찬송가의 구절8에 맞춰 결정되어 버렸다. 그들에게 메이데이의 의미는 또 다른 채찍질의 시간일 뿐이었다.

과거의 일부는 살아남고 일부는 죽는다. 모튼이 처음 메리 마운트로 가지고 왔던 붉은 삼나무는 1898년 강풍에 쓰러졌다. 8피트가량[약 2.4미터] 남은 둥치 부분은 강력한 상징물로 남고 1919년 퀸시 시의회의 의장석 옆에 놓이게 되었다. 관심이 있는 사람들이라면 지금도 퀸시 역사박물관에서 그 둥치를 볼 수 있을 것이다. 그러나 살아 있는 나무들은 조선소가 폐쇄된 이후에도 줄곧 성장해왔다.

대서양의 양쪽에서

영국에서 메이데이에 대한 공격은 산업 노동의 규율을 확립하려는 지루하고도 끊임없는 시도의 일환으로 필수적이라고 할 수 있었다. 청교도들은 이러한 노력이 신성하며 그 외의 모든 것은 사악하다고 믿으며 이러한 시도를 계속

---

8. [옮긴이] 구약 성경의 시편 68:21에는 신께서 적의 머리를 깨뜨리리라는 구절이 있다.

해 나갔다. 절대적 잉여가치는 노동시간을 늘리고 휴일을 폐지함으로써만 증가할 수 있다. 한 성직자는「푸네브리아 플로라에 또는 5월 유희의 몰락」이라고 부르는 하나의 노동 선전문을 작성했다. 그는 "무지한 이와 무신론자, 교황 절대주의자, 술꾼, 욕쟁이, 깡패, 5월의 처녀, 모리스 춤꾼, 가면 쓴 자, 광대, 5월의 기둥에서 도둑질하는 자, 축배를 드는 자, 피들 연주자 주변에 몰려드는 부랑배, 멍청이, 싸움꾼, 노름꾼, 호색한, 경박한 여성, 치안을 어지럽히는 자, 관료를 모독하는 자, 주인에게 반항하는 자, 부모에게 순종하지 않는 자, 시간을 낭비하는 자 그리고 생명을 학대하는 자 등"을 공격했다.

이 시기 즈음에 중력을 발견한 당시 기계 공학자 아이작 뉴턴은 사과에도, 행성들에도 동일하게 일work이라는 법칙이 있다고 말했다. 그렇게 노동work은 단순한 청교도의 이데올로기를 벗어났고 보편적인 법칙으로 자리 잡게 되었다. 1717년에 뉴턴은 100피트[30미터] 길이의 런던 5월의 기둥을 사들여서 자신의 망원경 받침대로 사용했다.

굴뚝 청소부와 낙농가의 여자 노동자들은 저항을 이끌었다. 굴뚝 청소부들은 메이데이에 여자처럼 차려입거나 귀족들의 가발을 머리에 쓰기도 했다. 그들은 노래를 부르고 돈을 모았다. 1763년 뷰트 백작이 임금 지급을 거절했을 때 비난 여론이 너무나 거셌기 때문에 그는 강제로 사임할 수

밖에 없었다. 우유를 짜던 여자 노동자들은 꽃 화환으로 장식한 옷을 입고 5월의 나들이에 나서 춤을 추고 그들이 수확한 우유를 우유 장사꾼에게 주어 공짜로 우유를 나눠 주게 하기도 했다. 숯검정과 우유를 덮어쓴 노동자들은 이렇게 산업 혁명의 시기에 휴일의 권리가 유지될 수 있도록 도왔다.

지배계급은 자신의 목적을 위해 이날을 활용했다. 영국 의회가 영국 지배 지역 내에서 노예무역을 금지했던 1807년의 메이데이에도 마찬가지였다. 1820년에 카토Cato 거리에서는 공모자들이 저녁식사 시간 동안 영국 내각을 박살내려는 음모를 꾸몄다. 아일랜드인과 자메이카인 그리고 런던내기들은 그날의 시도로 1820년 메이데이에 교수형에 처해졌다. 한 공모자는 그의 아내에게 "정의와 자유는 달아나버렸다 … 저 너머 먼 곳의 해변으로"라는 말을 남겼다. 이 말은 보스턴 브라민9과 악덕 자본가Robber Baron 그리고 남부 농장주Plantocrat가 무지개처럼 다양하게 펼쳐진 사람들을 서로 나누어 지배하고 있는 미국을 지칭하는 말이었다.

이 무지개 빛깔 중 두 줄은 영국과 아일랜드섬 출신이었다. 이들은 녹색이었다. 노조 지도자이자 사회주의자이며

---

9. [옮긴이] Boston Brahmin. 보스턴 근교에서 영향력 있는 가문을 일군 사람들의 사회적 지위를 말한다.

미국의 이상향 공동체 설립자인 로버트 오웬은 1833년 메이데이 이후에 새천년이 시작될 것이라고 알렸다. 다른 편에는 붉은색이 있었다. 1830년 메이데이에 〈노동 기사단〉과 〈미국 광산 노동자 연합〉 그리고 〈세계 산업 노동자 조합〉(워블리)의 창립자인 메리 해리스 존스, 일명 "마더 존스"[10]가 아일랜드에서 태어났다. 그녀는 미국 노동 계층의 마이아 여신이었다.

메리 마운트에서 청교도가 승리했음에도 미국에서 메이데이는 여러 가지 방식으로 기념되었다. 1779년 메이데이에 보스턴의 혁명가들은 "자유의 원수"로부터 재산을 몰수했다. 1808년 메이데이에는 뉴올리언스에서 "20명의 서로 다른 부족 춤을 추는 불행한 아프리카인들"이 북을 치며 노예 단속반이 손에 커틀러스 칼을 들고 나타난 해 질 무렵까지 춤을 췄다. "춤의 주역 또는 지휘자는 다양한 야성적이면서도 야만적인 옷을 입었고 항상 작은 야생 동물의 꼬리 몇 개를 장신구로 가지고 있었다."고 지나가던 백인이 말했다.

붉은색 : 헤이마켓

현대 메이데이의 역사는 1886년 5월 북아메리카 평원의

---

10. [옮긴이] Mother Jones의 활동에 대해서는 이 책 161쪽 이하를 참조하라.

중심지이자 "제조의 도시"인 시카고의 헤이마켓에서 기원한다. 이 이야기의 붉은색 측면은 핏빛으로 물들어 있었기 때문에 녹색 측면보다 더 잘 알려져 있다. 비록, 돈이 왕이라고 일컬어지는 시카고의 녹색은 예쁜 풀잎 화환의 녹색이라기보다는 녹색 지폐의 모습이기는 했지만, 여기에도 녹색 측면의 이야기가 나타나기도 했다.

물론 5월의 들판은 녹색이다. 어두운 갈색에 쉽게 부서지며 질 좋은 검은 모래가 스며들어 있는 순수한 토양은 수천 년 동안 부식된 토양과 분해된 유기물의 산물이었다. 수세기 동안 이 땅은 아메리카 원주민의 손에 일구어졌다. 블랙 엘크[11]가 말하기를 이 땅에 깃든 "모든 생명의 역사는 성스럽고 즐겨 이야기할 만하다. 우리 두 발 달린 이들은 이 이야기를 네 발 달린 것들과 하늘의 날개 달린 것들 그리고 모든 녹색 생명과 함께 나누어야 한다. 이들은 모두 하나의 어머니로부터 나왔고 그 아버지도 하나의 영혼이다."라고 했다. 이러한 녹색의 시선으로 본다면 백인은 마치 파라오처럼 나타났고 이들의 평원은 에이브러햄 링컨의 표현처럼 "서양의 이집트"[12]가 되었다.

땅은 기계화되었다. 상대적 잉여가치는 식량의 가격을

---

11. [옮긴이] Black Elk. 오글라라족 인디언.
12. [옮긴이] Egypt of the West. 링컨은 1862년 두 번째 연두 교서에서 미국의 땅을 서양의 이집트라고 표현했다.

낮춤으로써만 얻을 수 있었다. 이 비옥한 땅의 단백질과 비타민이 전 세계로 퍼져나갔다. 시카고는 이 땅의 경정맥이었다. 사이러스 맥코믹[13]은 외과의사의 칼을 휘둘렀다. 그의 자동 수확기는 목초와 곡식을 거둬들였다. 맥코믹은 1849년에 1,500대의 수확기를 생산하고 1884년까지 총 8만 대의 수확기를 생산했다. 물론 맥코믹이 실제로 수확기를 만든 것은 아니며 〈23구역 주조업 조합〉의 조합원들이 생산을 담당했다. 그들은 1867년 메이데이에 파업에 참여하며 하루 8시간 노동 운동을 시작했다.

엄청난 변화가 일어났다. 망치와 낫에 "작별"을 고했다. 수확용 낫과도 "이별"이었다. 랠프 월도 에머슨의 시에 나타난 괭이를 든 남자와도 "안녕"이었다. 이러한 물건은 이제 향수와 낭만의 유물이 되었다. 이제 새롭게 출현한 뜨내기 노동자와 "인사"해야 하고 임시 수확 노동자harvest stiff들의 시대로 "옮겨갔다." 프롤레타리아들이 "집결"했다. 이는 새로운 문명의 구령이었다.

대부분 독일 출신이던 많은 이민자가 남북전쟁 이후 시카고로 쏟아져 들어왔다. 계급 전쟁은 기술적으로나 물량적으로나 더욱 심해졌다. 1855년 시카고 경찰은 야외 맥주 주점 폐쇄에 항의하는 노동자들을 향해 개틀링 기관총을 발

---

13. [옮긴이] 그는 1831년 수확 기계를 발명하여 농업의 기계화를 이끌었다.

포했다. 1872년의 빵 봉기 때는 경찰이 강 아래의 터널에서 굶주린 사람들을 몽둥이질하기도 했다. 1877년 철도 파업 때는 구름다리 전투에서 연방군이 노동자들과 격전을 벌이기도 했다. 이 군대는 최근에 커스터 장군을 살해한 수Sioux 족과 싸우며 경험을 쌓았다. 이후에 패배한 수족이 할 수 있는 것이라고는 "산꼭대기에 올라 다가올 미래를 기다리며 눈물 흘리는 것"뿐이었다. 핑커튼 탐정 사무소는 시 경찰에게 첩보 활동의 방법과 도시 길목의 대치 상황에서 전투 대형을 형성하는 방법을 가르치며 이러한 미래를 실행에 옮겼다. 일 백 년 전에 있었던 시가 전차 파업에서 경찰은 발포 사살 명령을 내리기도 했다.

맥코믹은 임금을 15퍼센트 삭감했다. 그의 이익률은 71 퍼센트였다. 1886년 5월에 맥코믹이 감금한 네 명의 주조업자는 경찰의 총을 맞고 사망했다. 이렇게 "영혼 수확기"는 그의 이익을 유지하도록 했다.

국가적으로 1886년 5월의 첫째 날은 중요한 날이었다. 왜냐하면 몇 해 전에 〈미국과 캐나다의 직능별 조직 노동조합 연맹〉이 "8시간 노동이 1886년 5월 1일 이후로 법정 일일 노동시간으로 제정될 것이라고 결의"했기 때문이다.

1886년 5월 4일에는 수천 명의 사람이 헤이마켓 광장 근처에 모여 신문 편집자 어거스트 스파이스가 맥코믹 워크스에서의 총격에 관해 어떤 이야기를 하는지 들었다. 인쇄공이자 노동 지도자인 앨버트 파슨스가 다음 연설을 이어갔다. 후에 그는 자신의 재판에서 "사회주의는 무엇이고 아나키즘은 무엇인가? 간단하게 말하면 이는 자유와 생산의 도구를 공평하게 사용하는 것에 대한 임금 노동자의 권리이며 생산품에 대한 생산자들의 권리이다."라고 말했다. 그다음의 연설은 "사람 좋은 샘 필든"이 이어갔다. 그는 어린 시절부터 영국 랭커셔의 방직공장에서 일했다. 그는 감리교 목사이며 노동조합 조직가였다. 그는 밤 10시 30분이 되어서야 연설을 마쳤다. 그 시간에 176명의 경찰이 200명 정도로 줄어든 군중을 밀어붙였다. 알 수 없는 누군가의 손에서 다이너마이트 막대가 던져졌고 계급 간의 전투에서 최초로 알프레드 노벨의 발명품이 사용되었다.

지옥문이 열린 듯이 많은 이들이 죽고 남은 이들은 역사가 되었다.

보안관의 방침은 "일단 때려잡고 법은 나중에 찾아봐라"였다. 곧이어 전국적으로 이러한 상황이 반복되었다. 신문은 피로 물든 이야기에 절규했고 여러 집이 샅샅이 수색당하고 수많은 용의자가 "3급 범죄"의 혐의를 받았다. 여덟 명의 남성이 시카고에 투옥되어 말도 안 되는 재판을 받고 네 명의 남성이 1887년 11월 11일 "검은 금요일"에 교수형 당했다.

스파이스는 목이 매달리기 전에 "오늘 당신들이 조르고 있는 목의 목소리보다 우리의 침묵이 더 강력한 힘을 가지는 날이 올 것이다."라고 말했다.

1886년 이후의 메이데이

시카고의 "저스트-어스"[14]에 의해 남편을 잃은 부인 루시 파슨스는 텍사스 출신이었다. 그녀는 부분적으로 아프리카계 미국인인 동시에 아메리카 원주민이었으며 히스패닉이기도 했다. 그녀는 "죄라면 오직 너무 일찍 태어난 것뿐"이던 남편의 진짜 이야기를 세상에 알리고자 했다. 그녀는 영국으로 건너가 메이데이를 노동시간 단축을 이뤄낸 국제적인 휴일로 만들기 위해 영국의 노동자들을 독려했다. 그녀의 친구 윌리엄 모리스는 「메이데이」라는 시를 썼다.

노동자: 그들은 소수, 우리가 다수. 그럼에도, 오 어머니여,
오랜 세월 말문을 닫고 살았고 행한 바도 없으니,
그러나 이제 형제들 사이에 말이 오가네.
우리는 땅을 갈고 씨를 뿌렸다네.

땅: 맑고 흐린 날을 보내며 굳은 땅을 일구어라,

---

14. [옮긴이] just-us. 저스티스(정의)에 대비되는 의미로 정의의 움직임에 동참하지 않고 나만 살겠다는 행동을 일컫는다.

또한 너의 행한 바를 거둬들일 때까지 하루도 허비하지 말라.

그리고 희망으로 모든 샘물의 흐름을 한곳으로 모아

땅에 이르노니 그 모든 이야기를 들려주거라.

그녀의 노력이 헛되지 않았다. 메이데이 또는 멕시코에서는 아직도 "시카고 순교자의 날"로 불리는 이날은 유진 데브스가 1907년 메이데이 사설에 적어둔 것과 같이 "노동계급의 날이고 혁명을 기념하는 날이었다." 〈미국 노동자 연합〉은 이날을 휴일로 선언했다. 샘 곰퍼스는 국제 노동의 날을 선포하기 위해 유럽에 사절을 파견했다. 〈노동 기사단〉[15]과 제2인터내셔널[16]은 모두 공식적으로 이날을 채택했다. 반면 비스마르크는 메이데이를 금지했다. 그로버 클리블랜드 대통령은 미국에서는 9월의 첫 월요일이 노동의 날이라고 선언하고 국제 노동계급이 분열하도록 시도했다. 많은 사람들이 일자리를 박차고 나와 행진을 시작했다. 1894년 메이데이에 그들은 제이컵 콕시 장군의 지휘에 따라 워싱턴 DC로 몰려가고 워싱턴에서는 최초로 거대한 행진을 성사시켰

---

15. [옮긴이] 1869년에 설립된 미국의 급진적인 비밀 조직으로 노동자의 이익을 대변하며 19세기 후반 미국 노동 운동을 주도했다.

16. [옮긴이] 정식 명칭은 〈국제 사회주의자 회의〉(International Socialist Congress).

다. 2년 후 1896년에 반대쪽 세상의 레닌은 러시아 공장 노동자를 위해 메이데이의 중요성에 관한 소책자를 작성했다. 1905년의 러시아 혁명은 메이데이에 시작되었다.

1차 세계대전에서 1천만 명의 사람들이 학살당하고 1917년 볼셰비키 혁명이 성공하면서 메이데이의 붉은색 측면은 검붉은 빛깔을 띠게 되었다. 전쟁의 종식으로 멕시코에서 케냐까지, 중국에서 프랑스까지 세계 전역에서 작업 중단과 총파업 그리고 봉기가 일어났다. 1919년 메이데이에 보스턴에서는 젊은 교환원들이 파업의 위협을 보여 주었고 로렌스에서는 2만 명의 노동자들이 다시 한 번 8시간 노동을 위한 파업에 들어갔다. 클리블랜드에서는 노동자들과 경찰 간에 첨예한 대립이 일어났고 그해 메이데이에는 다른 도시의 상황도 마찬가지였다. 많은 수의 사회주의자, 아나키스트, 볼셰비키, 워블리 그리고 여타 "노동 거부자"[17]가 감옥에 갇히게 되었다.

그들은 노동자들을 제압하지 못했다. "와이어 시티"로 불리는 포트 레번워스의 연방 교도소에서는 1919년 메이데이에 웅장한 행진을 하고 누구도 일하지 않았다. 레닌과 링컨의 사진이 빗자루 끝에 매달려서 물에 던져졌다. 연설과

---

17. [옮긴이] I-Won't-Workers. 〈세계 산업 노동자 동맹〉(IWW)의 이니셜을 활용한 명칭으로 더 높은 임금과 더 안전한 노동 환경을 요구하며 파업에 참여한 사람들을 I Won't Workers라고 부르기도 했다.

노래가 이어졌다. 잡지 『해방자』는 우리에게 그날의 기록을 남겼지만, 워블리-사회주의자 말굽 던지기 대회에서 누가 이겼는지에 관한 시시콜콜한 기록은 남아있지 않았다. 마찬가지로 경비병 병영에서 붉은 리본을 흔들다가 붙잡힌 군인에게 무슨 일이 일어났는지에 관한 기록도 남아 있지 않았다. 한편, 국경도 세워지지 않은 비스비[18]의 구리 광산 지하 1마일 아래에서는 스페인어를 말하는 미국인들이 메이데이에 〈인터내셔널가〉 노래를 불렀다.

1920년대와 1930년대에 이날은 노동조합 조직가와 실업자 그리고 채용 노동자 모두가 축하하는 날이었다. 뉴욕시의 유니언 스퀘어에서는 성대한 메이데이 축하 행사가 열렸다. 1930년대에 루시 파슨스는 메이데이에 그녀의 젊은 친구 스터즈 터켈과 시카고에서 행진했다. 1946년 메이데이에 아랍인들은 팔레스타인에서 총파업을 시작하고 독일 란츠베르크의 난민 캠프에서는 유대인들이 단식 투쟁을 벌이기도 했다. 1947년 메이데이에 파리의 자동차 공장 노동자들은 공구를 내려놓았고 파라과이에서는 봉기가 일어나기도 했다. [이탈리아] 시칠리아에서는 마피아가 메이데이 행진을 하는 사람 여섯 명을 살해하기도 했다. 보스턴 파크에서 경찰청장은 올해가 현재의 시대를 살아가는 사람들의 기억

---

18. [옮긴이] Bisbee. 애리조나주의 멕시코 접경 지역.

안에서는 공산주의자와 사회주의자 모두 중앙 공원에서의 집회를 신청하지 않은 최초의 해라고 말했다.[19]

1968년은 메이데이에 좋은 영향을 준 해였다. 앨런 긴 즈버그는 러시아인들이 프라하를 점령하기 전에 그곳에서 「무질서의 군주」를 썼다. 런던에서는 수백 명의 학생이 제 3세계로부터의 영국 이민을 막는 법안에 대항하여 의회에 압력을 가했다. 미시시피주에서는 경찰이 350명의 흑인 학 생이 감옥에 갇힌 친구들을 지원하기 위한 움직임을 막아 내지 못하는 일도 있었다. 컬럼비아 대학교에서는 수천 명 의 학생이 캠퍼스 내의 무장경찰에 대한 탄원을 제기했다. 디트로이트에서는 〈닷지 혁명 노동조합 운동〉[20]의 도움으 로 햄트랙 조립 공장(닷지 주요 설비)에서 생산 증가에 대항 해서 15년 만에 처음으로 살쾡이 파업[21]을 벌였다. 매사추 세츠주의 케임브리지에서 흑인 지도자들이 경찰 개혁을 주 장하는 사이 뉴욕에서는 시장이 미국 역사상 가장 강력한 "긴급" 권력을 경찰에게 주는 법안에 서명하기도 했다. 1968

---

19. [옮긴이] 당시 뉴욕과 보스턴의 광장에서는 공산주의자와 사회주의자가 빈번하게 집회를 벌였고 노동절 집회도 주도했으나 1947년 이후 "적색공 포"로 반공 분위기가 일어나자 공식적으로 집회를 신고하고 주도하지는 못 했다.
20. [옮긴이] 크라이슬러 자동차 주요 사업부인 닷지의 아프리카계 미국인 노 동자 단체.
21. [옮긴이] 노동조합 지도부가 주관하지 않은 비공인 파업.

년 5월의 절정은 프랑스에 닿았고 그곳에서는 이상한 구호 아래에 엄청난 규모의 총파업이 벌어졌다.

이웃과 대화하라!
상상력이 권력을 쟁취한다!
길바닥을 뜯어내면 해변이 나타난다네![22]

1971년 메이데이에 닉슨 대통령은 잠을 이룰 수 없었다. 그는 1만 명의 공수부대원과 해병을 워싱턴 DC로 파병하라고 명령했다. 왜냐하면 그는 자칭 메이데이 부족May Day Tribe이라고 부르는 사람들이 법무부로 접근하는 길을 막으려는 그들의 목표를 달성하는 것이 두려웠기 때문이었다. 필리핀에서는 네 명의 학생이 독재에 항의하다가 총에 맞아 사망했다. 보스턴에서는 화이트 시장이 경찰을 포함한 시 공무원들이 [메이데이에] 업무에서 철수하거나 작업을 중단하는 권리에 반대하는 주장을 펼쳤다. 1980년 5월에 우리는 모잠비크나 독일에서 녹색의 테마를 찾아볼 수 있었다. 모잠비크에서 노동자들은 맥주가 없다고 불평했고 독일에서는 300명의 마녀가 함부르크 전역에서 날뛰었다. 붉은색의 테

---

22. [옮긴이] 프랑스 1968년 5월 혁명에 참여한 학생들이 바리케이드를 쌓기 위해 도시의 바닥돌을 뜯어내자 바닥에서 모래가 드러난 일을 바탕으로 상징적으로 만들어진 문구.

마는 3천 명의 자동차 공장 노동자가 파업에 들어갔던 브라질과 5백8십만 명의 노동자가 인플레이션에 맞서 파업에 들어갔던 일본에서 찾아볼 수 있었다.

1980년 메이데이가 보여 준 녹색과 붉은색의 테마는 디트로이트에서 전前 뷰익 자동차 공장 노동자였던 "두꺼비 씨"가 야유회 탁자에 앉아 다음의 글을 쓰는 순간에 서로 결합했다.

여덟 시간 노동일로는 충분하지 않다.
우리는 그 이상의 무언가를 생각하고 있다.
여기에 우리의 바람과 우리의 계획이 있다.
우리는 우리가 원하는 바를 이룰 것이며 우리가 할 수 있는
바를 쟁취할 것이다.

크고 작은 전쟁을 모두 알게 되었지만,
우리가 해야 할 전쟁은 막막하기만 하다.
이 전쟁은 계급과 계급의 전쟁이다.
우리가 한 수 보여 줘야 하는 전쟁이다.

숨 쉴 공기와 마실 물을 위해
부엌에서 더는 독이 흘러나오지 않기 위해
땅의 푸름과 생명을 구하기 위해

돌길로 덮여버리는 작아져 가는 지구를 위해

자유를 갖지 못한 여성이 더는 없기를
그들의 권력이 그들의 인간성을 앗아가고
우리 모두의 됨됨이까지 작게 하니
이를 보지 못하는 남성이 더는 없기를

배우는 선생님과 가르치는 학생을 위해
닿을 수 없는 곳에 놓인 학교를 위해
원장과 학장과 총장 따위의 이름으로
제록스와 코닥 그리고 로열 더치 셸의 이름으로.

어둡고 파리 날리는 가게는 그만
후하거나 인색하던 고용주는 그만
쓰레기를 만들어내던 작업은 그만
작업을 만들어내던 쓰레기는 그만
그리고 이 모든 일을 담당하던 바보들도 그만

춤추고 노래하던 모든 이들에게 큰 환호를
파멸을 예언한 이들에게 우리의 조소를
우리의 친구와 연인에게 공짜 맥주를
그리고 여기 모든 이들에게 두려움 없는 하루를

이제 5월의 첫째 날에 우리는 모두 소리 내어 말해야 한다.

우리는 성공하지 못한다면 바쉬버릴 것이라고.

이제 이 말을 다르게 표현하자면

마음을 고쳐먹고, 마음먹은 대로 해치우자.

미국의 '법의 날'

그러나 미국에서 메이데이는 항상 골치 아픈 날이었고 어떤 이들은 이날을 그저 잊고 싶어 했다. 1939년 펜실베이니아는 이날을 "미국주의의 날"이라고 선언했다. 1947년 의회는 이날을 "충절의 날"로 선언했다. 그러나 이날의 의미를 숨기려는 시도는 결코 성공하지 못했다. 워블리가 말했듯이 "우리는 잊지 않는다."

1958년 찰스 라인의 주장대로 5월 1일은 "미국 법의 날"로 지정되었다. 그 결과 정치인들은 냉전에 관한 과장된 그림을 그리고 자신의 가치를 늘어놓을 구실을 갖게 되었다. 예를 들어 자비츠 상원의원은 1960년 5월 역사에 남을 만한 숨결을 내뱉으며 미국의 사상은 "문명의 새벽 이래로 항상" 가장 고귀함을 유지했다고 말했다. 뉴욕 주지사 록펠러는 전통적인 메이데이는 "반역 직전의 상황"이라고 말하며 자신의 견해를 피력했다. 와일리 상원의원은 이날에 사람들이 해야 할 일은 법전을 읽어보는 것이라고 말했다. 1960년 메이데이에 "권위에 순종함"에 관한 설교에서 상원의원 원목chaplain of the Senate은 20세기에 들어서 처음으로 이 주제가 주목받고 있다고 생각한다고 말했다. 그는 사람들에게 매사추세츠주 우스터의 법원에 새겨진 단어를 상기시켰다. "법에 순종하는 것이 곧 자유다." 그는 신이 "모든 법"이며 우리는 "주님 나를 종으로 삼으시니〔곧 제가 자유를 얻으리라.〕"라는 찬송가를 불러야 한다고 말했다. 그는 텔레비전 쇼가 경찰과 남편을 웃음거리로 만들었다고 불평했고 주님의 사랑은 모성애와 같이 되어 버렸다고 말했다.

(당시에 상원의원에서 국제 사법 재판소의 관할권을 거부하면서 보여줬던) 이러한 말의 위선 아래에는 부엌에서부터의 반란에 관한 징조가 숨어 있었다. 과장된 냉전에 관한 떠벌림 외에도, 두려움에 떠는 가부장적 표현이 담긴 저의는 법의 날에 울려 퍼진 음악의 필수 요소였다. 실제로 그들은 붉은색과 녹색 측면 모두를 잠식하려 했다. 일상처럼 법과 질서의 음악에 직면해야만 했던 법쟁이와 질서꾼the lawyers and the orderers도 역시 거래에 나설 수밖에 없었다.

법쟁이들 중에는 보수주의자와 자유주의자가 있었다. 그들은 주로 몽상가들이었다. 1964년 법의 날에 코네티컷 법조계의 대표는 시민권 시위자들, "부패한" 노동조합, "젊은 것들의 비행" 그리고 리즈 테일러[23]를 비판하는 글을 작성하기도 했다. 반면 윌리엄 O. 더글러스는 1962년 법의 날에 영국 제국주의를 흉내 내는 것에 대해 경고하고 "우리는 나이지리아에 미시간을, 콩고에 캘리포니아를, 이란에 콜롬비아를 만들어 둘 필요가 있다."고 말하며 독립운동과 평화봉사단에 호의를 표했다. 이 말은 현재 전 세계 사람들이 입고다니는 스웨터 셔츠에 적힌 글자로 보더라도 사실이 된 것으로 볼 수 있다. 그러나 보수주의자든 자유주의자든 이날이 법쟁이들을 위한 휴일이 되어야 한다고 말하지는 않았으며 법 조직의 노동자들을 위한 하루 8시간의 노동을 주장하지도 않았다. 보스턴에서 오직 뉴잉글랜드 로스쿨과 매사추세츠 대학교의 법과 정의 프로그램 및 공공사건과 지역사회 대학만이 이날의 녹색과 붉은색을 축하한다.

질서꾼(경찰) 사이에서도 법의 날은 대단한 휴일은 아니다. 그러나 미국 전역의 남녀 경찰은 모두 메이데이와 보스턴경찰에 많은 빚을 지고 있다. 보스턴의 푸른 제복을 입은 사람 중 1천 명 이상이 1919년 캘빈 쿨리지의 보스턴 경찰 파업 진압[24]으로 인해 직장을 잃은 것은 명백한 사실이었다. 그들은 여름이 시작되는 메이데이 기간에는 더 바빠졌다. 동시에 영구히 얻어낸 이득도 있었다. 쥐꼬리만 한 월급 인상(연

23. [옮긴이] 엘리자베스 테일러, 미국의 여배우이며, 여덟 번의 결혼생활을 했다는 이유로 세간의 비난을 받았다.
24. [옮긴이] 당시 매사추세츠주 주지사 쿨리지는 주방위군을 동원하여 경찰 파업에 대한 강경 진압을 펼쳤다.

300달러)과 짧아진 노동시간(주 73~90시간이 일반적이었다) 그리고 가장 중요한 무료 제복이 그 성과였다!

마무리

오늘날 이날의 붉은색과 녹색은 어디에 있을까? 『마오 주석의 붉은 책』[25]에 있을까? 아니면 『카다피의 녹색서』에 있을까? 그 안에서 일부를 찾아볼 수도 있을 것이다. 19세기 영국 평론가 리[Leigh] 헌트는 메이데이는 "세상에서 가장 좋은 두 가지인 자연의 사랑과 사람들 간의 사랑이 화합하는 날"이라고 썼다. 분명 이러한 녹색의 화합은 가능하다. 왜냐하면 우리 모두 그 화합을 상상할 수 있고 우리 모두 현재가 한때는 상상에 불과한 시절이 있었다는 것을 알고 있기 때문이다. 확언하건대 이러한 화합은 붉은 투쟁을 통해서만 이뤄낼 수 있다. 에어로빅 운동가가 만들어낸 말처럼 고통 없이 얻을 수 있는 것은 없기 때문이며 책임 없이는 꿈도 없으며 노동 없이는 생산도 없고 붉은색 없이는 녹색도 없다.

아이들은 메이데이를 축하해왔다. 나는 "법의 날"이 제정되었을 무렵부터 학교에서 이날을 축하하는 행위를 장려

---

25. [옮긴이] 마오쩌둥 어록.

하지 않았다고 기억하지만, 확실하지는 않다. 매사추세츠 이스트 알링턴의 한 소식통은 1940년대 후반에 "5월의 어느 토요일이라도 모든 곳에서는 10명에서 30명의 아이가 주름종이로 만든 의상(모자와 셔츠 등)을 입었다. 우리는 꽃바구니를 들고 여러 거리를 지나면서 행진을 벌였다(꽃을 다 나누어 줄 때까지!). 우리는 내내 "5월의 잔치, 5월의 잔치, 라라라!" 노래를 불렀다. 행진을 이끌 사람을 선출하기도 했지만, 어떻게 뽑았는지는 기억나지 않는다. (아마도 서로 지목해서 골랐을 것이다.) 그다음 우리는 레이크 거리 중심가와 맞닿아 있는 스파이 연못까지 행진하고 거기에서 야유회 점심을 먹었다."라고 썼다. 이 소식통은 현재 유치원에서 교사로 일하고 있다. "최근 몇 해 동안" 그녀의 말에 따르면 "나는 항상 유치원 학급에서 (아이들이 실제로 장식하도록 하면서) 5월의 기둥을 장식하고 우리는 그 주변을 돌아가며 춤을 췄다. 나이가 좀 더 있는 아이들은 이 활동에 매우 관심 있어 했다."

3장

X²: 웨이코와 LA에 비춰본 메이데이

1993

X는 무명unknown을 의미한다. 그래서 말콤 리틀은 정치적 의식이 깨어나던 시기에 자신의 노예 이름을 대체할 상징으로 이 문자를 선택해서 말콤 X가 되었다. 이 문자는 노예로서의 삶과 잃어버린 땅과 정체성을 항상 떠올릴 수 있도록 하는 암시가 되었다. X는 다른 것을 의미하기도 했다. 어떤 장소를 표시하기도 한다. 서명이 될 수도 있었다. 수학에서는 미지의 수량을 의미한다. 정치에서는 미지의 자질을 의미한다.

칼 맑스가 보기에는 축적에는 어떤 알려지지 않은 부분, 즉 "비밀"이 있었다. 그래서 우리는 그 비밀을 X라고 이름 붙일 수 있다. 여기에서 X는 수용expropriation을 의미한다. 수용은 우림이나 땅과 같은 우리의 것을 뺏어가는 것이다. 이러한 행위는 세계 전역에서 일어나고 있으며 특히 아이티, 소말리아, 과테말라, 필리핀에서 심각하며 세계은행은 파푸아 뉴기니에서도 수용을 계획하고 있다. 이러한 수용은 유럽과 북아메리카에서도 일어났다. 칼 맑스는 X의 두 번째 의미인 착취에 관해 이야기했다. 착취는 우리가 임금도 없이 일하게 강요한다. 무급노동은 자본주의의 요체이며 이익과 이윤 그리고 초과이윤의 원천이기 때문에 자본주의자들은 이를 숨기고 싶어 하며 아예 존재하지 않는 것처럼 보이려고 한다. 착취가 우리를 죽이고 있음에도 그 실체는 여전히 미지의 수량이다. 메이데이를 이해하기 위해서 우리는 수용과 착취를 모두 이해해야 한다. 우리는 밝혀내야 한다. 메이데이는 이 두 가지의 반대편에 서 있다. 그래서 X^2이다.

메이데이는 겨울(죽음)과 여름(생명) 사이에 찾아온다. 봄이 되면 우리는 과거를 돌아보고 우리가 어디를 향해 가고 있는지 살펴본다. 바로 얼마 전에 있었던 일에 비춰본다면 이는 매우 까다로운 일이다. 한편에는 1992년의 **LA 봉기**가 반복될 것에 대한 우려로 엄청난 숫자의 경찰과 군대가 로스앤젤레스에 동원되었다. 다른 한편에는 **FBI**와 대치 중이던 다윗교 사람들이 누군가의 발화로 인한 화재로 **텍사스 웨이코**에서 몰살했던 홀로코스트가 있었다.

분명히 그들 간에 큰 교류가 있었던 것은 아니다. 다윗교 사람들은 이 땅이 지옥이라고 생각했고 "더 이상의 죽음도 없고 슬픔과 울음도 없으며 과거의 것들이 사라짐에 따른 고통도 없는" 때가 오면 새로운 예루살렘을 찾고자 했다. 로스앤젤레스 사람들은 이 땅에서 천국을 찾고자 했고 직접적인 행동과 불꽃으로 그들 손에 정의와 부^富를 함께 거머쥐고자 했다. 한쪽은 너무 책만 보았고 지나치게 종교적인 사람들이었고 다른 한쪽은 책을 너무 보지 못한 비종교적인 사람들이었다. 한쪽은 벽지^{僻地}의 숭배자 무리였고 다른 한쪽은 도시의 문화 집단이었다. 한쪽은 프롤레타리아의 봉기였고 다른 한쪽은 종교적 광신도의 대학살이었다. 이들의 부덕함을 보여 주기 위한 언론 매체가 수백만 부나 쏟아져 나왔다. 로스앤젤레스 사람들은 탐욕과 복수 그리고 마약에 의해 움직였고 다윗교 사람들은 광란과 욕망 그리고 로큰롤에 의해 동기를 부여받았다는 것이었다.

변증법과 예언은 모두 우리에게 겉으로 드러나는 것의 아래를 파헤쳐야 한다는 점을 가르쳐 준다. 코넬 웨스트는 예언의 첫 번째 자질이 역사를 분석하는 분별력 또는 그 뿌리를 들여다볼 수 있는 능력이라고 말한다. 또한, 진실은 고통 속에서 드러나기 때문에 역사는 "아래에서부터 바라보는 시점으로" 보아야 한다. 변증법은 모든 질문에는 두 가지 측면이 있다고 가르쳐 준다. 바로 자본주의와 계급의 측면이다. 우리는 변증법적 근거에 따라 아래로부터 바라보는 시점으로 그 뿌리를 바라보아야 한다. 창의성은 아래에 머무르고 필연성은 그 위에 존재한다. 세계은행과 국제통화기금은 LA를 지켜본 후 그것이 미래의 모습이라고 말했다. 대도시의 교육, 에너지, 물, 건강 그리고 식량이 감소함에 따라 다가오는 세기에는 도시 붕괴가 예상될 수 있었다(『로스앤젤레스 타임즈』, 1992년 5월 25일). 그러나 1992년 봉기는 모두를 놀라게 했고 토론토, 라고스, 파나마 그리고 44개의 다른 도시까지 유행처럼 퍼져나갔다. 자본은 희소성과 필연성 그리고 결정론의 교훈 또는 정해진 것은 바꿀 수 없다는 교훈을 얻었다. 우리 계급은 창의성과 가능성 그리고 자유의 교훈을 얻었다.

양쪽 모두에서 이야기의 끝은 사형, 죽음이다. 양쪽 모두에서 이야기의 주인공은 나라의 경계를 뛰어넘고 다양한 문화를 가지고 있다. 두 가지 이야기는 치안학police science으로 연결되어 있다. "레노 여사는 오늘 일찍 발표된 로드니 킹 구타 사건에 관한 평결에 만족하고 안도하며 그녀의 사무실에서 고위 보좌관들과 긴밀한 협의를 한 후에 토요일 저녁 FBI의 계획을 승인했다."(『뉴욕 타임스』, 1993년 4월 21일).[1] 그 뿌리가 얼마나 더 깊은지 알아보기 위해 역사 속으로 산책을 떠나보자.

내가 말한 산책은 뉴에이지 음악 애호가들처럼 우쭐대는 이들과의 산책도 아니고 꿈 접근[2]의 시초라고 할 수 있는 낭만주의자 사무엘 콜리지와의 어울림도 아니다. 일천년 전에 앵글로 색슨족은 여신[3]을 위해 싸움을 멈추던 시기에 맞추어 성령강림절에 "민회"folk motes를 열어 현자 또는 현인을 선택하기 위해 함께 모여들었다. 이 시기에 사람들은 공유 녹지와 5월의 기둥 주변에 둘러 모여 왕과 왕비를 선출하고 왕에게는 참나무 화환을, 왕비에게는 산사나무 화환을 씌우고 풍요로움을 감사하는 사투르날리아 축제를

---

1. [옮긴이] 재닛 리노 법무장관은 FBI의 웨이코 다윗파 거점 급습 사건을 승인한 것으로 큰 비판을 받았다.
2. [옮긴이] 꿈속에서 완성된 시를 보고 깨어서 그대로 옮겨내는 경험.
3. [옮긴이] 풍요의 여신 헤르타.

즐겼다. 그렇게 메이데이는 수용이 시작되기 한참 전인 삼림세의 시절처럼 오래전부터 시작되었다. 그 시절에도 즐거운 춤과 오락, 사랑과 키스가 있었을까? 그랬다. 콜리지는 후에 자신이 살던 1796년에서 1천 년의 시간을 뛰어넘어 이때의 5월의 기둥이 영국인의 자유의 나무[4]와 똑 닮았다고 말했다.

그러나 그 시간을 뛰어넘으면서 그는 요점을 놓치고 말았다. 그는 모든 수용을 생략했다. 그는 노예무역에 관해서 아무 말도 하지 않았다. 그는 정복에 관해서도 아무 말도 하지 않았다. 그는 전쟁에 관해서도 아무 말도 하지 않았다. 뉴에이지는 천둥소리도 없이 비가 내리기를 원한다. 낭만주의는 번갯불도 없이 비옥해지기를 원한다. 그는 X^2을 생략하고 사람들을 마을의 공유지에서 몰아냈던 인클로저에 관해서 아무것도 말하지 않았다. 인클로저는 왕비를 처형한 것으로 유명한 헨리 8세 때 시작되었으며 오래된 기록에 따르면 그의 통치 기간에 7만 2천 명이 교수형 당했다. 사람들은 선택해야 했다. 런던과 같은 도시 안쪽으로 도망갈 수도 있었고 쪽배를 타고 바다 건너로 이민을 갈 수도 있었다. 어느 쪽을 선택하든 그들은 방랑자가 되었다.

---

4. [옮긴이] Tree of Liberty. 미국 혁명 이전 시기 몇 년 동안 보스턴 커먼 공원 인근에 심어졌던 유명한 느릅나무로 영국 정부에 대한 저항의 의미가 담겨 있다.

인클로저는 멈추지 않았다. 『미드나잇 오일 : 노동, 에너지, 전쟁 : 1973~1992』를 읽어보라. 이 책은 우리 시대의 인클로저를 분석했다. 리고베르타 멘추가 설명했듯이 사람들은 집을 잃고 떠돌이가 되었다. 사람들은 엘살바도르, 멕시코, 니카라과 그리고 과테말라에서 LA로 이민을 떠났고 태평양 반대편인 캄보디아, 베트남, 한국, 필리핀에서 넘어온 사람들도 있었다. 그들은 사회에서 떨어져 나온, 소외된, 쫓겨난, 필요 없는, 처분된, 박탈된, 무시된 사람들이었다. 그들이 도시 프롤레타리아다.

1517년 악폐 메이데이 봉기[5]는 우리에게 생동하는 프롤레타리아의 모습을 보여 주며 LA를 예견하게 했다. 런던의 노동자들은 직업 안정성, 건강 보험, 주도적 교육 그리고 조정된 임금과 노동시간을 얻어낼 수 있었다. 헨리 8세는 임금을 삭감하고 노동시간을 연장하며 조합을 박살 내기 위해 이탈리아에서 롬바르드 은행가들을, 프랑스에서 상인들을 데려왔다. 이러한 국제 금융과 국가 자본 그리고 군사 귀족 간의 동맹은 제국주의 민족국가의 원인이 되었다.

『홀의 연대기』(1550)에 따르면 런던의 청년들은 "외지인 기술공뿐만 아니라 외지인 상인까지" 복수를 이어갔다. 비

---

5. [옮긴이] 런던의 외국인 자본가와 이민자에 대한 노동자들의 시위로 발생한 봉기.

밀스러운 소문은 메이데이에 서민의 봉기가 있을 것이라고 전했다. 왕과 대도시의 시장들은 겁에 질렸고 집을 가진 이들은 무장했으며 통행금지가 선포되었다. 이 소식을 듣지 못했던 젊은이 두 명이 체포되었고 "풋내기 견습생들아 몽둥이를 들어라"prentyses and clubbes라는 고함이 울려 퍼졌다. 쏟아져 나온 뱃사공과 시종 그리고 농사꾼들이 700명에 달했다. 감옥이 개방되고 벽돌과 끓는 물 그리고 돌덩이가 날아다니며 한 프랑스 자본가의 집은 박살나버렸다. 곧 제압이 시작되었다. 도시 안쪽으로 대포가 발사되고 300명이 감옥에 갇히고 군인이 거리를 순찰했다. 어떤 여성도 밖에 나와서 여럿이 모여 "떠들고 이야기해서는 안 되며 모든 남성은 자신의 아내를 집 안에 두어야 한다."는 포고가 내려졌다. 곳곳에서 죄수들이 압송되고 "길거리는 밧줄에 묶인 이들로 가득했고 어떤 이는 남자, 어떤 이는 여자 그리고 어떤 이는 아이들"이었다. 많은 사람이 "교수형, 익사형, 자형刺刑에 처해지고 이들의 처형을 위해서 여러 장소에 11쌍의 처형대가 설치되었다." "이 장면은 사람들의 심금을 울렸다." 당국은 "자비를 베풀지 않았고 가난한 젊은이들의 처형에 극도의 잔인함만을 내비쳤다."

이렇게 자본주의가 시작되는 시점에 프롤레타리아의 봉기에 대한 응답으로 공포의 패권주의 또는 죽음의 정권이 출범했다. 마치 캘리포니아에서 리처드 알톤 해리스6가 사형 선고 후 15년 만에 가스실에서 사형을 집행당하고 일주일 후 그 응답으로 LA 봉기가 일어난 것과 같았다. 악폐 메이데이 봉기는 수용(사람들은 인클로저로 인해 쫓겨나 마을에 온 자들이었다)과 착취(군주정이 자본을 들여오면서 사람들은 일자리를 빼앗겼다)로 일어난 X^2이었다. 가부장적 자본주의에 대한 대안을 가지고 있었던 여성들은 마녀로 고발되어 말뚝에 묶여서 화형당했다. 수용, 정복, 기근, 전쟁 그리고 전염병은 사람들을 황폐하게 하고 사람들은 공유지를 잃는 동시에 5월의 기둥을 세울 곳조차 잃었다. 1550년에 의회는 5월의 기둥들을 파괴할 것을 명령했다. 1644년 청교도들은 메이데이를 완전히 폐지했다. 운디드니 학살사건 이후에 유령 춤[7]이 그랬던 것처럼, 메이데이는 런던에서 그저 "단순한 아이들의 놀이"로 여겨지며 그 진정한 의미는 오랫동안 찾아볼 수 없었다.

비록 성경을 번역한 이들은 화형을 당했지만, 마지막 서[書]인 요한계시록은 반권위주의 교범(파트모스의 요한은 일종의 환각에 영향을 받은 상태로 로마 제국에 대항하는 노예를 위해 이 부분을 작성했다)이 되고 사랑의 가정[8], 제

---

6. [옮긴이] 리처드 알톤 해리스는 두 명의 소년을 살해한 혐의로 캘리포니아주에서 1978년 사형을 선고받고 1992년 4월 21일에 사형을 집행당했다.

7. [옮긴이] 아메리카 원주민들은 유령 춤이라는 신앙의식으로 백인을 배격하고 물리치려 했고 백인들은 이를 불온 사상으로 보고 색출하여 처단하고자 했다. 그 결과 학살사건이 발생했다.

세례파, 밭갈이파, 수평파, 초기 감리교도와 같이 세상을 뒤집어놓고자 하는 사람들에게 유용하게 활용되었다. 또한, 1626년 매사추세츠주 퀸시의 메리 마운트에 도착해서 미국에 최초로 5월의 기둥을 세운 토머스 모튼과 그의 인디언 친구들 역시 이를 유용하게 활용했다. 청교도들은 이 기둥을 부수고 모튼을 추방했다. 또한, 인디언을 괴롭히고 동성애자와 퀘이커교도들을 교수형에 처했다. 모튼은 배를 타고 온 이민자였다. 몇 해 후에 건너온 맨체스터의 프롤레타리아 앤 리 역시 마찬가지였다. 그녀는 공동체 생활과 성별의 분리를 주장한 셰이커Shakers를 창시하고 황홀한 춤으로 신을 찬양했다. 웨이코에서의 숭배와 유사하게 보였지만, 그들은 무장하지 않았다.

메이플라워호를 타고 온 사람들은 누구보다 현대 메이데이에 뚜렷한 책임을 진 앨버트 파슨스의 조상이었다. 1848년 앨라배마주에서 태어난 그는 5살에 고아가 되어 텍사스 웨이코로 이사하여 거기에서 노예인 에스더 아주머니의 젖을 먹고 자랐다. 성장한 그는 론 스타 그레이와 맥잉글리 스카우트[9]의 편에 서서 싸웠다. 전쟁이 끝나면서 사회적 인식을 높일 수 있게 된 그는 웨이코로 돌아와 베일러에서

---

8. [옮긴이] Family of Love. 가족의 사랑을 섬기는 종교 단체로 기독교의 일부 교리를 부정했다.

9. [옮긴이] McIngley Scouts. 남북전쟁 텍사스 남부 연합군 소속부대.

공부하며 급진적인 재건주의 신문을 편집했다. 전에 노예였던 자들에게도 X^2이 휩쓸고 지나갔다. 파슨스가 말한 바와 같이 "그는 이제 손톱만 한 땅도, 한 푼의 돈도, 한 올의 옷도 그리고 한입의 음식도 없는 자유인이 되었다." 파슨스는 탈옥 시도를 이끌기도 했다. 그는 인디언이면서 아프리카계 미국인인 루시를 만나 결혼했다. 〈큐 클럭스 클랜〉[KKK단]이 웨이코에서 활동하기 시작했고(1868년 4월에 13명이 린치를 당했다) 이들 부부는 정치적인 망명자가 되어 시카고로 도망갔다.

앨버트는 식자공[10]이 되고 루시는 재봉사가 되었다. 두 사람은 〈국제 노동자 연합〉에서 활동하며 1) 적극적이고 가차 없으며 혁명적이고 국제적인 행동으로 기존의 계급 통치를 파괴하고 2) 협력적 생산에 바탕을 둔 자유로운 사회와 3) 성별과 인종에 상관없이 동등한 권리를 이뤄내기 위해 노력했다. 8시간 노동 운동의 표어는 여전히 유용하다. 주인도 없고 노예도 없다! 눈에는 눈! 코뮌 만세!Vive la Commune 삶의 의미는 우리의 것! 평등 없는 자유는 거짓일 뿐! 들고 일어나라! 조직하라! 교육하라! 노예가 되지 않는 길은 대담하게 행하는 것이다! 땅 없는 이에게 땅을! 일꾼에 연장을! 생산자에게 생산품을! 이들 표어 중 하나는 1526년 농민 반란의

---

10. [옮긴이] 활자를 원고대로 조판하는 사람.

성경적 공산주의로 돌아가기도 했다 — 궁전에는 전쟁을, 오
두막에는 평화를, 호화로운 게으름뱅이들에게는 죽음을.

루시는 노숙자들과 함께 일했고 시카고에서 그들은 "부
랑자"tramps라고 불렸다. 그녀는 그들에게 "폭약을 사용하는
법을 배우도록" 조언했다. 십여 번의 린치가 있고 난 후에 그
녀는 수용당한 미시시피주의 아프리카계 미국인들에게 글
을 썼다. "당신은 완전히 무방비하지 않습니다. 누구도 살인
자와 폭군에게 감히 넘볼 수 없는 경고의 선을 보여 준 선
동의 횃불을 당신으로부터 **빼앗을** 수 없습니다." 텍사스의
땅으로부터 수용당하고 시카고의 임금노예로 착취당한 그
녀는 미국 역사 X^2의 전환점이자 현대 메이데이의 시작을
알린 도시 프롤레타리아 봉기의 전환점이었다.

캐럴린 애쉬보는 자신의 저서 『루시 파슨스:미국 혁명
가』에서 이 이야기를 정리했다.

최초의 메이데이였던 1886년 5월 1일 시카고시는 하루 8시
간 노동을 위한 총파업으로 폐쇄되었다. 5월 4일에 경찰의
야만성에 항의하기 위해 모여든 헤이마켓 광장에서의 회합
은 경찰에 의해 해산되었다. 누군가 폭탄을 던졌고 경찰이
격렬하게 사격을 시작하면서 최소한 일곱 명의 시위자가 심
각한 상처를 입었다. 경찰 측 사상자의 대부분은 그들 자
신의 총에 의한 것이었다. 앨버트 파슨스를 포함한 여덟 명

의 급진적 지도자들이 폭탄 투척 사건으로 재판을 받았다 … 법원은 비록 피고인들이 폭탄을 던지거나 폭탄을 던진 사람을 알지는 못하지만 폭탄 투척이 있기 전에 그들의 연설이나 글이 미지의 누군가에게 폭탄을 던지도록 영감을 주었을 수도 있다고 판결하며 그들을 "범행 방조자"라고 보았다. 여덟 명 모두에게 유죄가 선고되었다. 1887년 11월 11일 앨버트 파슨스, 어거스트 스파이스, 아돌프 피셔 그리고 조지 엥겔은 교수형을 당했다.

착취당한 도시 프롤레타리아의 지도자에 대한 사형 선고는 수용당한 사람들의 무리에 대한 학살 예고였다.

유엔은 1993년을 '원주민의 해'로 선포했다. 루시 파슨스는 수용당한 원주민은 아니었지만, 여전히 그들 중 한 명이었다.[11] 헤이마켓 광장에서 사건이 있던 당시에 제로니모와 35명의 남자 아이와 어른 그리고 101명의 여자 아이와 어른들은 5천 명의 미군을 위압했다. 물론 인디언과 노동자 운동 사이에 교류 관계도 있었다. 메티스 인디언[12]들 사이에서 영제국으로부터 캐나다의 독립을 주장했던 예언자이자 반란가인 루이스 리엘에게는 한 대학생 비서가 있었다. 그의

---

11. [옮긴이] 루시 파슨스는 아프리카계 미국인 노예 부모를 둔 것으로 알려져 있지만, 본인은 멕시코계 원주민 혈통을 주장했다.
12. [옮긴이] Métis Indians. 인디언 여성과 유럽 남성 사이의 혼혈인.

이름은 오노레 잭슨이었다. 체포당한 그는 1886년 탈출에 성공하여 시카고로 향했고 거기에서 「우리는 왜 싸우는가? 어떻게 싸우는가? 우리는 왜 다시 싸워야만 하는가?」를 썼다. 어거스트 스파이스는 캐나다의 치페와 인디언과 함께 살았다. 스파이스에게 공산주의는, 꿈이 아니었고 이로쿼이 족에 관한 루이스 헨리 모건의 연구에 묘사된 것처럼 실제 경험이었다.

1883년 시팅불 추장[13]은 아들의 손에 자신의 소총을 건네며 미국에 항복했다. "이 아이의 손으로 나의 총을 보낸다. 이 아이는 이제 앞으로 어떤 방식으로 살아가야 할지 알고 싶어 한다." 이 소년은 원주민 프롤레타리아들이 모인 시카고로 향했다. 그러나 파인리지와 로즈버드 보호구역에서 수족의 저항은 여전히 이어졌다. 그들은 "가운데에 커다란 소나무를 두고 다양한 색의 천 줄기로 둘러싸고 독수리의 깃털, 박제된 새, 발톱 그리고 뿔로 덮어 위대한 영혼Great Spirit 에게 바치면서" 둥글게 모여들어 유령 춤을 추었다. 그들은 이 나무를 5월의 기둥이라고 부르지는 않았고, 7월의 넷째 날처럼 특정한 날이 되면 모든 인디언의 통합과 죽은 이들의 귀환 그리고 침략자들의 추방을 위한 춤을 췄지만, 그 외의

---

13. [옮긴이] 리틀 빅혼 전투에서 커스터 중령과 맞서 승리를 거두었으며 후에 미국 원주민 보호구역 정착 명령을 받아들였다.

부분을 본다면 이들의 춤은 메이데이의 춤과 똑같았다!

네바다 파이우트족인 우보카가 먼저 시작했다. 수용된 그는 머리카락을 잘랐다. 수박을 사기 위해 그는 오레곤주의 홉 경작지에서 적은 임금이라도 받으며 일하기 위해 유개 화차에 오르며 착취를 경험했다. 퓨젯 사운드 인디언들은 새로운 종교를 갖게 되었다. 그들은 술 마개를 닫고 교리에 매료되었다. 그들은 5일 동안 춤을 췄고 몸을 흔들고 씰룩거리기도 했다. 그들은 자신의 땅을 부르짖었다. 그들이 셰이커교였다. 우보카는 이 새로운 종교를 네바다로 가지고 돌아왔다. "모든 인디언은 춤을 춰야 한다. 어디에서든 계속해서 춤춰야 한다." 곧 그들은 그렇게 했다. 포큐파인족은 로키산맥을 건너 수족에게 춤을 전달해 주었다. 레드클라우드 추장과 시팅불 추장은 발을 땅에서 거의 떼지 않고 오른발을 따라 왼발을 움직이며 춤을 췄다. 연방 정부는 유령춤을 금지했다! 그들은 이 춤이 남아 있는 수족의 반란을 일으킨다고 주장했다. 1890년 12월 29일 (1분에 52파운드의 폭발성 포탄을 50발 발사하는 호치키스 기관포로 무장한) 미군은 운디드니에서 300명 이상의 남녀 어른과 아이들을 학살했다. 웨이코 홀로코스트에서와 마찬가지로 연방 정부는 책임을 회피했다. 미국 민족학국은 조사를 위해 제임스 무니를 파견했다. 재닛 리노[14]와도 같은 눈물을 흘리면서 그는 "교전의 책임은 인디언들에게 있다."고 기록했다.

메이데이에는 슬픔이 담겨 있다. LA에서는 58명이 죽고 웨이코에서는 86명이 죽었다. 사형선고를 받고 갇힌 이는 2천 명에 달한다. 우리는 언제서야 멈출 수 있을까? 로드니 킹은 다음과 같은 질문을 남겼다. "우리 모두 함께할 수는 없습니까?" 이는 분열로 우리를 다스리려는 시도가 시작된 시점에 처음부터 프롤레타리아가 제기한 질문이다. 다윗교 사람들이 그랬듯이 "모든 것의 종말"을 갈구하며 해답 찾기를 포기하고 X^2의 운명에서 도피할 길을 찾는 이들도 있었다. 해답을 찾은 이들은 샤이엔족 유령 춤꾼들이었다. "이 땅은 그들과 우리에게 너무나 작았고 [위대한 영혼]은 천국이 있어야 할 곳까지 가져와 우리가 머물 수 있는 충분한 땅을 마련해 주었다."

우리는 역사의 길을 따라 걸었다. 우리는 둘러대며 어물쩍 넘어가지 않았다. 우리는 헤이마켓에서 행진했다. 우리는 운디드니에 섞여 들어갔다. 우리는 에이즈에 맞서는 행진을 함께 벌였던 1백만 명의 동성애자와 이성애자로부터 힘을 얻었다. 우리는 아이티에서 건너온 형제자매들로부터 힘을 얻었다. 우리는 로즈버드와 웨이코 그리고 LA를 애도한다. 우리는 정의를 원한다. 수용을 타도하라! 착취를 쫓아내자!

---

14. [옮긴이] 클린턴 정부의 법무장관으로 웨이코 홀로코스트 사건 당시 최루 가스 발포를 승인하여 화재로 이어진 참사에 책임을 가진 인물로 텔레비전 회견에서 "모든 책임은 자신에게 있다."고 밝힌 바 있다.

X^2에 반대한다.

정의가 없으면 평화도 없다.

4장

메이데이 묵상

2001

동지와 친구들에게 메이데이 인사를 전합니다! "그날"이 되었습니다. 우리는 이날이 프랑스 혁명으로 권좌가 무너지고 권력이 엎어진 날이나 노예제가 폐지되고 공유지가 복원되던 날과 같은 "하루"가 되기를 고대했습니다.

그동안 우리는 이날을 위해 데모를 벌이거나 사랑하는 사람에게 주거나 식탁에 놓을 수선화나 "5월의 꽃"[1]을 주우러 다니기도 했습니다. 우리는 낯선 사람들에게도 웃으며 "즐거운 메이데이"라고 인사했습니다. 우리는 아프리카, 인도, 러시아, 인도네시아, 멕시코, 홍콩까지 전 세계의 동지들을 떠올립니다. 우리의 동지들과 함께 우리는 최근의 승리를 기억하며 우리를 지배하는 자들에게는 불평과 욕설을 퍼붓습니다. 우리가 이날의 싸움에 뛰어들기 전에 1886년과 1887년 시카고에서 무슨 일이 일어났는지에 관한 우리의 지식을 상기시킬 시간을 잠시 가져보고자 합니다.

이날에 관한 탐구를 하는 순간에 저는 프리드리히 엥겔스의 『사회주의 : 공상적 사회주의와 과학적 사회주의』에 나타난 내용을 언급하고자 합니다. 당신은 레이건이 권력을 얻었을 때쯤 빈방 책꽂이 제일 위에 꽂아두었던 이 책을 가지고 내려오거나 클린턴 재임 시절에 거들떠보지도 않고 곰팡이 핀 만화책들과 함께 지하실에 처박아두었던 이 책을

---

1. [옮긴이] 산사나무꽃.

파내어 가져오기 바랍니다. 엥겔스는 어디에서도 노예무역을 언급하지 않습니다. 엥겔스는 어디에서도 마녀의 화형을 언급하지 않습니다. 엥겔스는 어디에서도 원주민의 대학살을 언급하지 않습니다. 그는 "부르주아 계급의 지속 가능한 지배는 봉건주의가 정착한 적이 없고 시작부터 부르주아의 토대를 바탕으로 시작된 사회인 미국과 같은 나라에서만 가능하다."라고 썼습니다.

세상에나, 세상에, 세상에, 세상에!

그는 모든 것을 다 잊어버렸나 봅니다. 그는 미개인이 야만인이 된 후 봉건주의를 받아들이고 나면 자본주의가 찾아오고 여기에 약간의 행운 같은 것들이 곁들여져 길을 따르다 보면 시대가 흐르고 난 후에는 사회주의나 공산주의로 변하게 된다는 도식을 통째로 집어삼켜 받아들였나 봅니다. 그는 붉은색과 흰색 그리고 검은색 인디언이라 불리는 원주민인 인디언의 투쟁을 간과했습니다. 사실 북아메리카 대륙에서는 자본주의에 앞서 봉건주의가 있었던 것이 아니라 공산주의가 있었습니다. 능숙한 대학살이었고 효율적인 인종차별이었으므로 이전 사회에 관한 추억이나 유물조차 남지 않았습니다. 그래서 우리는 다른 빅토리아 시대의 유럽 제국주의자와 백인 남성들처럼 그를 비난하며 쫓아버렸습니다.

그러나 잠시 멈추고 다시 봅시다. 뒤에 적혀진 글을 확인해 봅시다. 그는 이 부분을 "더 마르크"[2]라고 불렀습니다. 분량은 몇 페이지 되지 않습니다. 아마도 독일 지방색이 담긴 "공유삼림"Gehöferschaften과 "몫할당"Loosgüter를 이해하는 데어려움이 있을 것입니다. 전자는 모젤강 유역의 공유인들의 희년 관습이고 후자는 정기적인 제비뽑기 추첨으로 땅을 분배하던 체제를 말합니다. 엥겔스는 자기 이웃의 공유지를 설명하고 있습니다. 이는 『자급의 삶은 가능한가』[3]를 쓴 마리아 미즈만큼이나 실제적입니다. 당신은 안뜰에서 풍겨오는 향기를 맡으며 팔짱을 낀 채 공유지의 열매를 따러 거닐어 나갈 수 있습니다. 우리는 엥겔스가 봉건주의를 버리고 있다고 생각했지만, 그는 바로 그 "봉건주의" 학자가 되었습니다. 그러나 그렇지만도 않은 것은 돼지, 버섯, 잔디, 나무, 쓰이지 않은 관습, 공유지 규정, 열매, 황야의 수풀, 숲, 호수, 연못, 사냥터, 낚시터에 관한 묘사에서 그는 (자신의 업적에 영감을 준) 경제학과 교수들과 벌였던 자신의 논쟁을 꽤나 잊어버린 듯했으며 단언컨대 그는 바로 그 자신의 타고난 자아를 즐기고 있었습니다. 나는 감히 그가 독일인들 사이에서 자신과의 참만남encuentros의 기회를 가졌다고 말하겠습니다. 또한, 우리는 칼 맑스를 처음 정치경제학 연구

---

2. [옮긴이] 중세 게르만 공동체.
3. [한국어판] 마리아 미즈·베로니카 벤홀트-톰젠, 『자급의 삶은 가능한가』, 꿈꾸는 지렁이들의 모임 옮김, 동연(와이미디어), 2013.

에 몰아넣은 것이 공유지에 대한 관습적 접근의 범죄화였다는 점을 잊지 않을 것입니다.

아닙니다. 엥겔스는 모순으로 가득 차 있습니다. 저는 여러분이 그를 곰팡이에서 끄집어내고 여러분이 가진 책과 함께 바람을 쐬어야 한다고 말하겠습니다. 그는 정치적 목적을 가지고 있었습니다. 엥겔스는 우리가 정치적으로 올바르지 않은 길에 빠져들어 대체로 안정적인 교수직도 유지하지 못했다고 치부하는 그런 이론가는 아니었습니다. 그의 책 일부에서 그는 독일 사회민주당의 교수를 위한 글을 쓰기도 했지만, 또 다른 부분에서 그는 산업도시로 도망갔던 공유인인 원주민 ─ 농민 ─ 을 위한 글을 썼습니다. 또한, 그는 그들의 목소리를 경청했습니다. 그들은 공유지를 잃어버렸고 엥겔스는 그 "흔적"과 "유물"을 기록했습니다. 이러한 기록은 다시 한 번 자유 농민 계급을 일으켰던 프랑스와 독일의 혁명이 있었기 때문에 살아남을 수 있었습니다. "그러나 오늘날 우리 자유농민의 지위는 옛 시대의 마르크 공동체의 자유 구성원과 비교해서 너무나 낮습니다! 그들이 사는 집은 일반적으로 훨씬 더 작고 구분이 없던 마르크 공동체는 매우 작고 황량한 공동체 숲이 되어 버렸습니다. 그러나 마르크 공동체가 남긴 관행이 없었다면 소규모 농민들은 가축조차 기를 수 없었을 것입니다. 가축이 없으면 거름이 없고 거름이 없으면 경작도 없습니다." 이것이 살아있는 공유지입니다. 엥겔스 역시 이것을 알고 있었습니다. 엥겔스는 자유인이었기에 공산주의가 가능하다는 것을 알고 있었습니다. 엥겔스는 혁명가였기에 그것이 그저 때가 되면 찾아오지 않으리라는 점을 알고 있었습니다.

저는 엥겔스를 되살려내기 위해 이러한 이야기를 하는 것이 아닙니다. 저는 개인적으로 그보다는 1810년 8월 야외 회의를 하자고 주장하면서 주지사 W. H. 해리슨의 관저로 들어서기를 거부했던 티컴세[4]에게 더 큰 흥미를 느끼고 있습니다. "땅은 인디언이 가장 마땅히 자리 잡은 곳이며 어머니의 품속에서 쉬듯이 머무는 곳입니다." 이렇게 그 스스로 자리 잡은 땅에 관해 그는 공유지 사회를 주장했습니다. "이들의 악행을 멈출 수 있는 오직 하나의 길은 붉은 피부의 사람들이 통합하여 처음 그래왔듯이, 그리고 그래야만 하듯이 절대 나뉘지 않고 모두에게 속하는 공유지를 주장하고 땅에 대한 동등한 권리를 요구하는 것입니다. 어떤 부족도 땅을 팔아넘길 수 없습니다. 우리 서로에게도 안 되며 하물며 외지인에게는 더욱 불가합니다 … 고향을 파는 것입니다. 땅을 팔듯이 공기와 바다까지 팔려고 하는 것입니까? 위대한 영혼은 자신의 아이들에게 이 모두를 사용할 수 있도

---

4. [옮긴이] Tecumseh. 쇼우니족 출신 아메리카 원주민 추장으로 백인들에게 저항했던 인물.

록 하지 않았습니까?"

그러나 엥겔스는 전 지구적 계급 정치학의 관점을 가지고 있었습니다. 이것이 우리가 다시 그에게 관심을 가지는 이유입니다. 유럽의 공유지를 파괴한 것이 티컴세의 공유지를 파괴했습니다. 엥겔스는 1880년에 다음과 같은 글을 썼습니다. "현재까지 진행되고 있는 전체 유럽 농업은 압도적인 경쟁자, 즉 미국의 거대 규모 옥수수 생산에 의한 위협에 직면했습니다… 전체 유럽 농업 체제는 미국과의 경쟁에 밀리고 있습니다." 엥겔스는 독일의 공유지는 알고 있지만, 미국의 공유지는 알지 못하고 있습니다. 그렇기는 해도 엥겔스는 또한 공유지의 보존이 국제적 투쟁에 달려 있다는 점을 알고 있습니다.

이제 우리는 다시 메이데이로 돌아갑니다. 이러한 미국의 옥수수 생산성은 어디에 기인하는 것입니까? 첫째로 공유지에서 아메리카 원주민 옥수수 농경문화가 1천 년 동안 이어져 오면서 준비된 땅의 비옥함을 들 수 있습니다(천 개의 무덤을 만든 무덤 제작자를 기억합시다. 천 년 전에 마야로부터 옥수수를 가져온 호프웰족 사람들에 관해 알아봅시다. 여름 여행 동안에 오하이오주에 있는 장대한 뱀 모양 고분에 들러봅시다). 둘째로 1867년 하루 8시간 노동을 위해 파업에 돌입했던 시카고의 〈23구역 주조업 조합〉의 구성원을 들 수 있습니다. 맥코믹의 기계식 수확기를 생산하던 그들의 투쟁은 1886년 헤이마켓 시위의 직접적인 원인이 되었습니다. 그리고 곧 교수형이 있었습니다.

그래서 이제 그들은 시애틀, 윈저, 프라하, 브라질, 퀘벡에 모여 공기와 물 그리고 땅을 판매하려고 하고 있고, 우리는 여러 이름으로 이미 들어본 적이 있는 이론화되지 않은 공통의 대안들을 제시하고 있습니다. 오! 너무나 익숙합니다. 노예들에게 익숙했고 원주민들에게 익숙했으며 여성들에게 익숙했고 노동자들에게 익숙합니다. 여기에 오늘날의 빛과 열기가 있습니다. 뉴욕과 보스턴에서 있을 『사빠띠스따의 오로라』 출간 기념 행사에서 저는 가장 소중한 동지인 당신을 그리워할 것입니다.

5장

쿠트와 키엔탈의 메이데이

2003

역사가의 작업은 서술 기록에 의존하고 있다. 이에 관해 V. 고든 차일드는 티그리스강과 유프라테스강에 관한 고전 서적인 『역사에서 어떤 일이 일어났는가?』라는 제목을 통해 질문을 제기하고 있다. 이러한 질문은 기록의 시작점인 수메르를 다룬 사무엘 크레이머의 또 다른 고전 서적인 『수메르에서 시작된 역사』라는 같은 주제의 글로 적절한 해답을 구한다. 미국이 주도한 이라크 "해방"과 이어지는 바그다드 도서관과 고대 박물관의 파괴에서 우리는 아직 끝나지 않은 역사임에도 이를 서술하는 것은 불가능해졌다는 점을 알 수 있다. 그러나 우리의 기억은 말할 것도 없고 노래와 이야기 그리고 동식물상과 같은 과거에 관한 또 다른 지식의 원천도 있으며, 우리는 부족하더라도 이러한 원천을 받아들여야 한다. 바그다드 학문은 칭기즈 칸의 약탈에도 살아남았으며 미국이 책을 불태웠다고 해서 존속하지 못하리라 생각할 이유도 없다.

그렇다고 할지라도 … 한편에서 있었던 2월 15일과 3월 22일의 세상이 요동치는 움직임[1]과 다른 한편에서 있었던 야만적인 이라크 침략에 이어 생각해 보면 우리는 5월의 기둥 주변을 둘러서며 춤추고 싶은 기분은 느끼지 못한다. 우

---

1. [옮긴이] 이 장이 쓰인 2003년에는 2월과 3월에 미군의 이라크 침공이 있었다.

리는 "위험한 순간에 갑작스레 떠오르는 기억"을 붙잡아 둘 수 있는 역사를 필요로 한다. 낙원의 폭풍이 우리를 미래로 날려버리는 동안 역사의 천사는 과거를 돌아보며 기념하고 기억한다. 그 과거 속에는 메이데이와 헤이마켓의 교수형, 메이데이와 하루 8시간 노동 투쟁, 메이데이와 프랑스의 68년, 메이데이와 인종 격리에 대한 투쟁, 메이데이와 중앙아메리카 연대 운동이 있다. 우리는 웃지 않는다.

모든 메이데이는 저마다의 요점을 갖고 있다. 로자 룩셈부르크는 우리의 메이데이를 다음과 같이 표현했다. 그녀는 1차 세계대전의 전야에 "메이데이를 가장 빛나게 하는 이념은 프롤레타리아 집단의 자율적이고 즉각적인 진보의 발걸음과 수백만 노동자의 대규모 정치 행위다."라고 기록했다. 이날은 마치 바로 얼마 전 전 지구적으로 수백만이 일어나 자율적인 진보의 발걸음을 옮겼던 3월 22일과 그 전 달이었던 2월 15일과 똑 닮았지 않은가? 그러면 우리는 왜 자율적인 진보의 발걸음을 옮겼을까? 이라크의 평화. 여전히 붉은 로자Red Rosa는 "직접적이고 국제적인 대규모의 시위행위인 파업은 하루 8시간 노동, 세계 평화 그리고 사회주의 투쟁의 표현이자 수단이었다."라고 말하고 있다. 바로 그 평화. 그러나 우리는 하루 8시간의 노동과 사회주의는 제쳐두었다. 그것이 우리가 전쟁을 막지 못한 이유일까?

미국인들이 문명의 요람을 수의壽衣로 감싸는 동안 역사

의 천사는 1916년 메이데이와 티그리스강 쿠트에서 있었던 끔찍한 포위와 투항 그리고 학살에 멈춰버렸다. 우리는 이를 프롤레타리아의 출현을 예견했던 1916년 메이데이에 공표된 「키엔탈 선언」과 대조해볼 것이다. 먼저 쿠트를 이야기하고 다음으로 키엔탈을 다루겠다.

쿠트. 1916년 베르됭에서는 2백만 명의 사람들이 상호 간의 거대한 홀로코스트에 빠져들었고 67만 6천 명이 목숨을 잃었다. 메소포타미아에서는 전쟁 개전 시기에 대영제국의 편에 선 수천수만 명의 인도 원정군 D 부대가 1) 페르시아로부터 석유 공급 확보, 2) 인도의 주요 길목 보호, 3) 아랍과 아프간이 결합한 지하드의 인도 내 봉기 저지라는 전략적 목표를 가지고 바스라에 상륙했다. 우리는 코놀리가 말했듯이 "모든 역사를 통틀어 가장 야비하고 부도덕한 지배계급인 대영제국의 자본가 계급이 약탈에 나섰다."는 말로 이를 요약할 수 있다. 네 번째의 음흉한 목표도 있다는 것이 드러났다. 인도의 영국 정부는 메소포타미아를 편입하고자 했지만, 런던의 대영제국은 델리가 아닌 카이로에 있는 은신처를 통해 운영되기를 원했다.

지휘관이었던 톤젠드 장군은 바그다드의 유혹이 도저히 저항할 수 없는 것이었다는 점을 증명해 주었다. (페르시아 정유소는 이미 안전을 확보한 상황에서) 어리석게도 그는 새롭게 명명된 메소포타미아 원정군을 이끌고 티그리스

강을 거슬러 올라갔고 식량을 조달하던 기지의 병력과 한참은 멀어진 통신선을 구축했다. 바그다드에 도착하기도 전에 격퇴당한 그는 어쩔 수 없이 1백여 마일 떨어진 쿠트로 퇴각했다. 거기에서 4개월간 포위당했던 그는 굴욕적인 패배를 맛보며 1916년 메이데이 전야에 항복했다. 이러한 재앙의 이야기는 두 가지 또 다른 이야기로 이어졌는데 a) 병사들의 저항과 b) 아라비아의 로렌스가 보여 준 동양풍의 대담한 용기와 거트루드 벨의 매력적인 간계가 그것이다.

a) 톤젠드는 사기를 유지하는 것이 "모든 군사 작전 중 가장 어렵다."고 느꼈고 영국 군인들의 사기는 "걸핏하면 곤두박질친다."는 것도 알게 되었다. 그들은 어쩔 수 없었던 이틀간의 행군 끝에 쿠트에 도착해 참호를 팠고 고열, 소진, 홍수, 질병, 굶주림으로 고통을 겪었다. 실질적인 "무장 병력"은 인도 대대가 될 수밖에 없었다. 부대 대부분은 무슬림이었다. 우르두어와 힌두스타니어로 적힌 선동 전단에는 부대 내에서 봉기를 일으켜 장교를 살해하고 더 나은 급여와 함께 땅을 가질 기회까지 주는 형제의 나라 터키와 함께하자는 내용이 적혀 있었다. 한 인도병은 장교에게 총을 쏘려고 하거나 여러 차례 탈주를 시도했고 12명에서 14명가량의 군인이 방아쇠를 당길 오른손 검지를 잘랐다. 많은 이들이 [파키스탄] 펀자브주 출신이었다. 이질은 하루에 15명의 목숨을 앗아갔고 20명은 굶어 죽었다. 톤젠드는 "국경을 넘어

온 파탄인"[2]들에 대해 불평했다. 그는 그들이 인도로 돌아가기를 원했다. 그들은 말고기를 먹는 것을 거부했다. 그가 힌두교인과 이슬람교인을 함께 섞어서 보초와 외곽 경계 근무를 세웠지만, 여전히 그들의 연대를 누그러뜨리는 것은 불가능했다. 결국에는 72명이 달아났다.

메소포타미아 군사 작전에 관한 세 권의 책으로 공식적인 역사를 기록한 모벌리는 다음과 같이 설명했다. 파탄인들은 사유재산이 없었다. [그래서] 그들이 전사할 경우에 재산을 정당하게 승계할 수 있도록 보장하겠다는 영국의 제안은 전혀 효과가 없었다! 이 논리 뒤에는 반란과 공유주의commonism에 대한 제국의 두려움이 깔려 있었다. 이에 따른 전통적인 해결책은 공포였다. 쿠트의 아랍 거주자들은 자신의 음식을 팔지 않았다. 톤젠드는 본부에 금을 요구하며 다음과 같이 설명했다. "종잇조각 돈으로 6천 명의 사람을 좌지우지할 수는 없었다. 내가 할 수 있는 일이라고는 때때로 첩자 따위를 붙잡았을 때 총살하여 사람들을 선동하여 이끄는 일뿐이었다."

b) 거트루드 벨은 여성 최초로 옥스퍼드 대학에서 현대사를 배우고 수석으로 졸업했다. 그녀의 할아버지는 부유한 영국 실업가로 영국 철강의 3분의 1을 공급했다. 그녀는

---

2. [옮긴이] Pathans. 파키스탄 서북부에 사는 아프간족.

춤과 승마에도 능했고 아랍어도 할 수 있었다. 또한 밀턴을 자주 인용하며 고고학적으로 도시를 발견하고, 고압적인 자들을 매혹하기도 했다. 그녀는 영국 정보국의 첩보원이 되었다. 거트루드 벨은 카이로 사보이 호텔 바로 옆에 위치한 군사정보국 아랍 사무소에서 쓴 편지에 "매우 흥미롭다."는 글을 남겼다. 카이로에서 로렌스는 오스만 제국에 대한 아랍의 반란을 조장하기 위한 책략을 펼쳤다. 거트루드 벨은 인도로 파견되었다. 쿠트의 재앙은 그 야망에 결정적인 제동을 걸었다. 그녀는 1916년 3월 바스라의 맹렬한 열기 속에서 한숨과 함께 "나는 전쟁이 싫다. 오, 전쟁과 삶 앞에 나는 너무나 지쳤다."라는 글을 남겼다. 영국 정부가 샤리프 후세인3에게 한 달에 12만 5천 파운드의 금화를 지급하기 시작했던 달이었고 그녀가 그 거래를 성사시켰다.

거트루드는 로렌스와 교류를 갖기도 했다. "우리는 중대한 대화를 나누었고 세계의 정부를 위한 방대한 도식을 형성했다. 그는 내일 최근 격렬한 전투가 벌어지고 있는 강 상류로 올라갈 예정이다." 실제로 쿠트에서의 투항 후 한 달만에 아랍 봉기가 시작되었다. 로렌스는 메소포타미아에서 인도 군대의 작전에 관한 통렬한 보고서를 작성할 수 있었

---

3. [옮긴이] 1차 세계대전 중에 헤자즈(Hejaz) 지역의 태수였던 샤리프 후세인은 영국의 지원을 받아 오스만 제국에 대항하는 반란을 조직하였다.

다. 그는 영국 정치 장교인 "콕스는 아랍 사회에 관해 완전히 문외한이다."라고 기록했다. 문명의 요람에 대한 인도의 야망이 아랍 반란의 장애물이라는 주장은 신뢰를 얻지 못했다. 그의 설명에 따르면 "가장 중요한 것은 무엇보다 … 현금일 것이다." 4월에 로렌스는 쿠트의 포위 공격을 중지시키기 위해 터키에 1백만 파운드를 제공하도록 승인하고 금액을 두 배로 늘리기도 했지만, 할릴 파샤[4]는 조소를 보내며 이를 거절했다.

3월에 로렌스는 콜리지의 『노수부의 노래』를 읽었고 갈증("사방에, 물, 물/한 방울도 들이킬 수 없는"), 태양, 열기, 외로움 그리고 동료 선원을 잔인하게 죽여야 했던 자신의 책임에 대한 선원의 죄책감과 같은 몇 가지 유사한 점을 찾을 수 있었다. 로렌스는 쿠트에서 어떤 광경을 보았을까? 굶주림에 소모되어가는 사람들은 누구였을까? 영국인들은 불황을 겪던 농경 주(州)인 도싯셔와 노퍽 출신이고 불황을 경험한 영국 프롤레타리아의 좋은 표본이 되는 자들이었다. 펀자브인과 파탄인도 있었다. 내륙 물 수송부대는 영국 서인도 연대, 나이지리아 해군 연대, 서아프리카 연대, 유색 연대, 이집트 공병대에서 메소포타미아로 파견 온 사람들을 고용했다. 로렌스는 잡다하게 모여든 국제적인 제국주의자

---

4. [옮긴이] Khalil Pasha. 할릴 쿠트(Halil Kut)로 알려진 터키군 지휘관.

들의 군대가 굶주린 모습을 보았다.

> 수많은 남자, 아름답구나!
> 그리고 그들 모두 죽어 누워 있구나.
> 그리고 수천, 수천의 끈적이는 괴물slimy은
> 여전히 살아갔으리라, 나 또한 그러했을 테니

로렌스는 분명 제국을 섬기는 자로서의 한계를 가지고 있었을 것이다. 그가 섬기는 주인의 견해로 보았을 때는 제국이 석유를 갈구하고 있다고 하더라도 제국이 끈적이는 괴물slime이라고 볼 수는 없었다.

a) 1916년 2월에 간디는 카라치에서 연설했다. 일 년 전에 인도로 돌아온 그는 한 해 동안 침묵하기로 서약하고 최근 들어서야 말을 하기 시작했다. 진실과 용기가 그의 주제였다. 진실과 용기만이 아첨과 허위로 인한 사기 저하의 분위기를 제거할 수 있기 때문이다. 그러나 이러한 유익한 결과를 달성하려면 그 목적을 입 밖으로 내뱉어서는 안 되었다. 그는 "소위 말하는 정복자들을 공략하려는 시기에" 자기 억제는 국가의 해방에 필수적인 조건이라고 가르쳤다. 그가 직접 자신의 목적을 내뱉은 적은 없었지만, 그달 초 베나레스 힌두 대학에서 한 연설로 격렬한 소동이 일어났다. "우리의 마음에 와닿아야 하며, 우리 손과 발이 움직여

야만 한다." 사티아그라하[5]의 교리는 활동가의 교리와 다를 바 없었다. "인도의 조바심이 아나키스트 부대를 만들어냈다."고 말하며 그는 "나 자신도 아나키스트지만, 다른 유형이다."라고 덧붙였다. 그는 전쟁 전에 벵골을 나누려고 했던 영국의 의도를 무산시킨 폭파 작전을 책임진 아나키즘 테러리스트와 자신을 대조했다. "나는 아나키스트가 보여 주는 국가에 대한 사랑을 존경한다. 나는 국가를 위해 목숨을 내거는 그들의 용기를 존중한다. 그러나 나는 그들에게 묻고 싶다. 살인이 명예로운가?" 학생들 앞에서의 논쟁이 점점 더 흥미로워지려고 하는 순간에 영국의 자유주의자 애니 베전트 양이 "멈춰주세요"라고 말하며 끼어들었다. 후에 그녀는 당시에 범죄수사국에서 연설을 기록 중이라는 사실을 알아채고 "호의를 가진 말이었다. 내가 아무 말 없이 있었다가는 어쩌면 일어났을지 모를 더 폭력적인 끼어들기를 막기 위한 행동이었다."라고 설명했다. 끈적이는 괴물이 여기도 있었다.

b) 카라치에서의 간디와 거트루드 벨의 모습이 부분적으로 겹쳐 보일 수도 있지만, 간디가 사람들에게 밑거름을 심어두었던 그곳에서 그녀는 동정을 표했다. 4월에 그녀는 밀턴의 『리시다스』의 "가득 찬 헛바람이 독한 안개를 피운

---

5. [옮긴이] satyagraha. 간디가 시작한 비폭력 저항 운동의 철학으로 "진리를 찾으려는 노력"을 의미한다.

다.”는 구절을 떠올렸다. 이는 지도자와 따르는 자들 사이의 **부패**를 다룬 구절인데 그 시작이 어떻게 되었던가? 사막에 **취재**하러 간 울프 블리처[6]의 끈적이는 괴물에서? 펜타곤 브리핑? 아리 플라이셔[7]?

그들이 무엇을 살피는가? 그들에게 무엇이 필요한가? 이미 족하거늘.

바라는 바가 있을 때는 허울뿐인 찰나의 노래를 부른다.

엉성한 짚으로 만든 가느다란 파이프는 거슬리는 소리를 내고

배고픈 양들이 올려다본들 먹이는 주어지지 않는다.

다만 가득 찬 헛바람이 독한 안개를 피우고

내면은 썩고 불결한 전염병이 퍼진다.

거기에 냉혹한 늑대는 발톱을 숨기고

허겁지겁 삶을 집어삼킴에도 아무 말도 하지 않는다.

프롤레타리아의 창조성을 어설프게 인식하고서 사람들을 **양**으로 바라보는 관점을 지워버릴 수는 없다. 밀턴은 어쨌든 그의 시대에 수평파나 밭갈이파와의 대화에 뛰어든 사

---

6. [옮긴이] Wolf Blitzer. CNN 대표 기자.
7. [옮긴이] Ari Fleischer. 조지 W. 부시 대통령 시절 백악관 대변인.

람이고, 반면 거트루드 벨은 지배계급 상호 간의 인식에 관한 또 다른 실마리로 밀턴을 인용했다.

a) 그녀는 쿠트의 의사가 기억한 경험을 꼭 같이 묘사하지는 않았다. 의사는 거기에서 고양이들이 음식이 부족해지면서 점점 더 대담해지고, "발톱을 숨기고" 수술실 창문과 입구에 잠복하고 기다리기 시작하는 모습을 보았다. 영국의 외과 의사 바버 소령은 쿠트의 첫인상에 그리 기뻐하지 못했다. "동쪽에서 접근해가면서 내 눈에 거의 처음으로 들어온 모습은 처형대였다." 그는 며칠 동안 들것이나 음료 따위를 나르는 이들과 함께 시간을 보냈다. 군인들은 이 장소를 "똥통"Messypot이라고 불렀다. 야간 포격은 "증오"라고 불렀다. 그는 전쟁을 저주하고 전쟁을 일으킨 경제적 필요성 역시 저주했다. 기근은 더 심해졌다. 곧 짐승을 살육하기 시작했다. 일천여 마리의 말과 노새 그리고 낙타를 처분했지만, 장교의 군마와 바버가 매일 산책 시킬 임무를 떠맡았던 톤젠드의 개는 예외였다. 그는 일반 사병들의 급에 걸맞게 식단을 구성했다.

말뼈 수프
귀뚜라미 튀김
찌르레기 카나페
노새 허벅지살

낙타 갈빗살

바버 소령에게 1916년 메이데이는 맛있는 음식과 보급품 그리고 술과 함께 의료선이 도착한 날로 기억됐다.

포위된 지 4개월 반이 흐른 후 4월 29일에 톤젠드 장군은 영국 국기를 내린 후 불태워버렸다. 2만 3천 명의 군인이 포위를 뚫으려는 변변치 않은 시도 중에 사망하고 메이데이 전야가 되어서는 1만 3천 명의 군인이 포로가 되었다. 바커는 『간과된 전쟁 : 메소포타미아, 1914~1918』에서 "이는 영국군 역사에서 대단히 큰 실수 중 하나였다."라고 기록했다. 포로들은? 세이크샤프트 대위는 누더기 옷과 맨발로 이질에 죽어가는 군인의 모습을 보았다. "한번은 죽어가는 영국 군인의 입술에서 녹색 진물이 흘러내리는 모습을 보았다. 그들의 입은 다물어지지 않았고 파리가 들락날락하고 있었다." 많은 이들이 터키에서 작업 중이던 독일회사를 위한 철도 건설에 끌려갔다. 모벌리는 대영 제국에서 대략 4만 명의 사상자가 발생했다고 결론 내렸다.

b) 미국이 이라크에 테러를 가하는 동시에 이를 부정하는 능력을 해방Liberation이라고 부른다면 영국은 이를 뻣뻣한 윗입술 유지하기The Stiff Upper Lip라고 부를 것이다. 거트루드 벨과 톤젠드 장군은 자기편을 실망시키지 않았다. 그녀는 즐겨 입던 검은 실크 가운을 델리의 공공 사무실에서 좀

도둑에게 도둑맞았지만, 여전히 활기차게 뽕나무 열매와 석류나무꽃을 언급하며 "4월에는 바스라에도 승리의 결실이 맺혔다."라고 기록했다. 톤젠드 장군의 경우에 그는 다음과 같은 말로 항복 협정을 마무리했다. "마지막으로 나는 할릴 파샤에게 나의 충직한 폭스테리어 '스팟'을 영국군에 있는 내 친구 윌프레드 피크 경에게 인도하여 그가 집으로 갈 수 있게 해 주기를 요구했다. 스팟은 쿠르나 전투에서 나와 함께했고 크테시폰에서의 퇴각에서도 함께였다. 쿠트에서의 방어 기간에는 많은 고양이를 죽이기도 했다. 그는 영국에 안전하게 돌아갔고 나는 노픽에 있는 내 집에 돌아가 그를 다시 만났다."

거트루드 벨은 영국이 1917년 2월 바그다드를 점령한 이후 "이라크의 왕관 없는 여왕"으로 알려지게 되었다. 그녀가 쓴 글은 마치 이라크 통상부를 담당하도록 선출된 로빈 라펠 여사나 '아라비아의 울피'[8]의 이라크에서 명령을 기다리던 바바라 보딘 여사가 했을 법한 말을 기록했다. "단언컨대 우리는 이곳을 아랍 문명과 번영의 위대한 중심지로 만들 것이다. 그리고 바라건대 내가 그중 한 부분을 맡을 것이다. 또한, 나는 절대로 이를 포기하지 않을 것이다." 제임스

---

8. [옮긴이] Wolfie. 제국주의적 목적으로 아라비아를 찾은 '아라비아의 로렌스'처럼 이라크에서 폴 월포위치는 '아라비아의 울피'라고 불렸다.

코놀리는 1916년 세인트 페트릭 데이에 다음과 같이 설명했다. "영국 제국의 본질적인 야비함은 관대함의 허울 아래에서 도둑질하고 해방의 허울 아래에서 노예화한다는 점이다." 따라서 따라서 찰나의 해방 노래는 엉성한 짚으로 만든 가느다란 파이프로 거슬리는 소리를 낼 뿐이며, 우리는 그 파이프가 노래를 하기 위해서가 아니라 모두가 아는 그것[석유]를 빨아먹기 위해서 거기에 존재한다는 사실을 알고 있다.

a) 「메소포타미아 : 1917」에서 러디어드 키플링은 목구멍을 씻어내고 목에 거슬리는 모든 것을 깨끗이 한 후 또렷한 목소리를 높여 슬픔과 함께 특정 계급에 대한 기운찬 증오를 표현했다.

그들은 우리에게 돌아오지 않으리, 굳센 젊은이들.
     우리가 간절한 진심을 전했던 그들
그러나 그들을 자기 배설물 속에서 죽게 만들고 살뜰히 떠나버린 이들,
     그들이 몇 해 동안 무덤을 찾아와 경의를 표할까?

우리는 한 시간 남짓이라도 으름장을 놓고 화를 낼까?
     폭풍이 그치면 우리는 알게 될 것인가?
그들이 청탁과 간계로
     얼마나 조용하게 그리고 빨리 다시 권력으로 다가가

는지

자비롭게도 키플링은 여기에서 신은 빼버렸다. 거기에 그는
젊은이들의 희생에 대한 보상으로 석유가 아닌 정의를 요
구했다. 키플링은 이야기의 반만 꺼내놓았다. 나머지 반은
여전히 이야기되기를 기다리고 있다. 서발턴 연구 집단의
역사가들이 쿠트에서 도망치고 탈출하여 달아난 전쟁 포
로의 구전 전통을 회복하기에는 너무 늦은 것인가? 어떤 사
람들은 키플링의 두 가지 질문에 답할 준비가 되어 있었다.
이 답이 우리를 우리 이야기의 나머지 절반으로 안내한다.

키엔탈. 그들은 티그리스와 유프라테스 사이의 재앙이
벌어진 후 (경제적, 예술적, 혁명적으로) 국제주의의 중심
지였지만 인터넷이나 알-자지라[9] 또는 로버트 피스크[10]와
의 연결점은 없는 곳인 스위스에서 만났다. 반자본주의 혁
명 세력만이 제공할 수 있는 전쟁과 기근에 대한 그들의 구
제책은 알프스 산맥에 자리한 마을 키엔탈에서 제시되었
다. 서로 다른 두 개의 생태, 다른 고도, 다른 기온, 다른 동
식물상을 가진 쿠트와 키엔탈을 함께 떠올리기가 쉽지 않겠
지만, 1916년의 인간 공동체인 두 지역은 비-산업화 공유지

---

9. [옮긴이] CNN에 대항해 설립된 반미, 범이슬람 뉴스 위성방송.
10. [옮긴이] Robert Fisk. 영국 일간지 『인디펜던트』의 중동 전문 기자로 미국
    의 중동 정책을 비판했다.

라는 연결점을 가지고 있었다. 전자의 경우 갈대와 섬이 있는 아랍 습지[11]가 있었고 후자의 경우 이동식 목축booleying을 하던 고지대 목초지가 있었다. 그 전 해 9월에 반제국주의 사회주의자들은 비밀리에, 그리고 용감하게 치머발트에서 만났다. 레닌과 로자 룩셈부르크와 같은 용맹한 영혼이 남긴 작품은 1916년 메이데이의 「키엔탈 선언」이라는 결과로 나타났다. 이 선언문 이전에는 논쟁과 토론이 있었다.

로자 룩셈부르크는 마치 벡텔 기업[12]과 바그다드를 염두에 두고 있는 것처럼 1916년 봄에 『유니우스 팸플릿』을 출간했다. "사업은 폐허 위에 번성하고 있다. 도시는 잔해로 돌아갔고 온 나라가 사막이 되었으며 마을은 묘지가 되고 온 국민이 거지가 되었다 … 이것이 부르주아 사회를 대표한다 … 마치 짐승의 울부짖음과 같이, 난장판 잔치같이, 돌림병을 품은 입김과 같이 문화와 인간성을 황폐화한다." 프롤레타리아로서 말하자면 "이미 확립된 어떠한 도식도, 언제나 선함을 유지하던 관습도 앞으로 걸어가야 할 길을 보여주지는 못한다. 역사적 경험이 유일한 교사이다. 자기 해방에 이르는 고난의 길Via Dolorosa은 헤아릴 수 없는 고통뿐만

---

11. [옮긴이] 메소포타미아 지역에는 습지에 인공섬을 만들고 갈대로 집을 지어 사는 습지 부족이 있었다.
12. [옮긴이] Bechtel Corporation. 이라크 재건과정에서 특혜를 입은 미국 건설회사.

아니라 수많은 실수로 뒤덮여 있다."

1914년 7월 소위 말하는 유럽의 국제 프롤레타리아 대표자들이 서로를 교전국으로 지정하며 수백만 명의 동료 노동자들을 서로 학살하는 곳으로 내몰았던 배신행위에 그녀는 누구보다 씁쓸했을 것이다. 그녀는 사회주의가 "인간의 사회적 삶에 관한 의식 있는 감각과 성안成案 그리고 이를 통한 자유 의지의 확립을 목표로 삼은 세계사 최초의 민중 운동이라고 역사가 규정하고 있다."고 지적했다. 그러나 사회주의가 천국에서 내려준 음식manna처럼 하늘에서 떨어진 것은 아니다. 그녀는 선택을 주장했다. "제국주의가 승리하고 모든 문화가 파괴되는 길을 따라가며, 고대 로마처럼 인구 감소와 황폐화 그리고 타락이 가득한 광대한 묘지를 만들 것인가? 아니면 제국주의와 그들의 수단인 전쟁에 대항하는 국제적 프롤레타리아의 의식 투쟁인 사회주의의 승리를 선택할 것인가?" 베르됭의 학살과 쿠르트의 굶주림 속에서 그녀는 인간이 역사를 만들며 의식 있는 역사 행동은 의식 있는 역사 의지로 발생한다는 역사의 공리axiom로 돌아갔다. 여기에서는 평화만이 애국심이라거나 투쟁 없이 승리할 수 있다는 주장은 없었다.

레닌은 1916년 스위스에서 연설했다. 그는 1915년 9월 11일자 『이성에의 호소』에 실린 내용들을 인용했다. 유진 데브스는 "나는 자본주의 병사가 아니다. 나는 프롤레타리아 혁명가다. 나는 금권정체plutocracy의 정규군에 속하지 않고 민중의 비정규군에 속한다. 나는 지배계급으로부터의 모든 전투 명령에 복종하지 않는다 … 나는 단 하나를 제외한 모든 전쟁에 반대한다. 나는 그 전쟁을 위해 내 마음과 영혼을 바친다. 그 전쟁은 사회주의 혁명의 전 세계적 전쟁이다. 이 전쟁에서 나는 필요하다면 어떤 지배계급과도 싸울 준비가 되어 있다."라고 말했다. 글로든 댈러스와 더글러스 길은 『미지의 적 : 1차 세계대전에서 영국군의 반란』에서, 꼭 1년이 지난 1916년 9월 11일 프랑스에서의 영국군 모병이 반항적인 모습을 나타냈다고 기록했다. 메소포타미아에서 군인들은 국가가 지역 주민을 공격하라는 명령을 내렸을 때 고향으로 돌아가기 위한 계획을 세웠다. 한 참전 군인은 "우리는 그 목적[13] 때문에 입대한 것이 아니라고 말할 수는 없다. 또한, 그것은 항상 문제투성이였기 때문에 우리는 돌아오는 데에 어려움을 겪을 수밖에 없었다. 우리는 굴복하지 않았고 싸움에서 이겼다."라고 회상했다.

레닌은 비록 민족해방을 위한 전쟁의 필요성을 주장하기는 했지만, 『유니우스 팸플릿』을 환영했다. 1916년 봄 동안 취리히에서 레닌은 『제국주의론 : 자본주의의 최고 단계』[14]

---

13. [옮긴이] 고향으로 돌아가기.
14. [한국어판] 블라디미르 일리치 울리야노프 레닌, 『제국주의론』, 남상일 옮김, 백산서당, 1986.

를 썼다. 이 책은 20세기 중국, 인도, 케냐, 알제리, 베트남의 반식민지 투쟁에 활용되었다. 그는 독점과 카르텔의 성장을 연구했다. 그는 금융 자본 역시 연구했다. "전 세계의 모든 국가에서 그 올가미를 넓혀갔다." 그는 그 안의 동역학을 관찰했다. 1) "자본주의가 발달하면 할수록… 원료를 위한 투쟁은 더욱 간절해진다." 또는 2) "제국주의는 일반적으로 폭력과 반동을 일으키려고 애쓴다." 그는 어떻게 프롤레타리아가 독한 안개를 피우고 헛바람에 부풀어 오르는지 설명했다. 식민지 약탈에서 오는 과도한 이익은 대도시 노동계급이 기회주의자가 되도록 하고 민족주의자의 호소에 흔들리게 하면서 노조와 사회주의 정당의 배신을 이끌었다. 레닌은 "점점 익어가다가 곪은 후에 썩어버렸다."라고 기록했다. 그는 제국주의의 두 가지 구조적 약점을 지적했다. a) 하급 계층을 매수하여 묵인하도록 하고, b) 국민으로부터 군대를 모집한다.

레닌은 1916년 봄에 화가와 음악가들이 시대의 광기를 예술로 치료하고자 다다이즘이라는 명칭을 생각해낸 장소인 [스위스 취리히의] 카바레 볼테르 근처 모퉁이 쪽에 살고 있었다. 에드 샌더스는 아름다운 저작인 『아메리카 : 역사 시詩』의 첫 번째 권에서 다음과 같이 그곳의 저녁을 묘사했다.

샌프란시스코

그만큼 아주 먼 곳에서 들려오는

참호의 참혹을 헹구어내고

웃어 넘기는

― 무의미함의 신성하고 홀가분한 행굼

다다이즘이 헹궈준다면 레닌은 씻어 준다. 레닌은 세실 로즈의 "만약 우리가 내전을 피하기를 원한다면 우리는 제국주의자가 되어야 한다."라는 말을 인용했다. 이것이 요점이었다. 어떻게 제국주의 전쟁을 내전으로 바꿀 것인가? 여기에서 방어가 공격으로 전환되었다. 로자 룩셈부르크 역시 사람들이 고정된 생각을 버리고 무장한 자유인의 움직임에 동조할 것을 주장했다. 당신은 그동안 레닌과 룩셈부르크를 공부하면서 서로 다른 성별의 대립에도 학파 간의 신랄함이나 모순되는 차이점을 발견하지는 못했을 것이다. 그해에 룩셈부르크와 레닌이 동의한 많은 내용 중에는 전쟁에 반대하는 반란을 조직하여 사형 선고를 눈앞에 둔 카메룬 동지를 위한 조정에 나서기를 거부한 사회민주당에 대한 비난도 있었다. 이들은 전쟁 비난, 의회 제2당 배신 규탄, 제국주의 분석, 노동계급 창조성 찬양에 공감하는 동지였고 세상을 이해하기 위해 연구했다.

이러한 논의를 통해 1916년 「키엔탈 메이데이 선언」이 도출되었다. 만약 쿠트가 우리 문제의 원류^{原流}를 그렸다고 한다면 키엔탈은 해결책을 그렸다고 할 수 있다. 그 안의 말은 우리에게 적용된다. 도시와 국가의 노동자들을 향해 "당신이 가진 권리는 굶주림과 침묵할 권리뿐이다. 당신 앞에는 계엄령이라는 사슬과 검열의 족쇄 그리고 지하 감옥의 케케묵은 공기가 드리웠다 … 그들은 당신이 계급의 의무를 배반하도록 선동하고 사회주의에 관한 위대한 역량과 희망으로 가득 찬 당신의 심장을 찢으려 할 것이다."

"정부와 제국주의 파벌 그리고 그들의 언론은 압제당한 국가를 해방하기 위해서 필요한 일이라고 당신에게 말한다. 이 전쟁에서 사용된 모든 기만의 방법 중 이 말이 가장 조악한 수법이다. 어떤 이들에게 이러한 전 세계적 학살의 진정한 목적은 그들이 수 세기 동안 차지한 것들과 많은 전쟁으로 정복한 것들을 유지하는 것이다. 또 다른 이들은 세상을 다시 한 번 분열시켜 그들의 재산을 늘리고자 한다. 그들은 새로운 영토를 병합하고 모든 사람을 분열시켜 일반 농노와 노예의 지위로 떨어트리고자 한다."

"배짱! 당신이 다수임을 기억하고 힘은 간절히 원한다면 당신의 것이 될 수 있다는 점을 명심하라." 1916년 5월에 W.E.B. 듀보이스와 제임스 코놀리는 간절함과 배짱을 찾아냈다. 이는 a) 테러리즘에 대한 방어와 b) 제국주의에 대한 공격으로 구성되었다.

듀보이스는 당시 세계대전이라는 "문명의 끔찍한 전복

의 주요한 원인이 아프리카에 있다."라고 기록했다. 그는 "백인 노동자들 '되놈과 깜둥이'chinks and niggers를 착취하여 얻은 약탈품이라는 짐을 함께 나누어 지도록 강요받았다."라고 기록했다. 아이티, 산토도밍고, 멕시코, 니카라과를 침략하면서 미국은 테러와 인종 차별로 자국의 지위를 끌어올렸다. 1916년 봄에 뉴욕에 도착한 자메이카 출신 마커스 가비는 듀보이스에게 자신의 회의 의장을 맡아주기를 요청했다. 듀보이스는 "소득 결정의 민주주의는 정치적 권력의 민주주의를 위한 피할 수 없는 첫 단계이다."라고 외치며 혁명을 촉구했다. 부활절 반란군[15]이 어리석은 자들로 불릴 때 듀보이스는 다음과 같이 하늘에 호소했다. "하느님의 눈으로 보았을 때 우리는 누구나 충분히 어리석다!" 듀보이스의 잡지 『위기』에서 메이데이는 린치에 대항하는 투쟁으로 점철되었다. 그는 이 잡지를 통해 미국의 테러리즘을 통렬히 비판했다. 4월호에서는 조지아주에서 있었던 남자 6명의 린치를 다루었고 다음 호에서는 "웨이코 공포"라는 제목으로 지난 100년 안에 가장 끔찍한 사진인 텍사스 프롤레타리아의 잘리고 불탄 채 목매달린 검게 그을린 몸뚱이의 모습을 실었다.

---

15. [옮긴이] 1916년 4월 영국의 아일랜드 통치를 종식시키기 위한 아일랜드 혁명 중 첫 무장 행위를 시행한 반란군.

제임스 코놀리는 "부자들의 전쟁 그리고 가난한 자들의 싸움!"이라는 말을 되뇌었다. 그는 전쟁으로 부당한 이득을 쟁취하는 이들을 찾아냈다. 그는 전쟁에 합류했을 때 갖는 경제적 동기(남편을 전쟁에 보낸 여성에게 지원되는 고용기회와 현금)를 분석했다. 그는 노동조합 관료들을 꾸짖고 더블린 부두 노동자와 런던 선원을 찬양했다. 그는 아일랜드의 공유지를 약탈한 영국을 상기시켰고 명확한 현상을 관찰함으로써 보여 주는 천재적 통찰로 "모험 정신"이 혁명적인 힘의 가치를 지닌다고 지적했다. 그는 군국주의의 정치적 부패가 전쟁의 적조red tide 없이 제거될 수 있다는 말에 의문을 제기했다. 기회는 붙잡는 자들의 것이었고 그래서 부활절의 반란이 일어났다.

반란의 법칙은 대담, 대담, 대담이다! 그래서 일요일에 로저 케이스먼트[16]가 체포되었다. 그가 독일로부터 조달하기로 한 무기를 잃었음에도 부활절 반란은 예정대로 1916년 4월 24일 월요일에 개시되었다. 이들은 아일랜드가 아일랜드 사람의 것이라는 점을 주장했고, 이러한 선언은 여러 번 복제되어 배포되었다. 마을 여러 건물에 흩어져 있던 반란자들은 자전거를 타고 다니며 서로 의사소통했다. 비록

---

16. [옮긴이] 아일랜드 독립운동으로 1916년 처형된 독립투사이자 영국의 외교관.

일주일도 되지 않아 짓밟혔지만, 그 반향은 자메이카에서 뱅골에 걸쳐 압제당한 이들을 전율하도록 했다. 더블린에서 코니 마르키에비츠는 스티븐스 그린 지역의 부사령관을 맡았다. 그녀는 자신의 성별로 인해 처형을 면했고 아마 이에 실망감도 느꼈을 것이다. 대신 그녀는 메이데이에 킬메이넘 교도소의 감옥에서 총살 집행 분대가 그녀의 동지들을 처형한다고 알리는 소총 소리를 들으며 잠에서 깨야 했다. 그들은 그녀를 영국의 감옥으로 옮겼다. 거기에서 그녀는 빵과 물로만 이루어진 최소한의 것으로 살아가던 무리에게 연옥편을 길게 암송하고 거기에 자신의 말까지 덧붙여 그들을 즐겁게 해 주었다.

죽은 마음과 죽은 꿈 그리고 무아지경 죽은 나날
다시 살아날 수는 없는가?
아니, 우리는 죽음을 경험한 적이 없기에…

1915년 11월 19일 작사가 조 힐[17]이 총에 맞았다. 제임스 라킨[18]은 장례에 참석하고자 더블린에 왔고 그들은 힐의 유명한 곡 〈반란군 소녀〉를 불렀다.

---

17. [옮긴이] 스웨덴계 미국인 노동 활동가로 워블리 소속이었다.
18. [옮긴이] 아일랜드 공화당원이며 노동조합 지도자였고 사회주의자였다.

사연 많은 여자가 있었으니

모두가 알듯이, 이 이상한 세상에,

누군가는 아름다운 저택에 살고

최고의 옷을 입고 사네.

이들은 파란 피의 여왕과 공주로

다이아몬드와 진주로 매력을 뽐네.

다만 유일하고 기품 있는 여인은

반란군 소녀라네.

프롤레타리아 혁명은 가부장제와 (마리아 미즈의 용어를 사용하자면) 가정주부화[19]를 타파하는 것을 절대적으로 수반하지만, 그렇다고 모계주의의 회복은 아니다. 2월 15일과 3월 22일이라는 위대한 날에 보여 주었던 우리 위대한 여성의 지도력을 통해 살펴보면 우리는 프롤레타리아라는 용어가 원래는 제국의 여성 또는 양육자를 의미했지만, 그들이 이제 계급으로서 우리가 가진 위대한 힘을 실현하기 위한 첫 발걸음을 내딛기 시작했다는 점을 쉽게 이해할 수 있다.

우리는 역사의 천사 ─ 쿠트에서의 포위와 투항 그리고 학살이라는 낮은 점에서부터 키엔탈의 프롤레타리아 국제주의

---

19. [옮긴이] Hausfrauiszierung. 자본주의 체제에서 여성의 대부분이 가사 노동에서 일하며 극도로 낮은 급여만으로 계산되는 문제에 관한 용어.

에 관한 선언이 있었던 알프스의 높은 점까지 – 를 돌아보았다. 여전히 바람은 우리를 미래로 날려 보내고 있다. 바그다드 도서관은 폐허가 되고 남아 있던 도시의 도서관 예산은 삭감되었지만, 우리가 그 유산을 여전히 간직하고 있기에 이 미래는 여전히 파괴되지 않았다. 9월 11일(반란과 테러)이 겹쳤던 것처럼 메이데이(쿠트와 키엔탈)가 겹친 이유를 더 알아볼 필요는 있다. 하지만 이는 마술은 아니며 단순한 우연에 불과하다. 메이데이는 365일 중 하루일 뿐이다. 9월 11일 역시 지구 공전의 하루일 뿐이다. 지구는 혁명 전에도 회전하고 있었고 또한 계속될 것이며 제국주의와 그에 대한 투쟁, 자본주의와 그에 대한 투쟁, 사형과 그에 대한 투쟁 역시 마찬가지일 것이다. 한편 타락slime에 대항하기 위해서 간디는 행동을 정갈히 하라고 말했다. 찰나의 노래에 대항하기 위해서 레닌은 경제적 분석을 제시했다. 테러에 대항하기 위해 듀보이스는 단호한 진실을 제시했다. 애국주의의 헛바람과 독한 안개에 대항하기 위해 붉은 로자는 인터내셔널을 제시했다. 온갖 악조건에 대항하기 위해 제임스 코놀리는 대담함을 제시했다. 패배에 대항하기 위해 조 힐은 웃음을 제시했다.

우리는 프랭클린 로즈몬트의 걸작 『조 힐 : IWW와 혁명적 노동계급 대항문화의 탄생』을 통해 화장된 조 힐의 잿가루가 봉투에 담겨 라틴 아메리카, 아시아, 아프리카, 유럽을 포함한 전 세계 모든 국가의 〈세계 산업 노동자 동맹〉 지회에 보내졌고 1916년 메이데이에 그 가루를 바람에 흩뿌렸다는 이야기를 보았다. 하늘의 신 여호와와 알라를 따르는 모든 이들을 위해 우리는 조 힐과 함께 웃음 짓는다.

편히 앉아 음식을 먹게 되리니
하늘 위의 영광스러운 곳에 앉으리.
일하고 기도하며 건초 위에 살아가니
죽어 하늘에 오르면 파이를 얻게 되리.

우리는 여전히 쓸어내지 못한 지하의 신인 마몬과 몰록에게 보낼 웃음은 아직 얻어내지 못했다.

6장

마그나카르타와 메이데이

2005

마그나카르타와 메이데이는 서로 어떤 관계일까? 먼저 각각에 관해 우리가 알고 있는 바를 정리해 보자. (대헌장을 의미하는) 마그나카르타는 790년 전 6월에 영국의 존 왕과 귀족들 간의 내전에 종지부를 찍었다. 따라서 우리는 이 용어를 헌법과 같은 정치과학의 틀 속의 것으로 생각해볼 수 있지만, 여기에는 조약의 본질 역시 담겨 있다.

영국 귀족들은 다양한 이유로 존 왕에게 반대했다. 우리는 헌장 39장 "눌루스 리베르 호모"nullus liber homo 조항, 즉 "어떤 자유인도 소속 영지의 귀족 또는 국가의 법에 의한 법적 판단에 의하지 아니하고는 끌려가거나 갇히거나 침탈당하거나 법익을 박탈당하거나 추방당하거나 여타 다른 방식으로 존재를 부정당해서는 안 된다."는 조항을 통해 바로 잡기를 바랐던 불만 사항에 관해 잘 알고 있다. 이는 우리에게 미국 헌법 제5조와 제14조의 내용으로 익숙하다.

이 장[39장]은 2004년 미국 정부 ─ 이것을 지휘계통이라고 부르자 ─ 가 고문 금지, 하베아스 코푸스[1], 배심원 재판, 적법 절차와 같은 이 장에서 도출된 조항을 어겼기 때문에 당시 자주 인용되었다. "지휘 계통"의 폭정과 무법에 반대하는 사람들은 마그나카르타가 왕과 권력자 그리고 "주권권

---

1. [옮긴이] habeas corpus. 인신(人身)의 자유를 뜻하는 라틴어로 "내 몸은 내 것이다."라는 뜻이다. 일반적으로 위법한 신체구속을 당한 사람들의 신체적 자유 확보를 위해 발달한 법률적 제도를 뜻한다.

력"sovereign power의 괴롭힘, 잔혹성, 탐욕에 대항하는 인류 유산의 일부이기 때문에 이 내용을 인용한다. 이는 개인의 보호라고 할 수 있다. 그러면 우리 계급은 어떻게 되었나?

이제 메이데이를 돌아보면 우리는 이날을 노동자들의 축제일로 기억한다. 왜냐하면 〈미국과 캐나다의 직능별 조직 노동조합 연맹〉이 "1886년 5월 1일 이래로 적법한 하루 노동시간은 8시간이라고 결의했기 때문이다." 시카고에서는 맥코믹 워크스의 주조공들이 감금당하고 그사이 맥코믹 자신은 [노동자들의] 임금을 15퍼센트 삭감하며 71퍼센트의 이익률을 누리고 있었다. 주조공들은 항의하고 경찰이 그들 중 넷을 쏘아 죽였다.

며칠 후에 수천 명의 사람이 헤이마켓 광장 근처의 회합에 참여하고 몇몇 연사의 주장을 들었다. 군중이 줄어들 무렵 밀어붙이는 경찰 사이로 다이너마이트 막대가 던져졌다. 지옥이 펼쳐지고 많은 사람이 죽었다. 쿡 카운티의 보안관은 경찰에게 "일단 때려잡고 법은 나중에 찾아라"는 지시를 내리며 마그나카르타 이전 시대의 권위에 부합하는 태도를 드러냈다. 결국 여덟 명이 재판을 받았고 그중 네 명이 교수형당했다. 앨버트 파슨스, 조지 엥겔, 아돌프 피셔 그리고 "오늘 당신들이 조르고 있는 목의 목소리보다 우리의 침묵이 더 강력한 힘을 가지는 날이 올 것이다."라는 말을 남긴 어거스트 스파이스가 그들이었다.

어거스트 스파이스가 예견한 그 날은 곧 찾아오고 8시간 노동을 외치는 목소리가 미국과 캐나다를 넘어 곧 전 세계로 퍼지며 노동자와 농부 그리고 학생들은 메이데이를 축하했다. 이에 관해 오스카 아메린저는 "더 많은 돈과 더 적은 노동을 향한 신성한 메시지"라고 말했다. 확실히 이 "신성한 메시지"는 현실에서의 신뢰에 기초한 발의였다. 그러나 이러한 메시지는 현대판 노예화, 부채 노동자, 교도소 강제 노역, 수출지역 착취 공장, 강제 초과근무, 다중 직업 보유2, 빈곤의 여성화를 거치며 모두 잊혀버렸다. 우리가 이 모두를 그저 편리하게 사탄의 농간이라고 부르지 않는다면, 분명 이러한 특징을 현시대 노동의 특성이라고 할 수 있을 것이다. 만약 메이데이 투쟁의 결과로 하루 8시간 노동 시대가 왔다고 하더라도 결국 진작에 사라져버렸을 것이다.

이 정도까지가 대부분 우리가 마그나카르타와 메이데이에 관해 알고 있는 것이다. 그리고 여기에는 잃어버린 것에 관한 공통점도 있다. 바로 잃어버린 자유와 잃어버린 하루 8시간 노동이다. 이 두 사건은 서로 수천 마일 떨어져 수백 년을 사이에 두고 일어나 서로 관련이 거의 없어 보인다. 우리가 지리와 연대기적 시점의 차이를 잠시 접어두고 계급투쟁을 토대로 두 사건을 비교하더라도 두드러지는 차이가

---

2. [옮긴이] 생계를 위해 여러 일을 동시에 해야 하는 상황의 노동자.

드러난다. 존 왕에 대항했던 봉토를 가진 귀족들은 스스로 대영토를 소유한 권력자인 라티푼디스타latifundista였고 봉건적 생산양식 안에서 농노와 시골뜨기들의 노동을 명령했다. 반면 시카고에서의 투쟁은 생산업자와 프롤레타리아 사이의 계급투쟁이었다. 한편은 우리가 약탈 귀족이라 칭하는 새로운 유형의 지배계급이었고 다른 한편은 빈민가에 몰려 있다가 공장에 욱여넣어진 새로운 유형의 노동자였다.

마그나카르타에 유대인과 도시 주민 그리고 상인에게 혜택을 주거나 보호하려는 조항이 있었으며, 이러한 상업적 이익이 새로운 역사적 힘이라는 점은 사실이다. 당시에는 이 힘이 상대적으로 약하기는 했지만, 이러한 내용을 포함하고 있었다는 것은 마그나카르타가 논쟁의 종식, 정책 입안, 그리고 기독교 교회의 영성적 지도자를 최고 권위자에 앉히기 등의 방법들을 이질적인 요소들에게 제시하며 계급 연합 또는 연립으로 서로 뭉치기를 시도했다는 것을 의미했다.

마그나카르타는 계급 전쟁 속에서의 조약이고, 지배계급의 탄생을 도왔다. 존 왕은 할 수 있는 한 빨리 다시 전쟁을 일으켜 마그나카르타를 무효화했지만, 곧 죽고 말았다. 그의 죽음에 관한 이야기는 입소문으로 전해져 공유인 농부들이 전설로 회자하였고 윌리엄 모리스[3]조차 대담하고

---

3. [옮긴이] 19세기 영국의 건축가이자 사상가로 『변화의 징후』에서 존 왕의

엉성한 영웅주의에 가득 찬 구전 역사를 쉽게 풀어 기록에 남겼다. 적에게서 도망치던 존 왕은 바다의 조류에 휩쓸려 모든 짐을 잃어버리고 험한 몰골로 링컨셔의 스와인스테드 수도원에 피난처를 마련했다. 그는 저녁 식사 자리에서 "이 빵 덩어리는 얼마에 팔리는가?"라고 물었고 그는 1페니라는 답을 듣고는 "신이시여 내가 일 년만 더 살 수 있으면 이 한 덩어리를 12펜스에는 팔 수 있겠거늘!"이라고 말했다.

한 수도승이 근처에서 이를 듣고 왕의 목숨이 다할 때가 되었다고 생각하고 이토록 잔인한 왕, 이토록 사악한 주군을 죽이는 것은 선행이라는 생각을 하게 되었다. 그래서 그는 정원으로 가서 자두를 따온 후 작은 구멍을 파고 독을 채워 넣었다. 그리고 그는 왕 앞으로 나아가 무릎을 꿇고 말하기를 "폐하, 세인트 어스틴이 아뢰오니 이 과일은 저희 정원에서 난 것이옵니다."라고 했다. 왕은 불쾌한 표정으로 그를 바라본 후 "먼저 먹어라. 수도승!"이라고 말했다. 그래서 수도승은 먼저 먹었지만 표정 하나 바뀌지 않았다. 그래서 왕 역시 자두를 먹었다. 이내 왕의 눈앞에 수도승은 몸이 부풀어 오르며 파랗게 변해가더니 쓰러져 죽었다. 곧 왕의 심장에도 통증이 생겨났고 그 역시 부풀어 올라 아파하다가 죽었다.

죽음에 관한 기록을 남겼다.

이는 아래로부터의 역사이며 다른 모든 역사와 마찬가지로 탐구해 보아야 한다. 첫째, 자두의 원산지는 영국이 아니며 비잔티움에서 난 것이다. 마그나카르타의 시기에 십자군 원정 회군 때 영국으로 건너온 것으로 보인다. 그러나 자폭을 시도한 성인의 달콤한 이 무기가 영국의 수호성인인 세인트 조지와 마찬가지로 그 출신이 팔레스타인에서 온 것이 맞는지는 아직도 영국의 식물학자들 사이에서 명확하게 규명되지 않았다. 나는 마그나카르타의 이야기는 유럽 북서부 해변에 놓인 회색빛의 차가운 섬나라에서조차 이슬람의 다양한 영향을 동시에 고려하지 않고는 이해될 수 없다고 주장하는 바이다.

둘째, 영국 수도원의 식물 표본과 과수원은 집단 노동의 초기 예시일 뿐만 아니라 공유지에 자라난 자연 자원에 기반을 둔 공동체 생활의 원류라고 할 수 있다. 이렇게 수도승이, 영국의 모든 숲에 대한 끊임없는 탐욕으로 자신을 살찌우고자 했던 존 왕에게 정원의 열매를 주었을 때 이 열매는 인간 노동의 생산물인 동시에 땅과 비 그리고 태양의 생산물이었다. 이 이야기를 전했던 농부들과 이 이야기를 반복해서 기록에 남긴 윌리엄 모리스 역시 이를 잘 이해하고 있었다. 그러나 소외alienation의 구렁텅이에 빠진 우리야말로 이 사실을 되새겨야 한다.

다시 메이데이로 돌아가 보자. 구전 역사 분야와 아프리카계 미국인의 자주적 행동 분야의 역사가인 조지 라윅은 메이데이에 매사추세츠 대학교에 와서 우리를 도와 헤이마켓 100주년의 기념일을 거행하도록 도왔다. 그는 앨버트 파슨스와 루시 파슨스를 연관지어 강조하기를 원하지 않았다. 그녀 스스로 아프리카계 미국인이라는 사실은 다문화주의를 지나치게 강조하는 길이었다. 라윅은 앨버트 파슨스가 남부 연방의 노예 주인을 위해 자신의 하나뿐인 목숨을 걸었다는 놀랍고도 끔찍한 사실을 강조하고자 했다! 라윅은 사람이 환경에 따라, 그리고 서로 다른 사람을 만나면서 변할 수 있다는 점을 강조하고자 했다. 우리는 바라는 것만으로 변화할 수 없다. 열띤 논쟁과 교육 그리고 조직이 필요하다.

시카고의 무리는 커스터 장군을 물리쳤던 수족Sioux 인디언과 싸운 경험이 있었다. 블랙 엘크는 "모든 생명의 이야기는 성스럽고 말하기에 이로우며 두 발 달린 우리는 네 발 달린 짐승과 하늘의 날개 달린 것들, 그리고 모든 녹색의 존재와 이를 나누어야 한다. 우리는 모두 하나의 어미를 둔 자식이며 하나의 영혼이라는 아비를 두고 있다."라고 전했다. 그렇다. 대평원Great Plains에서의 인디언 전쟁은 사유화의 전쟁이었다. 프랭크 쿠싱은 푸에블로 인디언과 5년간 살았고 헤이마켓에서 일이 터지기 단 몇 년 전에도 "산에서 내려온 노파들은 온종일 복숭아를 땄고 해 질 무렵에는 가장 맛 좋은 과일로 가득 찬 커다란 바구니를 들거나 이마에 줄로 걸쳐 메고 집으로 돌아왔다."는 기록을 남겼다.

내가 복숭아를 언급한 이유는 앞서 자두가 언급되었기 때문이다. 음 … 비록 과일의 생식질이 인클로저로 멸종 위기를 겪을 수 있기는 하지만, 그렇다고 과일에 국적이 있는 것은 아니다. 내 말의 요지는 사유화는 전 세계의 공유적 사회 조직의 엄청난 다양성을 박살 내 놓았고 사유화를 수호하는 이들은 엄청난 수의 공유인을 학살했다는 점이다.

존 왕이 죽은 후 자유 헌장이 다시 한번 공표되었지만, 여기에서는 상당한 개정과 추가가 있었다. 마그나카르타가 대헌장이라는 이름을 얻은 것과 대조적으로 추가된 부분은 삼림헌장Charter of the Forest이라는 상대적으로 짧은 소헌장이었다. 삼림헌장은 분명 『공산주의 선언』은 아니었지만, 공유지를 위한 헌장이라는 점은 아주 분명했다. 왜냐하면 비록 여기에서는 전체 숲을 사람들에게 돌려주지는 않았지만, 일부 자원에 관한 관습적 권리를 공유의 관례로 돌려놓았기 때문이다. 여기에는 돼지 방목권pannage, 즉 돼지가 도토리나 너도밤나무 열매 따위의 견과류를 주워 먹을 수 있게 숲에 풀어놓을 수 있는 권리가 포함되어서 두 발 달린 이들이 겨울에 식량을 마련할 수 있도록 도왔다. 삼림헌장에서 인정된 또 다른 공유 권리는 소 방목권herbage, 즉 소가 숲이나 주변 공터에서 풀을 뜯을 수 있게 허가하는 것으로 "옛 영국의 쇠고기 요리"[4]를 먹을 수 있게 해 주거나, 아니면 아이들이 우유를 먹을 수 있게 해 주었다. 통행권chiminage 은 통행료 없이 숲을 지나다닐 수 있는 권리로 아마도 우리 는 이것을 대중교통의 한 형태로 생각할 수도 있을 것이다.

자유 헌장에 추가된 사항 외에도 마그나카르타 자체도 7장에서의 개정을 통해 남편을 잃은 부인이 "공유지의 합당 한 에스토버스[필요 물자]5를 가져갈 수 있도록"하는 조항을 마련했다. 에스토버스는 1) 난방과 요리를 위한 땔감과 2) 공구와 도구의 손잡이 그리고 3) 울타리와 건물에 쓰일 목 재와 같은 뚜렷한 목적을 가지고 숲에서 모아갈 수 있는 나 무를 말한다. 이렇게 "공유지의 합당한 에스토버스"는 오늘 날 우리가 사회 보장과 안전망이라고 부르는 것을 말한다. 이러한 조항은 성별을 구분하고 있는데 이는 남부 프랑스 의 알비파에서 퍼진 성 평등의 요구가 유럽 전역에 퍼진 상 황에서 여성이 특별히 남성 지배적인 경제 구조와 법적 권 력 구조에 취약했기 때문이 아니라 여성이 공유지의 운영과 공유의 관례를 기억하는 데에서 주도적 역할을 하고 있었 기 때문이다. 그리고 마그나카르타에는 그들의 역할이 분명 하게 자리 잡고 있다!

---

4. [옮긴이] roast beef of olde Englande. 영국을 향한 애국심을 담은 노래의 제목을 인용.

5. [옮긴이] 에스토버스에 대해서는 피터 라인보우, 『마그나카르타 선언』, 정남 영 옮김, 갈무리, 2012, 352쪽을 참조.

앨버트 파슨스는 재판장에서 다음과 같이 발언했다. "사회주의나 아나키즘이 무엇인가? 간단하게 말해서 이는 노동하는 이들의 자유 권리이며 생산의 도구를 동등하게 사용할 권리인 동시에 생산품에 대한 생산자의 권리이다." 이제 우리는 마무리를 지어야 할 시점에 왔다. 우리는 마그나카르타와 메이데이의 공통점을 볼 수 있다. 파슨스는 에스토버스, 돼지 방목권, 소 방목권, 통행권 그리고 여타의 것들을 언급하지는 않았다. 그는 사회주의와 아나키즘의 목소리를 높였으며 봉건주의를 주장하지 않았다. 파슨스는 여성뿐만 아니라 남성 역시 사회주의에 포함하고자 했다. 파슨스는 숲에 의존하는 물질 문명만을 언급한 것이 아니었다. 그는 석탄으로 가동되는 공장과 용광로를 포함하고자 했다. 파슨스는 바로 지금 손에 쟁기를 쥔 사람들만이 아닌 모든 노동하는 이들을 포함하고자 하는 목표를 가지고 있었다.

마그나카르타와 우리는 "지휘 계통"에 대한 방어를 기억해야 한다. 마그나카르타와 우리는 동맹 연합의 수립에서 보인 변화의 움직임을 기억해야 한다. 마그나카르타와 우리는 땅의 보물인 공유지를 기억해야 한다. 메이데이와 하루 8시간의 노동. 메이데이와 전 세계 노동계급의 연대. 윌리엄 모리스와 함께하는 메이데이.

그리고 만조에 차올라 모두 함께 모이기를

그 땅에 모여 너의 이야기를 모두 들려주길.

7장

마음을 다한 메이데이

2006

달이 차며 시간이 돌고 우리는 마음을 다해 다시 메이데 이를 맞이한다. 봄은 평소와 같이 퍼져갔지만, 월요일이었던 메이데이 직후 파업, 보이콧, 휴일, 거부권 행사 — 뭐라고 부르건 간에 — 는 평소와 같지 않게 그 모습을 드러냈다. 우리는 연대 속에서 흰옷을 입고 이민 노동자와 함께 서서 사악한 범죄화에 맞서고 세계적 낙오주의miserablism, 무너진 제방, 끊임없는 수용, 커다란 장벽, 철조망 경계선, 불타는 국경, 우리의 행성을 뒤덮은 미국에 의한 포진(로마에서는 이를 군영 건설학이라고 불렀다)에 맞설 것이다.

나는 지난해 G8에 대한 항의를 위해 글렌이글스에 찾아온 가정적인 남자 맛시모 데 안젤리스에게 메이데이에 관해 할 말이 있는지 물었다. 그는 늘 그렇듯 버섯 위에 앉은 홉고블린과 같은 모습으로 대답했다. 밤에 피어나는 버섯이 꿈을 꾸도록 하며 그 포자는 사유화되지 않았다는 이유로 그는 버섯을 좋아한다. 홉고블린에 관해서 말하자면 주인에 대항하여 장난과 해악을 일으키려는 민중의 상징이다. 게다가 나는 그가 "무서운 홉고블린이 유럽 전역을 돌아다니고 있다."로 시작하는 헬렌 맥팔레인이 번역한 『공산주의 선언』[1]을 좋아한다는 점을 잘 알고 있다.

---

1. [한국어판] 칼 맑스·프리드리히 엥겔스, 『공산당 선언』, 심철민 옮김, 도서출판b, 2018.

그가 말하기를 홉고블린은 나에게 이렇게 말한다. "그렇다면, 무슨 말을 하든 마음을 다해 말하라."

맞는 말이기는 하지만, 훌륭한 노동 역사가인 제임스 그린은 1886년 메이데이에 시작된 시카고에서의 끔찍한 사건 이후에 미국이 "상심, 즉 마음을 잃은" 고통을 겪고 있다고 말한다. 노동 역사가는 바로 그 홉고블린이 우리에게 찾으라고 한 그것을 우리가 잃어버렸다고 말하고 있다.

우리가 어떻게 이 딜레마를 해결할 것인가? 이에 관한 해답은 올해 남쪽에서 들려와야 한다. 우루과이의 역사가 에두아르도 갈레아노는 우리에게 과거를 기록한다는 말에 나온 기록record이라는 단어는 라틴어에서 파생된 단어로 마음(심장 또는 코디스cordis)을 통해 다시 살핀다는 뜻이라는 단순한 어원을 상기시킨다.

우리는 역사의 고통을 피할 수 없고 그 슬픔을 복부 깊숙이 느낀다. 사중도 가지고 있지 않은 노동자들이 메이데이 총파업('총'파업이 될 수 있을까?)을 준비하는 과정에서 우리는 기치(와 5월의 기둥들?)를 세우고 표어(국경 개방, 병사 귀환, 인클로저 금지, 모두를 위한 보건)를 준비하면서 많은 이들이 선언에 함께할 수 있기를 바란다. 우리의 변호사들에게는 어쩔 수 없이 발생하게 될 희생자를 위한 변호를 준비하도록 일러둔다. 과거를 연구하고 우리의 메이데이에 관해 배우는 것 역시 필수적이다. 우리는 기록을 연구해야 한다. 이 과정은 우리의 마음을 통해 다시 흘러야 한다.

그래서 우리는 선반에서 고전을 꺼내 보거나 지역 도서관에서 그런 책을 즉시 빌릴 수 있는지 확인하기도 한다. 이러한 고전에는 마틴 두버먼의 헤이마켓에 관한 뛰어난 소설, 로디거와 로즈몬트의 영원히 빛날 발췌록, 최근 고인이 된 폴 애브리치의 마음을 움직이는 연구 기록물, 필립 포우너가 남긴 메이데이에 관한 공산당 고전[2]이 있다. 여기에 이제 우리는 제임스 그린이 막 출판한 『헤이마켓의 죽음 : 시카고의 이야기와 최초의 노동 운동 그리고 금권정치로 분열된 미국에 던지는 폭탄』도 추가한다. 어서 가서 집어오라! 우리는 월요일[3]에 이 책이 필요하며 이후 모든 메이데이에 이 책이 필요하다. 이 책은 과거의 역사에 얼마간의 자유를 부여해서 우리에게 일어났을 수도 있는 또 다른 이야기를 전해 준다. 우리는 이것을 인간 행위자human agency라고 부른다. 이론을 살펴보면 다음과 같다. 인간 역사라는 말에서 인간은 바로 우리이고 역사는 우리의 말과 행위로 이룬 무언가를 말한다. 여기에서 자유는 결정론에 맞서 그 흔적을 지워버린다. 당신이 이 이론에 계급을 넣어보면 곧 이해가 갈

---

2. [옮긴이] 필립 포우너의 다음 책을 말하는 것으로 보인다. *May Day : A Short History of the International Workers' Holiday, 1886-1986*, International Publishers, 1986.

3. [옮긴이] 2006년 메이데이.

것이다. 지배계급은 우리를 착취하는 이들로 결정되어 있어서 자연스럽게 어쩔 수 없다고 말하게 된다. 증기 망치는 존 헨리[4]보다 강력하며 당신은 변화의 과정을 막아설 수 없다 등등. 그것이 결정론이다. 반면 노동계급은 자유로울 것이다. 우리는 바퀴에 달린 톱니가 아니다. 우리는 오래된 질 좋은 나무 신발을 잊지 않았다. 우리는 선택할 수 있다. (예를 들어) 우리는 메이데이에 흰색 티셔츠를 입고 나설 것이다. 이렇게 인간 행위자는 계급들 간의 투쟁 속으로 용해된다.

미국이 가진 세 가지 층의 토대를 분별해 내는 데에는 어떤한 종류의 다문화적 조명도 필요하지 않았다.

a) 이 땅은 원주민들에게서 약탈한 곳이다.

b) 습지를 메마르게 하고 숲을 쓰러뜨리며 농지를 일군 것은 아프리카 노예였다.

c) 철도, 공장, 제분소 그리고 광산은 유럽과 아시아에서 온 이민자들의 손으로 만들어지고 운영되었다.

매디슨[5]의 지배계급은 이 세 가지를 유지하면서 서로 싸우는 경우가 아니라면 따로 떨어져 있어야 한다는 것을 잘

---

4. [옮긴이] John Henry. 악덕 사장이 자랑하는 증기 기관으로 작동하는 망치와 굴착 시합을 벌여 힘겹게 이겼지만 지쳐 곧 망치를 손에 쥔 채 죽음을 맞이한 이야기를 남긴 철도 노동자.

5. [옮긴이] 현재 매디슨 카운티로 알려진 플로리다주의 도시로 식민지 시절부터 영국, 스페인을 거쳐 미국의 통치를 받게 되었으며 아프리카의 노예 노동에 의존한 농장과 이민자 임차인 농부들이 다수 일하는 지역이었다.

알고 있었다. 이렇게 남북전쟁 후의 급진적 재건의 시대는 다음 세 가지 사건으로 종점을 찍었다. 첫째로 1877년 뉴올리언스에서 "나디르"라고 불리는 아프리카계 미국인 역사의 한 기간이 시작되었고 둘째로는 1877년 크레이지 홀스[6]의 죽음을 상징으로 한 평원 인디언의 파멸이 있었다. 셋째로는 한마디로 헤이마켓에서의 죽음이 있었다.

쿠바의 시인 호세 마르티는 당시 뉴욕에서 망명생활을 하며 헤이마켓 순교자들에 관한 훌륭한 글을 남겼다. 비록 "대륙의 이쪽 편에서 누가 패권을 가질 것인가를 따지며 이미 시작된 인종 간의 불화와 대결은 같은 방법과 목적을 갖춘 가공할 힘을 가진 노동당의 형성에 이르는 길을 가로막고 있었지만, 고통이라는 공통분모는 어려움을 겪고 있는 모든 이들이 일치된 행동을 하도록 촉구했다." 여기에는 정치적 원리로서의 마음이 있다.

제임스 그린은 잊힌 꿈을 되살렸다. 그중에는, 예를 들어, 에이브러햄 링컨을 협동 공동체와 연결시키는 것도 있었다. 링컨의 죽음은 위대한 희생이었다. 그의 시신을 실은 영구차는 이슬비가 내리는 가운데 1865년 메이데이 시카고에서 그를 애도하는 수만 명의 사이를 지나갔다. 미국은 자

---

6. [옮긴이] 라코타족 추장으로 시팅불 추장과 함께 리틀 빅혼 전투에서 승리를 거두었고 후에 암살되었다.

본주의의 경쟁 진영이 아닌 협동 공동체가 될 수도 있었다. 윌리엄 실비스와 앤드루 카메론 그리고 아이라 스튜어드는 남북전쟁 이후 북쪽에서의 연속성을 유지했다. 윌리엄 실비스는 맥코믹의 농장 수확기 작업을 하던 주물공장 노동자들과 함께 〈주조업 조합〉을 재건했다. 그들은 1865년 산업의 선봉군이었다. 앤드루 카메론은 스코틀랜드의 헌장주의자[7]였고 시카고 『노동자의 대변자』의 편집자였다. 그는 생산은 사용을 위한 것이지 이윤을 위한 것이 아니라고 생각했다. 아이라 스튜어드는 노예제도 폐지론자이며 매사추세츠의 기계공학자였다. 그녀는 1866년 5월 2일 시카고에서 〈8시간 노동 연맹〉을 결성했다. 일 년 뒤의 메이데이에는 첫 8시간 노동에 관한 법이 일리노이주 입법부를 통과하고 울타리를 만드는 성실한 일꾼[8] 에이브러햄 링컨의 친구인 주지사 리처드 오글스비가 서명하면서 발효되었다. 이렇게 된 것이었다.

1886년에 무슨 일이 일어났는가? 상황의 맥락은 이렇다. 제국주의자들은 1년 전에 아프리카를 분열시켰다. 마르티는 "한 손에는 축적된 저택과 공장을 쥐었고 다른 손에는 비참한 무리를 쌓아두고 있었다."는 말로 배경 상황을 그렸다.

---

7. [옮긴이] Chartist. 노동계급을 중심으로 선거권 획득을 위해 전개된 민중 운동.
8. [옮긴이] the rail-splitter. 에이브러햄 링컨의 별명.

다른 한편에서는 담배 제작자 사무엘 곰퍼스가 설립한 〈미국 노동 연맹〉의 발족, 시애틀의 중국 노동자들에 대한 봉기, 제로니모[9] 생포, 남아프리카 비트바테르스란트로의 골드러시, 고틀리프 다임러의 내연기관 완성, 『자본』의 영어판 출판 같은 일이 발생하고 프랑스 인상파 점묘화가의 그림 〈그랑 자트섬의 일요일 오후〉는 파리 코뮌[10]과 피로 물든 주[11]에 보여 준 시각적 기억을 완전히 지워버리기 위한 계획으로 전시되었다.

호황과 불황의 무역 순환 그리고 실직이라는 상황에서 조합 노동자들은 "끝없는 노동시간과 증대되는 임금노동의 폭정에서 해방되기를 꿈꾸기 시작했다." 그들 스스로 고귀하고 〈성스러운 노동 기사단〉이라 칭하던 이들은 신비로움과 기사도 정신 그리고 관대한 인간성을 보여 주었다. 기사단의 모토는 "모두를 위한 하나, 하나를 위한 모두"One for All, and All for One였다. 그들은 비참한 현실 안에서도 고결함을 제시했다. 1877년에는 "시카고의 노동자들! 권리가 없습니까? 야망이 없습니까? 남자다움이 없습니까? 당신의 주인이 당신에게서 권리와 함께 노동의 결실을 뺏어가는 동안

---

9. [옮긴이] 아파치족 인디언 추장.
10. [옮긴이] 1871년 프랑스 민중이 세운 사회주의 자치 정부.
11. [옮긴이] la semaine sanglante. 베르사유 정부군에 의한 파리 코뮌 학살 사건.

분열된 채로 남아 있겠습니까? 아내와 아이를 위해, 그리고 우리 자신의 자존심을 위해 **더는 기다리지 맙시다! 즉시 뭉칩시다!**"라는 광고 전단이 돌아다니고 있었다.

화물 관리인도 파업, 실내 장식업자도 파업, 목재 운반 자들까지 파업에 들어갔다. 400명의 재봉사는 즐거운 분위기로 작업장을 떠나버렸다. 1886년 5월의 첫째 날에 파업의 돌풍이 시카고를 휩쓸었다. 짐 그린은 이를 위대한 거부 great refusal라고 불렀다. 이는 "이민자와 서민 노동자를 끌어들인" 새로운 종류의 노동 운동이었다. 다 나열하지 않아도 아일랜드인, 보헤미아인, 독일인, 프랑스인, 체코인, 스코틀랜드인, 영국인이 참여했다. 사회주의 주일학교에서는 악단, 합창단, 작은 극장과 연회장을 갖추고 시카고의 노동계급의 문화를 형성했다. 『시카고 트리뷴』(1886년 5월 6일)은 이러한 현상에 혐오를 나타내며 이민자들을 악몽 같은 동물에 비교했다. 그들은 "은혜를 모르는 하이에나" 또는 "슬라브족 늑대"와 "야생 동물" 그리고 "암컷 호랑이처럼 행동하는" 보헤미아 여성의 추방을 요구했다.

1886년 봄에는 모든 산업 중심지에서 파업이 나타났다. 이러한 상황은 대격변Great Upheaval이라고 불리며 노동시간 단축을 선동했다. 물론 그들은 노동의 기계화와 아동 노동의 착취를 거부하고 죄수 노동 임대 체제[12]와 계약 노동[13]을 반대했다. 기사단의 성가는 〈8시간 노래〉였다.

우리는 햇빛을 느끼고 싶다.

우리는 꽃향기를 맡고 싶다.

우리는 하느님께서 기꺼이 그것을 원하리라 확신한다.

또한, 우리는 여덟 시간의 노동을 쟁취할 것이다.

우리의 힘이 쏟아져 나오는 곳은

조선소와 상점 그리고 공장

여덟 시간의 노동과 여덟 시간의 휴식

남은 여덟 시간은 우리 자신을 위해

15년간 석재 운반과 도랑 파는 일을 하던 샘 필든은 1884년 〈국제 노동자 연합〉에 합류했다. 그의 아버지는 랭커셔의 방직공장에서 하루 10시간을 일하던 사람이었다. 샘은 감리교인이었다.

　　1884년 추수감사절에 있었던 가난한 이들의 행진에서 파슨스는 야고보(예수의 동생?)서 5장을 인용했다.

　　다음의 말은 부자들에게 전하는 말이다. 너희에게 내려질

---

12. [옮긴이] convict lease system of labor. 유죄판결을 받은 죄수를 개인 농장이나 회사에 임대하여 노동력을 제공하던 미국 남부의 노동 체제.

13. [옮긴이] 1885년 외국인 계약 노동법(Alien Contract Labor Law)을 말한다.

불운한 운명에 울며 통곡하라. 너희 재물은 썩었고 너희의 좋은 옷은 좀먹었으며 너희의 금과 은은 녹슬어버렸다. 이 녹이 너희에게 증거가 되어 너희의 살을 불길처럼 뒤덮으리라. 말세가 다가오고 너희는 재물을 쌓았다. 너희의 밭에서 보리를 베어 준 일꾼에게 삯을 주지 않으니 너희를 향한 목소리가 높아지고 수확한 일꾼들의 외침을 만군의 주께서 들으시니. 너희는 땅에서 사치하고 방종하며 소처럼 살쪘으니 도살의 날이 다가온다. 너희는 무고한 자를 비난하고 죽였으나 그는 저항조차 하지 아니하였다.

참으로 놀라운 예언이다. 수족Sioux 전쟁은 평원의 사람들을 몰아냈다. 자동 수확기는 목초를 밀어버리고 미국 기병대는 천둥 같은 말발굽 소리를 내고 다니며 인디언을 죽이고 땅을 피로 물들였다. 역사가들이 말하는 "열린 국경"은 인디언을 쓸어버렸다는 의미였다. 이러한 대학살은 이후 대초원의 머리 가죽을 벗겨내는 자동 수확기가 생산해낸 유럽 농업의 불황을 이끌었다. 그리고 수확기는 임금도 받지 않았다.

패스트푸드의 제국은 어쩌면 이제 막 출발 신호를 듣고 아직은 제 속력을 내지 못하고 있었을 수도 있다. '스위프트 앤 아머'는 대형 정육회사로 그들은 기계화된 죽음을 조직화하여 기계로 소와 돼지를 대량으로 학살했다. 유니언 스톡 야드14는 당시 막 지어졌다. 고용주들은 "전체 기계 관리 공정"을 도입하겠다고 위협했다. 이는 군대에까지 영향을 미쳐 "시장의 원리를 강화"하게 했다. 기계화가 지배하고 있었다.

1886년 메이데이에 미국의 노동자들이 하루 8시간 노동을 위한 파업에 돌입하자 경찰은 맥코믹 워크스에서 총격을 가해 4명의 파업 참가자를 죽였다. 어거스트 스파이스는 전단을 발행해서 노동자의 봉기와 무장 그리고 복수를 요청했다. 5월 4일에 파업이 재개되면서 전철수와 세탁부 그리고 일부 학교의 학생까지 합류하게 되었다.

헤이마켓에는 네덜란드 청과물 농장에서 가져온 엄청난 양의 건초더미와 풀이 놓여 있었다. 수송에는 말을 사용했다. 제이슨 라이벌이 우리에게 일깨워 줬듯이 말은 실제로 노동계급의 일부를 차지했다. 1886년 메이데이 시카고의 헤이마켓은 콘도르 비행단이 폭격으로 쓸어버린 1937년 스페인의 게르니카 같았다. 혼잡하고 북적이는 시장은 테러리즘에 더할 나위 없이 좋은 곳이었다.

폭발 직전에 날씨가 바뀌고 달빛이 비치던 하늘은 구름이 지나는 듯 갑자기 어두워졌다. 경찰이 밀어붙이기 시작

---

14. [옮긴이] Union Stock Yards. 1865년 건립된 시카고 남서쪽 변두리의 거대 정육 단지.

했다. 폭탄이 던져졌다. 근접전이 벌어지고 많은 수의 경찰이 자기편의 리볼버 권총에 상처를 입었다. 샘 필든은 다리에 총을 맞았다. 헨리 스파이스는 자신의 형제를 대신해 총에 맞았다. 일곱 명의 경찰이 쓰러졌다. 그러면 폭탄은 누가 던졌을까? 그 지역에서 가장 영향력 있는 노동 저널리스트 존 스윈턴은 경찰 스스로 하루 8시간 노동을 위한 파업 운동을 멈추기 위해 폭력 사태를 일으켰다고 주장했다.

경찰 테러리즘의 시대가 시작되었다. 수백 명이 체포되고 회의장, 집회장, 연회장 그리고 신문사 등이 습격당했다. 시야크 대위는 용의자들이 실토하도록 몇 시간이나 한증막 같은 작은 상자(빛이 통하지 않는 작은 나무 상자)에 집어넣기도 했다. 앨버트 파슨스는 멕시코로 도망갔다는 소문이 퍼지기도 했지만, 어쩌면 "흑인들 사이로 숨어들었을 수도 있다." 그해 여름의 재판은 흥분된 상태로 진행되었다. 판결은 편협했다. 그린은 극적이고 힘 있는 이야기를 전해 주었다. 돈 받아먹은 증인들이 나타났고 배심원은 영업사원과 점원 그리고 고등학교 교장으로 구성되었고 모두 유복한 가정 출신이었다.

훌륭한 인품에 바사라 대학을 졸업한 상속녀 나나 밴잰트는 재판 기간에 어거스트 스파이스를 눈여겨보았다. 감옥에서 사랑이 싹텄다. 스파이스는 재판에서 "여기에서 당신들이 불꽃을 짓밟음에도 여기에서 저기에서 당신 뒤에서 그리고 앞에서 모든 곳에서 불길이 일어날 것이다. 이 불길은 땅 아래에서 솟아오른다. 당신들은 손쓸 수 없다. 당신이 서 있는 그곳에 불길이 번진다."라고 말했다.

마이클 슈왑은 무정부 상태가 폭력의 정반대라고 말하며 이들을 변호했다. 파슨스는 법정이 "사법 살인"을 하고 있다고 주장했다. 그는 사회주의와 아나키즘에 관해 설명했다. "나는 압제, 특권, 강압 그리고 권위에 거리낌 없이 말하는 적이라는 이유로 당신들에게 굴욕적인 죽음을 맞이할 운명에 처했다. 당신들이 하는 모든 말과 행동은 기록된다. 당신들은 균형을 무너뜨리고 있다. 사람들은 당신의 권력이 도둑질한 권력이라는 것을 알고 있다. 노동자로서 나는 여기에 서서, 당신들의 얼굴을 마주 보며 당신들의 압제 요새 앞에 서서 인간성에 대한 당신들의 범죄를 고발한다." 니비는 유죄 선고를 받고 교도소에서의 15년 형을 선고받았다. 루이스 링은 자살했다. 필든과 슈왑은 종신형으로 판결을 감형받았다. 앨버트 파슨스는 술[15]을 거부했다. 그는 〈마르세유의 노래〉와 바비 번즈의 노래를 몇 곡 불렀다. 어거스트 스파이스는 1884년부터 『노동자 신문』의 편집장을 맡았다. 그는 처형되기 전에 "오늘 당신들이 조르고 있는 목의 목소리보다 우리의 침묵이 더 강력한 힘을 가지는 날이 올 것이

---

15. [옮긴이] 처형 전에 마시는 술.

다."라는 말을 남겼다.

우리는 목소리를 찾아가고 있다. 신디 시한[16]이 우리에게 목소리를 전했다. "씨 쎄 뿌에데"[17]라고 목소리를 전했다. 시카고의 요점은 다음과 같았다. 노동조합은 자본과 국가에 대항한 대규모 행동을 취할 수 있다. 이 요점이 사라지거나 목 졸라졌다. 지배계급의 마술 같은 현실주의는 메이데이를 법의 날로 선포되도록 했다(그들이 「오지만디아스」나 〈험티 덤티〉는 들어봤을까?[18]). 목이 부러져 죽은 이들은 없었고 모두 증인이 지켜보는 가운데 목이 졸려 밧줄에 매달려 몸을 뒤틀고 떨며 천천히 죽어갔다.

그날이 1887년 11월 11일이었다.

제임스 그린은 우리에게 이날이 미국 역사의 전환점이라고 말한다. 맥코믹 공장의 살인, 헤이마켓의 폭탄, 재판의 진행 그리고 11월 11일의 교수형 집행은 〈노동 기사단〉을 소멸하고 하루 8시간 노동 운동을 물리치며 급진주의자를 진압했다. 말하자면 앨버트가 떠나고 남은 부인, 멕시코의 딸 루시 파슨스는 고통받는 프롤레타리아의 마리아 막달레

---

16. [옮긴이] 미국의 반전 운동가로 아들이 이라크전 참전 후 전사한 후 이라크 침공을 반대하는 1인 시위를 벌였다.

17. [옮긴이] Si Se Puede. 〈미국 농장 노동자 조합〉(United Farm Workers of America)의 모토로 "할 수 있다"라는 뜻을 담고 있으며 여러 노동조합과 시민단체가 이 문구를 채택해서 활용하였다.

18. [옮긴이] 두 인물 모두 자만심과 권위 의식을 가진 성격으로 묘사되었다.

나가 된 것이다. 그녀는 다음 세대를 위해 증언했다. 이 증언은 마더 존스, 빅 빌 헤이우드, 엠마 골드만, 클래런스 대로우, 유진 뎁브스에게 순교자의 절조를 전해 주었다. 헨리 데 마레스트 로이드는 침묵을 지켰지만, 후에 『부와 민주체제의 대립』을 쓰고 존 D. 록펠러의 스탠더드 오일 회사의 추문을 처음으로 폭로했다.

뉴욕시 쿠퍼 유니언[19]의 대강당의 둥근 천장 아래에서 새로운 〈미국 노동 연맹〉의 사무엘 곰퍼스는 사형 선고에 항의했다. 그는 50년간의 산업 폭력을 강조하고 노동자들, 특히 이민자들이 자신의 고용주, 법원, 경찰, 군대와 벌인 전쟁을 이야기했다. 넬슨 알그렌은 이것이 "뼛속 깊이 쌓인 원한"이라고 썼다. 제임스 그린은 "우리는 그러한 오래전의 사건이 준 유산으로 오늘날을 살고 있다."라고 결론 짓는다.

151피트[46미터] 높이의 자유의 여신상은 시카고에서 처형이 있기 고작 2주 전에 헌정되었다. 조각 받침대에 새겨진 엠마 라자루스의 글은 다음과 같다.

지치고 가난한 이들이여, 혼돈 속에서 자유롭게 숨쉬기를 갈망하는 이들이여, 풍요로운 해안에서 비참히 버려진 이들이여, 비바람을 맞으며 집 없는 이들이여 나에게 오라. 나

---

19. Cooper Union. 뉴욕에 위치한 명문 사립 대학.

는 황금의 문 옆에서 등불을 들어 올리리라.

약사인 존 펨버턴은 두통을 가라앉히고 메스꺼움을 완화하는 약을 개발했다. 이 약은 안데스산맥의 코카 잎과 아프리카의 콜라나무 열매를 혼합한 뒤 물과 캐러멜 그리고 설탕과 섞은 것으로 바로 코카콜라다. 이 약은 자본주의가 보여 주는 야만적 행위라는 질병을 치료해 줄 대서양의 구제책이었다.

영국의 윌리엄 모리스와 쿠바에서 추방당한 맨해튼의 호세 마르티는 모두 시카고의 노동계급을 궁지에 몰린 동물에 비유했다.

윌리엄 모리스는 1887년 11월 13일 트래펄가 광장에서 회의와 시위를 한 이후 런던 경찰에게 살해된 젊은이 알프레드 린넬의 장례식에서 있었던 죽음의 행렬에 관한 글을 썼다. 그날은 헤이마켓 사건의 처형 후 이틀 뒤의 날이었다. 오! 알프레드 린넬, 그가 와서 문을 두드리니 자발적이고 완고하며 냉정하고 강직하다. 이 시대의 해럴드 핀터[20]와도 같았다.

무엇이 서쪽에서 동쪽으로 떠돌며 여기에 왔는가?

---

20. [옮긴이] 시대가 강요하는 부조리한 삶을 그린 극작가.

이토록 준엄하고 느린 행진을 하는 무리는 누구인가?
우리는 부자가 보내는 전언을 들어왔고
깨어나 깨우치라는 그 명령을 다시 돌려보낸다.
그들을 죽여야 하는 이들은 하나도, 하나도 아닌 수천도 아
니니
그들이 삶을 어둡게 물들이면 모두가 그리하리라.

우리는 그들에게 부지런히 버는 삶을 요구한다.
그들은 유유자적한 삶을 살며 우리에게 빵을 얻으려면 인
내하라고 명령한다.
우리는 비참하게 배운 바를 말하고자 갈망한다.
우리는 말 없이 돌아가고 죽은 이를 등에 지고 간다.
그들을 죽여야 하는 이들은 하나도, 하나도 아닌 수천도 아
니니
그들이 삶을 어둡게 물들이면 모두가 그리하리라.

그들은 알아내지 못하리라, 그들은 들을 수 있는 귀가 없
으니.
그들은 운명의 눈을 바라보지 못하리라.
밝게 빛나는 홀의 천장이 하늘과 어둠을 가리고 있다.

그러나, 오! 이 죽은 자들이 문을 두드리니

그들을 죽여야 하는 이들은 하나도, 하나도 아닌 수천도 아니니

그들이 삶을 어둡게 물들이면 모두가 그리하리라.

그는 거리로 나섰다. 첫 주[21]에 그는 트래펄가 광장에서 폭행을 당하고 다음 주[22]에는 트래펄가 광장에서 불쌍한 법학과 학생이 경찰의 손에 살해당했다. 세 번째로 거리에 나섰을 때 그는 이 애도의 노래를 불렀다. 이것이 마음이다. 명령과 인내 그리고 복종, 떠도는 비참함 속에서 인간은 견디는 힘을 가진 언어를 구한다. 이는 우리의 탐지망 바깥의 언어로 홉고블린이나 코요테의 도움으로 인식할 수 있는 것이다.

모리스는 1886년 11월부터 1887년 1월 사이에 『존 볼의 꿈』[23]을 연재했다. 이 날짜는 헤이마켓 재판이 지난 시점으로 우리에게 단서를 준다. 시카고의 혁명적 시도는 이미 점령당해 버렸다. 시카고의 사상은 일시적으로나마 실패로 돌아갔다. 이러한 상황에서 모리스는 아프리카계 미국인과는 다소 동떨어진 중세 시대로 깊숙이 들어갔다. 이러한 방식으로 그는 혁명적 헌신을 이어나갔다. 그는 승리를 상상한

---

21. [옮긴이] 11월 13일 피의 일요일이라 불리는 트래펄가 광장 봉기.
22. [옮긴이] 11월 20일 알프레드 린넬이 사망한 날.
23. [옮긴이] 중세시대의 봉기를 다룬 소설.

다! "삶을 어둡게 물들이는 것"이 승리를 의미한다. "그들"은 경찰, 고용주, 자본가 그리고 지배계급을 말한다. 침묵에서 설득력이 피어나온다. 그는 같은 날에 자신의 『존 볼의 꿈』과 『브로 래빗』[24]도 크게 낭독했다. 그는 공식적인 이야기와 반대의 것으로 어물쩍 넘어가는 제도적 산문이나 사고 기계의 명령이 아닌 사람들의 언어로 그들의 미래를 그린 사람들의 이야기를 찾고 있었다.

크로포트킨 왕자는 해머스미스 사회주의자 강당에서 있었던 일요일 강연 만찬에서 러시아인과 북미 인디언[Red-skins]에 관한 우화를 이야기했다. 그는 말다툼 좋아하는 사회주의자이자 아나키스트의 모습을 드러내기보다는 다른 방법으로 이 이야기를 선택했다. 아프리카계 미국인 노예를 위해 선택된 주인공은 당연하게도 "가장 약하고 가장 무해한 동물"인 브로 래빗이었고 "그 주인공은 곰과 늑대 그리고 여우와의 경쟁에서 승리를 쟁취했다." 적의를 품은 승리가 아닌 해학적 승리였다.

1887년 액턴 남작은 "권력은 부패하고 절대 권력은 절대 부패한다."고 썼다. 평원 인디언과 맥코믹 노동자의 패배에 따른 간접적인 결과로 미국의 밀 가격은 1부셸에 67센트

---

24. [옮긴이] B'rer Rabbit. 형제 토끼라는 뜻으로 미국 남부의 아프리카계 미국인의 문화를 재치있게 그린 이야기.

까지 떨어지고, 영국인들은 북아메리카 평원의 곡식으로 만든 빵을 먹게 되었다. 플로리다에서는 철도 승객들 사이에 인종 간 분리를 요구하는 짐 크로우 법이 통과되었다.

파블로 네루다와 호세 마르티 심지어 월트 휘트먼조차도 지구의 반구를 차지하는 하나의 거대한 아메리카 대륙에 관한 개념을 가지고 있었다. 독일의 지리학자 훔볼트는 커다란 S자를 그리는 뉴올리언스, 쿠바, 베네수엘라 그리고 브라질을 연구함으로써 아프리카와 아메리카 두 대륙이 지구의 반을 차지하며 붙어 있었다고 주장했다. 이 두 대륙 중하나가 다른 하나에 미치는 영향은 무엇인가? 설탕, 알루미늄, 금, 바나나, 은, 구리, 커피, 럼주, 주전자 그리고 콜라. 그렇다. 이는 생산품으로 지구의 창자를 뜯어내어 만든 상품이다. 이러한 상품은 순교자의 기억을 간직한 채 그 아래에서 일하던 이민자와 선원 그리고 터널을 파내던 이들보다알아채기가 더 쉽다.

호세 마르티는 "세계의 노동계급이 매해 5월의 첫째 날에 그들〔헤이마켓 순교자들의 기억〕을 되살리게 될 것이다."라고 예언했다. 갈레아노는 "아직 알 수 없는 상황이었지만, 거의 기대할 수 없는 그때에도 마르티는 마치 귓가에 갓난아이의 울음이 들리는 것처럼 글을 썼다."라고 기록했다.

1887년 〔쿠바의 수도〕 하바나에서는 아나코-생디칼리스트들이 헤이마켓 비극을 다룬 신문 『엘 쁘로덕토르』를 발간했다. 1890년에 그들은 쿠바인들에게 하루 8시간 노동에 관한 국제적 시위를 지원하기를 요청하는 메이데이 선언을 준비했다. 노동자들은 단합하여 음악과 행진으로 응답했다. 연설에서는 흑인과 백인의 동등한 권리와 모든 노동자의 단합을 촉구했다. 메이데이 선언을 작성한 사람은 체포되어 재판을 받았다. 거대한 시위가 발생하여 그들은 무죄 선고를 받았다.

멕시코의 메이데이는 1913년부터 거행되었다. 그 이후로 5월의 첫째 날Primero de Mayo은 이탈리아, 프랑스, 스페인, 아르헨티나, 쿠바 그리고 멕시코에서 국경일로 지정되었다. 1903년 테디 루스벨트는 아나키스트, 극빈자, 매춘부 그리고 정신이상자의 미국 입국을 거부하는 이민법에 서명했다.

갈레아노는 심장과 마음의 만남을 축하했다. "우리가 학교나 교회에 들어서는 순간부터 교육은 우리를 조각낸다. 여기에서는 우리에게 영혼과 신체를 분리하고 심장에서 마음을 떼어내는 방법을 가르친다. 콜롬비아 해안의 어부들은 반드시 윤리와 도덕을 공부했으며 진실을 말하는 언어를 정의하기 위해서 느끼고 생각한다는 의미의 단어 센티뻰산떼sentipensante를 만들어냈다."

밀라노에서 개최된 첫 국제 메이데이(1890)에서 한 기자는 "이날 전 세계의 노동자들은 다른 어떤 유대도 넘어서는, 계급의 통합을 느낄 것이다."라고 기록했다. 이러한 연대를 형성하는 것이 가능할까? 그 마음이 그토록 커질 수 있을까? 1894년 메이데이에는 공익을 위한 〈콕시스 아미〉[25]가 실업에 대한 압력을 가하기 위해 워싱턴에 도착했지만, 잔디를 밟았다는 이유로 체포되고 감옥에 갇히는 결과만 가져왔다. 〈세계 산업 노동자 동맹〉 또는 워블리는 "나는 1912년 5월의 첫째 날이 되면 더는 하루 8시간 이상 일하지 않으리라. 당신은 어떠한가?"라고 적힌 수천 장의 전단을 인쇄했다.

1917년 『뉴욕 타임스』는 페트로그라드[26] 전역이 축제 분위기라고 보도했다. 그날 페트로그라드의 모든 사업은 정지 상태였다. 한편 독일에서는 〈스파르타쿠스단〉이 "여성 노동자! 남성 노동자! 수천 명의 죽은 형제와 아들들이 내지르는 마지막 신음, 쇠약한 여성과 아이들의 흐느낌이 단 하나의 외침으로 힘차고도 절박하게 우리를 붉은 노동자들의 5월 1일 시위로 부르고 있다. 전쟁을 타도하라! 형제애를 드높여라!"라는 전단을 배포했다. 1925년 메이데이에 뉴욕시의 메트로폴리탄 오페라 극장에서는 의류 공장의 노동자들이 〈인터내셔널가〉를 부르는 목소리를 높였다. 의회는 공정노동 규준법에서 하루 8시간 노동을 명령했다. 1886년에서 1938년

---

25. [옮긴이] 제임스 콕시가 주도한 행진으로 오하이오주에서 출발하여 워싱턴으로 향하며 불황에 대한 대책을 요구한 사건.
26. [옮긴이] Petrograd. 상트페테르부르크의 옛 지명.

이라는 기간은 52년이다. 그해에 시카고 남부에서 벌어진 메이데이 행진을 이끈 장식 차량에는 후드 달린 옷을 입은 남성이 타고 있었다. 시간의 한쪽 끝에는 어거스트 스파이스가 있고, 다른 한쪽 끝에는 아부 그라이브[27]가 있다.

갈레아노는 시카고를 방문했지만, 헤이마켓에 관한 탐사는 결실이 없었다. 대신 그는 한 서점에서 아프리카 속담을 표현한 낡은 전단을 발견했다. "사자를 위한 역사가가 나타나기 전까지 사냥의 역사는 오직 사냥꾼만을 비추리라." 1889년에는 헤이마켓의 경찰 조상으로 사냥꾼이 세워졌다.[28] 〈웨더맨〉[29]은 1969년 10월 6일에 경찰 추모 조각상을 날려버리고 1970년에도 이 일을 반복했다.

허리케인 카트리나의 도시 학살, 이라크의 병력 포진, 노동계급의 가치절하, 석유정부petrolarchs의 절대 지배는 애끓는 비탄과 슬픔을 일으켰다. 이 뒤틀리고 괴로운 운명의 근원을 찾으려는, 원인과 결과를 찾으려는 우리 머리는 돌고 돌아 어지러워졌다.

창자와 머리 중간쯤에는 심장이 놓여 있다. 우리 운동의 심장과 영혼은 메이데이에서 찾을 수 있으며 이들을 찾아

---

27. [옮긴이] Abu Ghraib. 바그다드 서쪽의 도시로 인권 유린의 이라크 정치범 수용소로 악명이 높다.
28. [옮긴이] 헤이마켓 사건 후 경찰 추모 조상이 세워졌는데 동상의 주인공이 머리에 사냥꾼 모자를 쓰고 있었다.
29. [옮긴이] Weathermen. 베트남전에 반대하던 지하조직.

내려면 우리 두뇌뿐 아니라 팔과 다리를 모두 가져다 써야 할 것이다. 그러니 함께 홉고블린에 합류하자.

손에는 『헤이마켓의 죽음』을 쥐고 마음을 다하여! 메이데이를 위해 모두 밖으로 나가자!

8장

오바마 메이데이

2010

미시간주 앤 아버에서 당신은 이라크와 아프가니스탄의 부대와 그 외에 600개에 이르는 해외 체류 부대를 고향으로 돌려보내고자 하는 촉구를 만날 수 있다. 그리고 정치범을 석방하고, 도서관 주차장에 공유공원을 설치하고, 벤턴 하버에서의 인종주의에 반대하고, 팔레스타인의 자유를 주장하고, 학교 교사에게 (해고가 아닌) 지지를 보내고, 조경과 자전거를 위해 아스팔트 주차장에 반대하고, (도시 이름을 기리기 위해[1]) 더 많은 나무를 심고, 곧 있을 디트로이트 사회 포럼을 위해 지원하기를 바라는 다양한 운동을 만날 수 있다. "되살려서, 앞으로 나아가자"Bringing It Back, Taking It Forward라는 이름으로 불리는 이곳의 느슨한 네트워크는 우리의 운동을 되살리는 데 도움이 되었다.

우리 중 더 많은 이들이 전쟁과 은행 스캔들 그리고 질병과 주택 강제집행이 죽어가는 문명의 증상이라는 점을 이해하게 되었지만, 〈크리스천 의용군〉[2]이나 〈티파티〉[3]나 모두 우리 관심사는 아니었다. 우리 중의 학자들은 이 동네의 훌륭한 서점인 '샤먼 드럼'의 폐쇄를 애석해하고 오히려 멕시코 와하까에 우수한 영어 서점이 번창하고 있다는 점

---

1. [옮긴이] 아버는 나무를 의미한다.
2. [옮긴이] Christian militia. 미국 중서부지역에서 활동한 기독교 극단주의자들로 우익 폭력집단을 형성하였다.
3. [옮긴이] Tea Party. 오바마 정부의 세금정책에 반대한 보수단체.

에 서글프게 주목한다. 이제 누가 "뒤처져 있는가?"

앨런 하버는 50년 전 앤 아버에서 〈민주사회를 위한 학생 연합〉을 설립했고 현재는 전쟁의 신이 차지한 자리를 그가 만든 원탁에서의 평화로운 대화로 대체하기 위한 므깃도 프로젝트[4]를 지휘하고 있다. 그는 나에게 메이데이에 관한 소책자를 구성하여 그 안에 첫째로 메이데이의 역사, 둘째로 〈민주사회를 위한 학생 연합〉SDS과 〈학생 비폭력 조정 위원회〉SNCC의 희년 또는 50주년에 관한 축전, 셋째로 메이데이에 미시간 풋볼 경기장에서 연설하는 버락 오바마가 오후에 디트로이트에서 이민자 권리 행진에 참여하도록 하는 초대장을 담도록 요청했다. 메이데이의 역사를 고려해 보며 나는 과감하게 앨런에게 문제없다고 말했다. 우리가 어떻게 이 세 가지 사회적 변화의 역량 ─ 학생과 이민자 그리고 대통령의 정치권력 ─ 을 한데 모을 수 있을까? 우선 우리는 방법론이 필요하다.

우리의 첫 번째 방법론적 원리는 웨일스의 석탄 광부이고 영국의 국영 의료체계를 출범한 애뉴린 베번에게서 시작한다. 우리는 그와 다른 모든 이들이 이 모든 것이 시작된 "파내기"the point of the pick를 떠올리도록 할 것이다. 연속 채굴

---

4. [옮긴이] 므깃도 평화 프로젝트. 갈릴리 지역에서 열린 평화의 국제 예술 축제로 "아마겟돈의 칼날을 쟁기로 바꾸다" 그리고 "마음을 되돌리다"라는 주제로 전 세계의 작품과 예술가를 초대한 프로젝트.

기continuous miner가 사용되기 이전에 지하의 광산 막장에서, 그의 표현에 따르면 "손수 파내어" 석탄을 캐내던 그 시절의 이야기다. 산업화의 에너지는 거기에서 시작되었다. 이 방법론적 원리는 노동자를 역사의 중심에 두고 석탄 노동자를 산업화 노동계급의 중심에 둔다.

우리는 재생산의 상징이 필요하다. 여성으로부터 씨앗과 함께 그들의 권력을 앗아가는 행위에 대해 국제적 경고를 남긴 인도의 페미니스트 옹호자 반다나 시바가 하나를 제시할 수 있다. "농부에게 씨앗은 단순히 미래 식물과 식량의 원천일 뿐만 아니라 문화와 역사를 보관하는 공간이다." 씨앗 그릇은 몬산토[5]에서 일하는 "과학적" 농경학자나 다른 국제적 생명공학자(앨런은 이들이 "유전자 도굴 기사단"이라고 빈정댔다)들의 눈에 띄지 않게 숨겨져야 한다. 보이지 않는 재생산의 작품이 역사를 감싼다. 종종 그 실체가 드러나지 않기도 하며 일반적으로 여성의 돌봄을 받는 공유지는 우리의 두 번째 방법론적 원칙이다.

그러니 (망치와 낫의 시절이 지나고) 우리는 "파내기"와 "씨앗 그릇"에 기반을 둔 우리의 방법론을 진행하자. 파내기는 사물을 떼어내기 때문에 분석의 은유로 작용할 수 있다. 그릇은 물건을 함께 두도록 하므로 종합을 의미할 수 있다.

---

5. [옮긴이] Monsanto. 미국에 본사를 둔 다국적 생화학 제조업체.

만약 파내기가 분석이고 생산의 경제학이라고 한다면 이는 무생물의 영역에서 잘 쓰일 것이다. 만약 그릇이 종합이자 사회적 재생산이라면 이는 생물의 영역이다. 이는 모두 역사적 사고에서 중요한 작업이다. 메이데이의 역사를 떠올려 보라.

메리 마운트

이 이야기는 영국에서 북아메리카의 매사추세츠로 건너온 이민자들로부터 시작한다. 그들에게는 두 가지 마음이 공존하고 있었다. 음울한 분위기의 청교도들은 ("언덕 위의 도시"에) 그들 자신을 고립시키기를 원했다. 원주민의 환대를 받은 후에 그들은 결국 원주민에게 병을 옮기거나 그들에 대한 전쟁까지 일으켰다. 반대로 토머스 모튼은 1624년 도착한 후에 원주민과 함께 일하고 거래하며 삶을 즐기기를 원했다. 그는 결핍보다는 풍요에 기반을 둔 삶을 구상했다. 3년이 흐른 후 그는 거대한 5월의 기둥과 함께 메이데이를 거행했다. "80피트[약 24미터] 길이의 질 좋은 소나무를 세우고 꼭대기 가까이에는 한 쌍의 사슴뿔을 박아두었다."

메이플라워호를 타고 건너온 윌리엄 브래드퍼드는 플리머스 바위에 도착했다. 그는 인디언이 적그리스도Antichrist의 앞잡이라고 생각했다. 그는 토머스 모튼과 그의 선원들에 관해 "그들은 다 함께 5월의 기둥을 세우고 난 후 여러 날 동안 함께 술을 마시며 춤췄다. 그들은 인디언 여성을 친구처럼 초대하여 요정처럼 또는 요란한 모습으로 함께 춤추고 뛰어다녔다. 풍습이 어지러웠다. 〔이는〕마치 로마 여신 플로라의 솜씨 찬양이나 광적인 바카날리아 축제의 불결한 관행이 다시 살아난 것처럼 보였다."라고 기록했다.

모튼이 인디언에게 총기 사용하는 방법을 가르쳤기 때문에 청교도 마일스 스탠디쉬는 이 초기 무지개 연합을 공격하고 파괴했다. 모튼은 청교도에 의해 두 번이나 추방당하고 두 번이나 영국에 억류되었다. 그는 메인주에서 사망했다.

브래드퍼드는 한 가지는 맞았다. 메이데이는 매우 오래되었고 (어떤 형태가 되었든지 간에) 거의 모든 곳에서 찾아볼 수 있다. 이날은 씨뿌리기와 풍요로움 그리고 싹틈의 축제이다. 이날은 사회적 재생산의 공동체 의식이다. 몇 년 후 나다니엘 호손은 사람들이 이 길을 택하지 않은 것을 애석해했다. 덧붙이자면 우리도 어쩌면 아직 택하지 않은 것일 수 있다. 둥근 씨앗 그릇은 여러모로 그날을 상징한다. 시간에 구멍을 내고 그때를 들여다본다면 우리는 쉽게 공유지를 찾을 수 있다.

헤이마켓

메리 마운트(1627)에서 헤이마켓(1886)까지 두 세기 반의 시간이 흘렀다. 제국(영국 1776)이 사라지고 국가가 건국되었다. 은행가들이 일하기 시작하고 노예제도가 발달했으며 육군과 해군은 "운명"[6]을 선언했다. 분석을 위한 파내기와 함께 우리는 석탄 노동자와 철도 노동자 그리고 도랑 파는 노동자를 내세운다. 종합을 위한 그릇에서 우리는 어떻게 모두가 함께 역사 속에서 힘을 발휘할 수 있는지 이해한다. 공유지와 자율 공간 그리고 자본과 사유화로부터의 독립이 이러한 힘에 포함된다.

1886년 〈주조업 조합〉의 철강 노동자들은 시카고 맥코믹 워크스에서 파업에 돌입하고 악명 높은 헤이마켓 폭발 사건과 노동자 네 명의 교수형 그리고 우리의 현대 메이데이에 시동을 걸었다. 이 점을 떼어 보자. 첫째로 이 노동자들은 하루 8시간 노동을 위해 파업했다. 이는 남북전쟁 이후 산업 노동자들 운동의 핵심이었다.

우리는 햇빛을 느끼고 싶다.
우리는 꽃향기를 맡고 싶다.
우리는 하느님께서 기꺼이 그것을 원하리라 확신한다.
또한, 우리는 여덟 시간의 노동을 쟁취해야만 한다.

---

6. [옮긴이] 미국 팽창주의와 영토확장을 미국의 명백한 운명으로 보는 주장.

우리의 힘이 쏟아져 나오는 곳은

조선소와 상점 그리고 공장

여덟 시간의 노동과 여덟 시간의 휴식

남은 여덟 시간은 우리 자신을 위해

둘째로 그들 중 많은 사람이 아일랜드 이민자였고 이들은 10년 전 펜실베이니아의 무연탄 지역에서 활동하던 〈몰리 맥과이어〉[7]들이 가지고 있던 빈민에 관한 지식과 투쟁에 관한 지식을 전할 수 있었다. 그들은 펜실베이니아의 아일랜드계 탄광 노동자 20명 이상을 연속적으로 교수형에 처했던 밧줄의 날(1877년 6월)을 기억했다.

셋째로 시카고의 노동자들은 북아메리카 대초원의 풀과 곡식을 수확할 기계를 만들고 있었다. 이 기계는 라코타족, 코만치족, 아파치족 그리고 캐나다의 메티스족과 같은 원주민들의 땅에 대한 약탈을 전제로 하고 있었으며 이것이 분석의 네 번째 지점이다. 이른바 생산성은 a) 시카고와 오대호를 거친 곡식과 고기를 굶주린 유럽인들에게 제공하는 식량의 세계화와 b) 두 세대에 걸쳐 초래된 더스트 보울[8]의

---

7. [옮긴이] 아일랜드계 노동자들이 결성한 비밀 조직으로 테러와 태업을 벌이다가 19명이 처형되었다.
8. [옮긴이] Dust Bowl. 모래바람이 자주 발생하는 분지 형태의 북미 대초원지대.

근시안적인 농경이 만들어낸 결과였다. 시카고는 세계 식량 조직의 중추였을 뿐만 아니라 대초원의 공유지 정복의 전진 기지였다.

파업은 군인의 손에 진압되고 노동자들은 살해되었다. 계급의식이 있던 시카고의 노동자들은 항의했다. 아일랜드인과 폴란드인, 사회주의자와 아나키스트, 기독교인과 코뮌 지지자, 전직 파란 외투(북부군)와 전직 회색 외투(남부군)가 분노의 외침에 동참했다. 남부군의 군인이었다가 남북전쟁으로 (그리고 아프리카계 미국인인 동시에 아메리카 원주민이기도 한 루시 파슨스와의 결혼으로) 전에는 노예의 삶을 살다가 이제 임금 노예로 사는 사람들과 함께할 의식을 깨우쳤던 앨버트 파슨스는 헤이마켓 회합에 관해 다음과 같이 요약했다. "우리는 박탈당한 자들의 대표로서 한데 뭉쳤다."

참으로 이민자들은 단지 현재 그들의 생산 수단(자본)뿐만 아니라 과거 출신지에서 가졌던 생존 수단(공유지)까지 어떤 형태로든 빼앗김을 경험한 자들이었다. 게다가 시카고의 노동자를 공격한 군인들은 인디언 전쟁을 통해 사람을 죽이는 방법과 원주민의 공유 체제로부터 착취하는 방법을 배운 자들이었다. 이 시기는 많은 이들의 손으로 자본주의 비판론을 상세히 다듬고 있던 시절이었다. 당시의 순수이론가들과 달리 100개 이상의 질문을 담은 조사로 노동자들의 생각을 알아보고자 한 칼 맑스만큼 위대한 파내기 지점을 집어낸 사람은 거의 없었다. 이는 이후 이어지는 학생 운동의 본질이 되었다.

시카고 헤이마켓에서 군중들 사이로 다이너마이트 막대가 날아들고(경찰이 그랬을까? 진정 아나키스트나 사회주의 활동가의 소행이었을까?) 지옥이 펼쳐졌다. 놀랍고도 끔찍한 재판이 진행되고 모든 면에서 불공정했다. 샘 필든, 어거스트 스파이스, 앨버트 파슨스, 오스카 니비, 마이클 슈왑, 아돌프 피셔, 조지 엥겔 그리고 루이스 링이 유죄를 선고받았다. 1887년 11월 11일 국제적인 반대 운동에도 그들 중 네 명이 교수형에 처해지고 미국 자본주의의 황금시대로 가는 길이 마련되었다.

그 이후로 시카고는 예전 같지 않았고 세계 노동 운동도 마찬가지였다. 한편에서 시카고는 알 카포네와 같은 깡패들에 의해 야만적 자본주의의 중심지가 되었다. 다른 한편에서는 미시시피, 멕시코, 폴란드 또는 아일랜드에서 온 다인종 노동계급이 출현했고 칼 샌드버그, 넬슨 알그렌 또는 리처드 라이트와 같은 작가들이 우리에게 그 이야기를 전했다. 혁명적 조합주의가 투쟁 연합과 대중의 행동을 결합할 수 있다는 개념의 "시카고의 사상"은 아직 죽지 않았다. 메이데이 순교자를 추도하며 메이데이는 노동자와 하루 8시간 노동에 관한 전 세계적 기념일이 되었다.

파내기(노동자)와 그릇(공유지)은 우리를 〈민주사회를 위한 학생 연합〉과 〈학생 비폭력 조정위원회〉의 희년으로 안내한다. 그러나 그 길이 곧바르지만은 않다. 석탄 노동자는 고용주들이 의도적으로 주입하고 있는 인종 및 언어의 문명화를 극복해야 했다. 〈미국 광산 노동자 연합〉이 1890년에 결성되었다. 마더 존스는 1838년 메이데이에 아일랜드의 시골 코크에서 태어났다. 1901년에 그녀는 펜실베이니아에서 광부의 아내들이 빗자루를 휘두르고 냄비와 팬을 두드리며 무리를 형성할 것을 주장했다. 검찰에서는 그녀를 "미국에서 가장 위험한 여성"이라고 불렀다. 1905년 시카고에서 그녀는 〈세계 산업 노동자 동맹〉 또는 IWW, 즉 워블리의 결성을 도왔다. 그들의 주된 주장은 다음과 같았다. "노동계급과 고용 계급 사이에는 공유하는 것이 없다. 수백만 명의 노동자들 사이에 굶주림과 부족함이 있고 고용 계급이 형성하는 소수가 삶의 모든 좋은 것을 차지하는 이상 평화는 있을 수 없다." 마더 존스는 우리가 "죽은 이들을 위해 기도하고 살아가고 살아있는 자들을 위해 죽도록 투쟁해야 한다."라고 주장했다.

공유지는 그들의 계획에 들어 있지 않았다. 그러나 (땅과 노동의) 공유는 반자본주의의 꿈이 되었다. 지배자들은 벽, 울타리, 이민 세관 집행국ICE, 테러 그리고 구금으로 재생산에 관한 통제를 확립하고자 노력할 것이다. 지배자들은 인구 정책과 출생률 및 사망률 통제, 우생학, 가족 수당, 출산 휴가, 낙태 그리고 존 러스킨이 "쓸모없는 일용품"illth이라고 불렀던 건강과 부의 종류와는 전혀 반대의 것들로 이러한 노력을 계속할 것이다. 지배자들은 교육과 이민 정책으로 노동시장의 구조와 기술 범위 그리고 수준을 조직하고 시도한다. 미국 역사에서 학살과 질병은 원주민에 대한 무기이고 노예제와 이민자는 노동자에 대한 무기였다. 사실상 테러는 항상 공유지에 맞서는 도구로 활용되었다.

나는 석탄 노동자들이 자신의 생일 외에도 어머니나 배우자 어머니의 생일에 유급 휴가를 가질 수 있다는 고용주와의 초기 합의가 갖는 가치에 관해 생각해본다. 이는 여성 공동체가 광부를 지원하고 있다는 표시였다. 종종 "미국 사회주의의 마크 트웨인"으로 불리는 이민자 오스카 아메린저는 애덤 콜디거9라는 가명으로 일리노이주의 광부 조합을 위한 글을 썼다. 그는 광부들이 공유지에서 사냥과 낚시를 해왔지만, 이제 모든 한나절과 절반의 밤 동안 석탄을 캔 노동자들이 사냥과 낚시까지 하러 갈 수는 없지 않냐고 말했다! 대공황 시기 동안 석탄 노동자들은 조합의 구성을 지지했다.

1917년 러시아의 볼셰비키 혁명은 20세기의 서사극이자

---

9. [옮긴이] 석탄 캐는 애덤(Adam)이라는 뜻.

결정적인 (최소한 그러한 사건 중 하나로 꼽히는) 사건이었다. 소비에트연방과 미국의 냉전은 세계의 사상과 제도 그리고 정치를 잠식하는 것처럼 보였다. (미국은 마치 메이데이가 러시아의 축제일이라는 듯이 노동자의 축제일을 9월의 첫째 날로 옮기기까지 했다!)

러시아 혁명 이후 공산주의는 실제의 공유화와는 거리가 멀어도 아주 먼, 국가 또는 정부의 문제로 해석되었고 "원시적 사회구성체" 또는 "후진", "미개발" 경제에 속하는 것으로 치부되었다. 이러한 인식은 1955년에 세계무대에서 펼쳐진 유럽 제국으로부터의 민족 해방 투쟁이라는 20세기의 두 번째 위대한 주제와 함께 변화하기 시작했다. 공산주의 혁명과 민족 해방 투쟁이라는 두 가지 주제는 〈민주사회를 위한 학생 연합〉과 〈학생 비폭력 조정위원회〉 발족에 근본적인 배경을 제공한다.

다시 파내기와 그릇을 꺼내어보자.

인도네시아

1955년에 아시아와 아프리카 국가들이 인도네시아에서 만났다. 그들은 공산주의도 아니며 자본주의도 아닌, 소비에트연합과 미국을 따르지 않는 제3의 길을 찾고 있었다. 저우언라이, 네루, 나세르, 수카르노는 이러한 지도자 중 일부였다. 이러한 피식민 경험국의 운동은 1960년 베오그라드에서 만났던 중립국 연합을 발전시켰다.

수카르노와 네루 그리고 티토의 주도 아래 이들은 한쪽의 시도에서는 냉전이라는 곤경 속에서 사회주의와 자본주의 사이의 제3의 길을 찾으려 했고 다른 쪽으로는 제3세계 해방 세력의 독립을 주장했다. 어떤 방향으로든 이러한 독립과 자주성은 1차 세계대전 이후 유고슬라비아와 2차 세계대전 이후 인도와 인도네시아가 보여 준 해방의 결과였다.

리처드 라이트는 인종주의와 노동계급 그리고 시카고에 관해 이해하고 있던 작가였다. 그는 1908년 미시시피주에서 노예의 손자로 태어났다. 그는 시카고로 옮겨온 후 공산당에 합류했다. 1940년 그의 미국 남부 노동자 사진첩은 로자 파크스 세대의 시민권 운동과 몽고메리 버스 보이콧[10]의 움직임의 서막을 설득력 있는 시각으로 보여 주었다. 역시 1940년에 그는 인종차별 사회에서 남성 프롤레타리아의 분노를 담은 탁월한 걸작 『미국의 아들』*Native Son*을 저술했다. 하지만 1960년대의 제3세계주의는 국제주의에 대한 아메리카적 시각을 보여준다. 그것은 미국을 거부한다는 점에서 분명하고 자각적으로 혁명적이었다.

---

10. [옮긴이] Montgomery bus boycott. 앨라배마주의 몽고메리에서 로자 파크스가 버스 자리를 백인에게 양보하지 않아 체포된 후 진행된 버스 승차 거부 및 집단 파업 운동.

리처드 라이트는 1955년 인도네시아 반둥에서 아시아와 아프리카의 만남에 관한 책 『유색의 장막』을 썼다. 이 회의는 자본주의나 공산주의에 속하지 않은 제3세계 국가 최초의 만남이었다. 그는 이 회의가 "멸시, 모욕, 상처 그리고 빼앗김을 경험한, 즉 인류 약자underdog들의 모임"이라고 보았다. 그가 만난 미국의 기자들에 관해 그는 "그들은 반둥의 만남을 이해할 만한 역사 철학을 가지고 있지 않다."고 말했다. 그는 설문지를 만들고 여행을 떠날 준비를 마치고 이 설문 내용을 기반으로 '기차나 비행기의 동료 여행자들과 대화할 계획을 세우고 당신은 교회의 교육을 받았습니까? 사형에 관해 어떻게 생각합니까? 원자폭탄을 사용하는 것이 정당화될 수 있습니까? 국적에 관한 열등의식이 당신의 나라에서는 나타나고 있습니까? 경제적인 의미로 계급 없는 사회가 가능하다고 생각합니까?' 등과 같은 질문을 준비했다(여기에 포함된 78개의 질문은 『유색의 장막』에 포함되어 있다). 여기에서는 다시 경험적인 파내기가 작동했다. 학생이 질문을 던지고 학생이 그 주제를 조사하며 그 후에 경청한다.

한 인도네시아인은 "우리에게 땅은 항상 공동의 것이었다."라고 대답했다. 그가 이야기 나눴던 아시아인 중 단 한 명도 "서구의 가장 신성한 가치인 재산"을 옹호하지 않았다. 어떤 인도네시아인은 자기 나라의 최근 역사를 다음과 같이 요약했다. "이제 보통 사람들이 이전 혁명의 혜택을 받지 못하고 있다. 그것이 오늘날 우리가 또 다른 혁명을 눈앞에 두고 있는 이유이다."

바깥쪽 섬 토지의 90퍼센트는 이동경작 또는 화전swidden agriculture을 하고 있었다. 그들은 사유지라는 개념이 없었고 생산품은 상거래를 위한 것이 아니었다. 높은 생물학적 다양성이 유지되었고 땅과 생물들에 매우 높은 양분이 저장되었다. 화전 구역은 "평지"가 아닌 작은 숲이었다. 이와 대조적으로 자바섬과 안쪽의 인도네시아는 고지대 쌀 경작과 논농사sawah에 의존하며 잘 갖춰진 수로 체계와 함께 조류algae와 질소를 운반할 수 있는 준비가 되어 있다. 씨앗은 흩뿌리지 않고 못자리를 활용했다. 1870년 농업 토지법에서는 "불모지"를 정부 소유라고 선언했다. 이는 기업 농장의 시작을 불러왔다. 후추와 고무 그리고 커피가 수출을 위해 농장에서 생산되었다. 마을의 토지도 선매되었다. 생명의 퇴화와 경쟁 체계 그리고 마을 권리의 침탈이 이어졌다. 1950년대에 지역 농민들이 전체 농장의 대략 절반 이상을 차지했지만, 그들의 공동체는 매우 좁고 불분명하며 무력했다.

네덜란드 제국령의 인도네시아인 소설가 프라무디아 아난타 토르(1924~2006)는 1965년에서 1979년 사이 부루섬에서 감옥에 갇혔다. 그는 『벙어리의 독백』에서 그곳의 생명에 관해 기술했다. "그러나 부루섬 내륙이 비어 있지는 않았다. 정치범들이 도착하기 한참 전에도 그곳에는 대지의 조각에 의존하며 살던 원주민이 있었고, 이들은 정치범들에 의해 강제로 자신의 땅과 오두막을 뒤에 두고 쫓겨났다. 정치범들은 곧 초원을 논밭으로 탈바꿈시켰고 원주민들은 그들이 사냥터의 크기를 점점 줄여나가는 모습을 지켜보았다. 심지어 원래의 지명까지 훔쳐내고 그 지역을 '10번 구역'이라고 부르기도 했다." 내가 보기에 그는 운이 좋았다. 왜냐하면 1965년에서 1966년 사이에만 거의 1백만 명, 확실한 것만 수십만 명의 인도네시아인이 학살당했기 때문이다. 헨리 키신저와 CIA가 이 대학살에 연루되었다.

케냐

1952년 대영 제국에서의 독립을 위한 자생적 움직임은 케냐에서 시작되었다. 숲속의 게릴라 세력은 농장의 제국주의자들을 공격했다. 그들은 국토 자유 부대를 창설했지만, 영국인들은 그들을 마우마우라고 불렀으며 그 이름이 굳어졌다. 케냐 식민 지배자들은 1954년 대량의 토지 약탈을 위한 스위너튼 계획을 채택했다.

환금작물 경작과 토지 소유권은 상품 생산에 기반을 둔 체제에 관한 선호를 낳으며 전통적인 공유 경제를 파괴했다. 이는 토지 몰수와 "합병 및 인클로저"를 실질적으로 이끌었다. 게다가 고지대의 땅으로 인해 노동력은 강제로 커피 농장에 투입되었다. 공공 방목지는 폐쇄되었다. "이제 전통적인 관습을 제쳐두는 데에 거리낌이 없었다." 여성과 아이들이 가장 큰 고통을 겪었다. 공유지에서의 여성 권리는 사라졌다. 일 백만 명의 남녀가 강제로 구치소나 강제 수용소에 들어갔다. 대규모로 집행된 교수형과 강제수용소행의 배경에는 국토 자유 부대 또는 마우마우를 향한 영국의 악랄한 군사 행동이 있었다. 남성 지도자들은 여성의 토지 접근을 위한 분명한 태도를 보이지 못했다. 케냐는 1963년에 독립을 달성했다.

마우마우의 경험은 응구기 와 시옹오의 『울지마라 아이야』(1964)와 『밀알』(1967)에 부분적으로 묘사되어 있다. 1965년 2월 14일 디트로이트에서 말콤 X는 마우마우가 전 세계 식민지의 백인을 공포에 질리게 했다고 설명했다. FBI 코인텔프로[11]와 J. 에드거 후버는 "흑인 민족주의자 집단의 실질적인 연합은 미국에서 진정한 흑인 혁명의 시작이 될 수 있는 사실상의 '마우마우'를 불러오는 데 첫 단계가 될 수도 있다."고 경고했다. "우리의 빛나는 흑인 왕자" 말콤은 일주일 후에 암살당했다.

---

11. [옮긴이] Counter-Intelligence Program. 미국 내부의 저항 정치 조직을 조사하여 파괴하려는 목적으로 설립된 기관.

〈학생 비폭력 조정위원회〉SNCC

학생의 수는 10년 새에 두 배가 되었다. 농부의 수보다 학생이 더 많았다. 대학이 국가 성장의 중심지가 되었다. 이 젊은이들이 투사였고 투사가 학생이었다. 그 당시 대학은 비용이 많이 들지 않았다. 그러나 그 수는 많지 않았다. 여전히 학생은 상대적으로 특권층이었다.

1960년 봄 산 쿠엔틴에서는 캐릴 체스먼의 가스실 사형 집행이 있었다. 남아프리카에서는 샤프빌대학살이 있었다. 이 사건들은 당시의 젊은 이상주의자들에게 충격을 주었다. 곧 피임약에 관한 승인이 있었고 이는 대규모의 애정 행위로 이어지는 것처럼 보였다. 에드 샌더스는 "미국의 전망은 유희와 혁명이라는 두 갈래의 길로 나뉘었다."라고 기록했다.

혁명 또는 유희는 미국의 대안이었다. 유희는 포르노로 타락했고 혁명은 폭력으로 타락했다. 미국의 전망은 추한 테러의 지평이 되었다. 우리가 거행하고자 하는 희년은 학생을 위한 것이지 1956년 여러 갈래로 시작된 신좌파New Left를 위한 것이 아니다. 〈학생 비폭력 조정위원회〉[이하 SNCC]와 〈민주사회를 위한 학생 연합〉은 그들의 노래를 부르고 그들의 희망을 표현했으며 그들의 캠페인을 꿈꿨고 그들의 춤을 췄다. 또한, 옛 발걸음과 이별을 고하며 역사에 손을 뻗쳤다. 이러한 새로운 춤은 간이 식당에서 커피를 한잔 마시는 것으로 시작되었다. 50년 전에 무언가 시작되었고 이제 50년은 무언가를 기뻐하며 축하jubilee할 만한 기간이다. 희년은 예로부터 (꼭 집어 파헤쳐 보자면) 해방, 부채 면제, 토지 반환, 공유지 개척 그리고 휴식을 의미했다. 우리가 과거를 되살려 미래로 나아가는 과정은 이러한 고대 근동Near Eastern의 관행보다 더 좋지 않을 수도 있다.

1960년 2월 1일 노스캐롤라이나 그린즈버러의 울워스 간이 식당에서는 좌석 점거 농성이 있었고 몇 주 후 4월에는 엘라 베이커가 함께 SNCC를 설립할 학생을 모았다. 젊은 교수 하워드 진은 SNCC 학생들을 도왔다. 그는 학생들에 관해 다음과 같이 기록했다. "그들은 이상적인 공동체에 관한 폐쇄적인 시야를 가지고 있지 않다. 그들은 지금까지 일어난 일을 충분히 봐왔고 모든 새로운 것에 개방적이며 기꺼이 처음부터 나아가야 하는 길에 설 것이다.", "그들은 젊은 급진주의자이며 '혁명'이라는 단어는 그들의 말에 항상 담겨 있었다. 그러나 그들에게는 정당도 없었고 이데올로기도 없었으며 탐욕도 없었다." 그들은 행동을 믿었고 그들의 행동은 말보다 더 크게 울렸다.

19세의 백인 학생은 다음과 같이 기록했다. "대학은 부패가 넘쳐나고 뒤틀렸으며 환상이 넘쳐나고 과도하게 상업화된 피상적 사회라는 점에서 보통의 커다란 시장과 다를 바 없다. 이들의 기본적인 목적은 우리의 병적인 소비 사회에서 학생을 선량한good[또는 상품] 시민 즉, 기계처럼 죽고 의식이 없는 자들로 탈바꿈하는 것이었다. 나는 인류의 자유를 가늠하여 확대하기 시작하던 시기에 (핵심으로 향하는) 가장 급진적이고 결정적이며 중요한 장소였던 남부에서 일하고 싶다."

SNCC는 "사랑의 공동체"라는 비폭력적인 직접 행동과 반-인종주의를 표방했다. 학생들은 실존주의, 철학, 신학 그리고 프랑스 문학에 관해 밤새도록 이야기를 나누었다. 그들이 그러한 대화를 나눈 곳은 교실이 아닌 감옥이었다. 1960년 노스캐롤라이나의 롤리에서 작성된 그들의 신조는 다음과 같다. "우리는 비폭력의 철학적 또는 종교적 이념을 우리의 설립 이념이자 예정된 운명이며 우리 행동의 방침으로 공언한다. 사랑은 비폭력의 중심 주제이다." 그들은 인간 존재의 양심과 도덕적 본성에 호소했다. 철학이나 영성 또는 사랑은 그들의 행동에 제약이었지만, 동시에 이를 통해 그들은 분리주의를 타도했다.

하워드 진은 가장 좋은 접근은 "인종 간 접촉이 일어나는 상황에서 대담함을 드러내고 그 후 인내심이 발달할 수 있도록 하는 것"이라고 기록했다. 1960~61년 겨울 미시시피주 맥콤 카운티의 상황은 좋지 않았다. 지방군은 배고프고 굶주린 사람들을 위해 조달된 연방 식량조차 가로막았다.

대신 미시간과 일부 앤 아버에서 보내온 옷과 식량의 행렬이 속속들이 도착했다. 비록 당시에는 누구도 그렇게 말하지 않았지만, 이 또한 일종의 공유였다.

스타우튼 린드는 1964년 6월 12일 SNCC 임원 회의를 회상한다. 그는 "몇몇 임원들이 말하기를, 나는 죽을 준비가 되었지만 내가 죽을 합당한 가치가 있는 계획이 필요하다. 나는 우리 운동의 효과성과 그 기세 모두를 고려해서 우리 계획을 더욱 신중히 고려해 보아야 한다고 생각한다고 했다."라고 기록했다. 며칠 후에 굿맨과 슈베르너 그리고 췌이니가 암살당했다.[12] 그래서 선거인 등록과 민주당원권의 획득이 그 계획이 되었지만, 이는 계획에 관한 신중한 고려의 부족으로 인한 태만한 결정이었다. 이들은 그해 여름 애틀랜틱 시티 전당대회[13]에서 민주당과 진보주의자 그리고 〈전미 자동차 노동조합〉UAW에게 배신당했다. 무엇이 죽어도 좋을 만한 계획이었는지에 관한 질문은 여전히 남아 있다.

〈민주사회를 위한 학생 연합〉SDS

1901년 업튼 싱클레어는 〈산업 민주주의 연맹〉의 전신

---

12. [옮긴이] 이들은 흑인 투표권 운동 중 피살당한 민권 활동가이다.
13. [옮긴이] 민주당 전당대회.

인 〈대학 연합 사회주의 협회〉의 설립에 관해 다음과 같이 말했다. "교수가 학생을 가르치지 않고 있으므로 교수를 가르치는 일이 바로 학생의 몫이 되었다." 일찍이 잭 런던은 "어느 쪽으로든 목소리를 높여라. 살아 있으라"라고 말했다.

1959년 8월 〈산업 민주주의 학생 연맹〉은 그 명칭을 〈민주사회를 위한 학생 연합〉[이하 SDS]으로 바꾸고 다음 봄에 앤 아버에서 첫 SDS 총회를 개최했다. "북부에 인권을!"이 회의 주제였다.

SNCC가 회의에 활기를 불어넣었다. 학생은 북부와 남부 출신의 흑인과 백인이었다. 〈전미 자동차 노동조합〉은 "부적절한 사회에 근본적 대안을 찾기 위한" 보조금을 제공했다.

드와이트 맥도널드는 "아나키즘의 타당성"에 관해 이야기했다. 학생들은 "우리에게 무슨 일이 일어나고 있으며 어디로 가고 있는지, 그리고 무엇을 할 수 있는지" 물었다.

그들은 설립 규약 서문에서 SDS는 "모든 계층의 사람들이 자신에게 영향을 주는 결정과 자신이 의존하는 자원을 결정하는 민주주의 사회의 조망을 유지한다."고 공언했다. 그들은 전통적인 사회주의자와 아나키스트의 사상을 시작점으로 삼아 그 주장을 다듬었지만, 무의미한 냉전의 이데올로기에 틀어박히지는 않았다. 1961년 알 하버는 "우리 마음속에서 끊임없는 종합을 통해 조망과 타당성을 통합한다."라고 기록했다.

시인 에드 샌더스는 「포트 휴런 선언문」(1962)에 관해 "냉전의 빨갱이 편집증commie-noia을 탈피하고 노동 운동의 무력함을 벗어났다."는 기록으로 이를 요약했다. 이 선언문이 만들어진 방식은 흥미로웠다. 1961년 여름 전체 구성원에게 그들의 관점을 묻는 설문지가 보내졌다. 그들의 응답은 변화를 요구하는 모든 이들에게 다시 보내졌다. 이는 추가적인 관점과 새로운 구성원의 참여의 기반이 되었다. 톰 헤이든은 포트 휴런 회의를 위한 초안을 작성했다. 거기에서 모든 쟁점을 논의하는 워크숍을 열고 큰 쟁점(뼈대)과 작은 내용(갈래)을 논의 안건으로 제출하여 전체 회의장에서 투표했다. 이 내용이 최종안의 기초가 되었다.

"우리는 인간 가치의 발전 과정에서 불모의 시대를 상속받은 희생자이다." "지식인과 대학의 역할(또한, 생각건대 따라서 SDS 역시)은 사람들이 능동적으로 공동체 생활을 즐기고 그들이 개인적이고 집합적인 문제에 진정한 영향력을 어느 정도 느낄 수 있도록 하는 것이다."

학생Student이라는 단어는 라틴어를 어원으로 하며 열정적이거나 간절하거나 부지런하다는 뜻을 담고 있다. SDS 구성원은 칼 맑스 또는 리처드 라이트가 걸었던 길과 유사하게 신중하고 경험적으로 모은 지식을 조사하는 질문자였다. 그러고 난 뒤 그들은 이 지식을 실천하려고 시도했다.

SDS는 '경제 연구 및 실천 계획'을 구성했다. SDS는 참여 민주주의와 반-반공주의anti-anticommunism를 표방했다. SNCC는 반-인종주의와 "사랑의 공동체"를 표방했다. 이처럼 각 단체는 공유지를 칭하는 데에서 매우 밀접했지만, 각기 중요한 다른 방식으로 에둘러 그것을 표현했다. 하나는 영성의 후광을, 다른 하나는 이중 부정(반-반공주의)의 복합성을 활용하고 이는 공유지라는 생각을 파악하고 발달시키기 어렵게 했다.

1964년 여름 이후 베트남 전쟁의 급박한 양상으로 인해 그리고 곧 나타난 FBI 코인텔프로의 극악한 활동으로 인해 운동에도 변화가 나타났다. SNCC는 북부 도시의 흑인 프롤레타리아로부터 태어난 "흑인 권력"의 요청에 응답하기 시작했고 동시에 그들은 국제적 차원의 민족 해방 운동에 관해 그 의식을 높이게 되었다. 마틴 루터 킹은 시카고로 옮겨갔다. SDS는 1968년 민주당 전당대회 이후 시카고의 블루 미니스[14]가 살기등등하게 활개치고 다니자 붕괴하기 시작했다.

〈블랙 팬서당〉Black Panthers

---

14. [옮긴이] Blue Meanies. 1968년 비틀즈 만화영화에 등장한 캐릭터들로 음악을 싫어하는 악당 무리이며, 여기에서는 경찰에 대한 경멸적 표현으로 활용되었다.

1966년 형성된 〈블랙 팬서당〉은, 비록 이들의 상징 자체는 남부(론디즈 카운티)의 투표자 등록 캠페인에서 나왔지만, 빠르게 북부와 서부의 도시인 시카고, 로스앤젤레스, 디트로이트, 샌디애고, 덴버, 뉴어크, 뉴욕, 보스턴, 필라델피아, 피츠버그, 클리블랜드, 시애틀, 워싱턴 DC에서 세력을 구성하게 되었다. 이 단체의 십계 강령Ten-Point Program에는 고용, 주거, 보건, 정의 구현, 평화 그리고 교육이 포함되었다. 이들은 경찰의 폭거에 대항하는 자기방어적 조직으로 시작했지만, 빠르게 또 다른 형태의 자율 생활로 발전했으며 가장 주목할 만한 것으로는 어린이를 위한 무료 아침 식사 프로그램, 병들고 쇠약한 이들을 위한 무료 의료 진료, 방문 건강 서비스 그리고 무상 교육을 제공하기도 했다.

시카고에서 프레드 햄튼은 길거리 갱들에게 범죄를 중단하도록 설득하고 계급투쟁 안에서의 연대 요소를 가르침으로써 그들 사이에 불가침 조약을 끌어내는 데 성공했다. 그는 다른 조직과 동맹을 맺었다. "무지개 연합"rainbow coalition이라는 말을 만들어낸 것도 그였다. 시카고 경찰과 FBI는 1969년 12월 그를 암살했다. 그는 "혁명가를 죽일 수는 있지만, 혁명을 죽일 수는 없다."는 말을 남겼다.

이제 메이데이의 역사를 살펴보고 이를 SNCC와 SDS의 희년에 연결해 보면서 우리는 이 작품의 세 번째 과제에 도착했다. 바로 대통령 버락 오바마가 2010년 메이데이에 미시간의 빅하우스[15]에서 학생들에게 연설한 후 오후에 디트로이트의 이민자 권리 행진에 참여하도록 초청하는 것이다. 모든 수단을 동원해 그를 오게 해야 하지만, 그는 대통령으로서가 아닌 한 명의 사람으로 수많은 인파 중 한 사람으로 와야 한다. 사실상 그는 지배계급의 굴레에 지나치게 얽매여 있다. 예를 들어 그는 얼마 전에 남부 투손Tucson에서 800명의 ICE(이민 세관 집행국) 직원을 동원한 미국 역사상 가장 큰 이민자 불시 단속을 지시했다.

오바마와 당신

오바마의 책 『내 아버지로부터의 꿈 : 인종과 상속에 관한 이야기』(1995)[16]는 매력적인 자서전이며 상업적 성공을 거둔 책이다. 이 책이 "꿈"을 다루고 있다는 점에 주목하라. 이 책은 "이야기"를 다루고 "상속"을 다룬다. 전기적 접근은 역사의 힘을 과소평가한다. 인도네시아와 케냐에서 자기 아버지의 삶을 따라가고 시카고에서 아버지가 남긴 듯한 유산을 찾으면서 그는 아버지의 역사적 경험을 과소평가한다. 케냐와 자바 모두에서 그들은 공유지 수용의 공포와 함께

---

15. [옮긴이] Michigan's Big House. 미시간 주경기장의 별칭.
16. [한국어판] 버락 오바마, 『내 아버지로부터의 꿈』, 이경식 옮김, 랜덤하우스 코리아, 2009.

다가오는 죽음을 피해 달아났지만, 그럼에도 이러한 경험은 그들에게 영향을 주었으며, 심지어 새로운 석유 관련 사업으로 부를 쌓는 와중에도 그러한 영향을 사라지지 않았다.

부모의 좌절을 보며 자란 사람들은 그러한 경험을 규준으로 삼는다. 그들의 성격은 그 규준을 따라 형성되며 오바마 역시 마찬가지였다. 성격은 영원불변이 아니다. 우리는 집단적 주체이다. 역사적인 변화의 큰 파도를 수차례 거치면서 이러한 특성이 형성되었다. 우리가 인간 경험의 살아 있는 정신을 파악하고 손에 쥘 수 있을까? 아메리카는 온통 제2막을 시작하고 새 단장을 하는 곳이다. 우리는 우리 문제를 반사하는 거울로서가 아닌 들여다볼 수 있는 유리창으로서 오바마를 살펴보기를 원한다. 이를 위해 우리는 우리가 태어나기 전에 이미 목숨을 거뒀던 그의 아버지 세대가 가졌던 꿈을 이해할 필요가 있다. 그들은 테러, 학살, 투옥 그리고 상실 속에서 살아남았다.

우리의 정체성은 단지 우리의 아버지로부터 뻗어 나오기만 하는 것이 아니며 우리의 가족으로부터 뻗어 나오기만 하는 것도 아니다. 우리의 인간성은 단순한 유전적 계보를 넘어서는 유래를 담고 있다. 우리는 어떤 존재가 될 것인가? 전쟁, 세계화, 기후 변화, 자동차 상용화, 토지 수용과 같은 거대한 힘이 우리의 시대에서 나타났고 지배자와 피지배자(권력), 다수와 소수(숫자), 가진 자와 가지지 못한 자(소유),

노동계급과 자본가 계급(20세기), 사유자privatizer와 공유인 commoner(21세기) 사이에서의 계급 갈등이 나타났다. 그에 따른 귀납적 결과를 경고하는 이들은 우리에게 역사적 특이성을 고수하도록 요구한다.

소년 오바마가 인도네시아에 도착했을 때 그의 계부는 아이를 꼭 잡아당겼다. "우리는 [오바마의 계부인] 롤로의 사람들이 몇 마리 양을 방목하던 공유지에 멈춰 섰다." 오바마는 권투를 배우고 주먹질도 알게 되며 거지를 다루는 법도 배웠지만, 공유지는 점점 수용당하고 있었다. 달리 어찌할 수 없는 침묵이 그를 기다렸다. 그가 아버지로부터 받은 꿈이 아닌 그의 아버지가 가진 꿈은 무엇이었을까? 인도네시아에서 오바마의 계부는 침묵으로 1965~66년의 학살에서 살아남았다. 게다가 그는 석유 산업에서 일할 기회를 얻음으로써 어느 정도의 부를 쌓았다. 그가 어린 오바마의 삶에 나타났던 시기에 그는 자신의 과거를 묻어두었다. 그러나 현재는 축적된 과거 이상의 무언가가 될 수는 없었다.

케냐에 있는 오바마의 생물학적 아버지 역시 대영제국의 제국주의 정부로부터의 자유 투쟁 동안 생존하고 부를 쌓았다. 프란츠 파농은 우리에게 이러한 투쟁 운동을 자유 운동이자 부르주아 민족주의 운동의 모습을 모두 갖춘 것으로 이해하는 법을 가르쳐 주었다. 마우마우의 포부는 무엇이었을까? 부르주아 민족주의를 해방 투쟁의 우파적 측면이라고 표현한다면 좌파적 측면은 무엇일까? 이는 숲이나 공유와의 관계에 따라 달라진다. 그리고 그 관계는 강제 수용소와 교수형이라는 영국의 테러리즘으로 타파되었다.

오바마가 미국에 돌아와 현지의 권익단체를 찾기 시작했을 때 그는 어떻게 그곳과 어울릴 작정이었을까? 그는 몇몇 대학을 거쳐 다양한 모습의 삶을 경험한 뒤 결국 시카고에 정착하고 여기에서도 역시 그는 침묵과 억압 그리고 절망의 시절을 보내야 했다.

토르와 파농 그리고 라이트는 각자 인도네시아와 아프리카 그리고 시카고에서 우리에게 구조적 침묵을 이해하는 데 필요한 자료와 단서를 제공했다. 이들 작가 모두에게 토지와 공동체 그리고 계급과의 관계에서 공유의 요소를 파악하는 것은 어렵지 않았다. 주의主義와 연합 또는 학교의 교육이라는 닻은 폭풍 속에서 자리 잡을 곳을 제공하지는 못한다. 이는 공유지를 향한 정치적 계획이나 운동과는 무관한, 비현실적인 희망이다.

계급의식은 우리 해방을 위한 지식이다. 계급투쟁은 이를 달성하기 위한 싸움이며 하나의 계급이 되기 위한 싸움으로 시작해서 계급 체계의 폐지를 위한 싸움으로 변한다. 이는 경제주의적이지 않고 역사적이다. 이는 추상적이지 않고 구체적이다. 이는 진정한 목소리, 과거의 목소리와 현재의 목소리로 표현되었다. 싸움의 기술은 경청이다.

파내기는 흙과 셰일층을 꿰뚫는다. 파내기는 또한 지렛 대로 작용하기도 한다. 이렇게 파내기의 유용함은 두 가지 기능으로부터 나온다. 파내기는 주체를 관통하고 이동시킨 다. 역사가로서의 우리도 마찬가지다. 우리는 과거로부터 에 너지를 취해 현재의 열기와 빛을 만들어낸다. 지렛대와 받침 점은 거리를 통해 힘을 증가시킨다. 노동자들의 계급이 세 상을 움직일 수 있다. 우리는 서로를 알아야 한다. 씨앗 그 릇은 보존의 유물이다. 이는 미래의 삶을 가능케 한다. 그러 니 하루 8시간 노동, 공유, 비폭력 직접 행동, 하나의 거대한 연합, 노래, 사티아그라하, 참여민주주의와 같은 과거로부터 온 이 씨앗을 바라보고 이 씨앗이 성장하는 것을 지켜보자. 이 씨앗에는 충분한 공기가 필요하며 우리의 신중하고 올 바른 행동이 바로 그 공기를 대어줄 수 있다. 그런 뒤에 그 씨앗은 수평적 조합주의, 연대 경제, 공유, 자율적 삶, 사회 포럼과 같은 다양한 형태로 싹틔우게 된다. 동료 노동자 오 바마는 환영하지만, 그의 대통령 권력은 환영할 수 없다. 우 리의 권력은 우리 계급으로부터 나오며 우리가 형성하고자 하는 것이 바로 그 권력이다. 그런 이유로 당신과 내가 절실 하게 필요하다.

9장

'메이데이의 방'에 쌓은 기록

2011

새로 시작하는 경우가 아니라면 새로운 기록을 발견하는 것을 능가할 역사가의 즐거움은 없다. 나는 런던 클러컨웰의 거대한 마운트 플레전트 우편 분류 창고 뒤편의 피닉스 거리에서 만난 담배 피우는 남자에게서 아이가 된 듯한 흥분을 느꼈다. 왜냐하면 그는 그곳의 영국 우편 박물관과 기록 보관소에서 일하고 있었고 그 역시 기록보관인이었다.

나와 함께 여섯 명 정도의 무리가 그곳에서부터 37a 클러컨웰 그린에 위치한 맑스 기념 도서관 사이를 수시로 돌아다녔다. 나는 1970년대 『제로워크』 프로젝트에 필요한 자료 수집에서 내가 맡은 몫을 다하기 위한 일환으로 그곳에서 그 당시의 죄수 운동에 관해 이야기하고 있었다. 『제로워크』는 "노동계급"을 위한 소규모 저널로 케인스학파 경제학자와 자본주의 위기에 대한 자동차, 광산, 복지 그리고 대학의 투쟁을 한데로 묶기 위한 시도를 했다. 시작하기에 앞서 나는 이 계획은 히피가 탱키tankie(완고한 스탈린주의자를 지칭하는 용어로 대수롭지 않은 일탈 행위에도 탱크를 보내려는 자들을 일컫는다)를 만나는 것이라고 소개했다. 그러나 우리가 역사적 변화의 힘으로서 "발견"한 것은 돈 받고 일하는 자들이 아닌 무급 노동자들 또는 가사 노동자와 농민 그리고 수감자의 힘이었다. 이 발견에 대해 나는 여성과 전 세계 유색인종의 부상에 감사를 표한다.

런던에서는 '메이데이의 방'MayDay Rooms이라는 흥미진

진한 기획의 일환으로 새로운 기록보관소가 설치되었고 곧 88 플릿 거리에서 정식으로 문을 열게 될 것이다. '메이데이의 방'은 "자료 상자를 열기 위한" 일련의 "자정 무렵"Round About Midnight 회의를 조직했다. 그들의 의도는 소책자와 책 그리고 난쟁이책(우리는 이를 4절판 제작이라고 부른다)을 펴내는 〈미드나잇 노츠〉의 운영에 자료를 조달하는 길을 구상하는 것이었다. 『제로워크』와 〈뉴욕 가사노동 임금〉 그리고 〈아프리카 학문 자유 위원회〉 모두 그들의 기록을 '메이데이의 방'에 맡기는 데 동의했다. 실비아 페데리치와 조지 카펜치스 그리고 나는 3일에 걸쳐 서로 다른 자료 조달의 길에 관한 배경을 설명했다.

내 몫으로서 나는 20부의 연재 간행물 『NEPA 소식지 : 뉴잉글랜드 수감자 연합의 목소리, 1973~1975』를 조달했다. 수감자들은 시민 감찰을 위해 싸우고 조합을 위해 싸웠다. 1971년 9월 아티카 대학살이 그 시발점이었고 조지 잭슨 암살 사건은 아티카 사건의 시발점이었다. 그는 십 대의 나이에 주유소를 털었다. 그는 "자본주의는 적이며 파멸해야 한다. 다른 길은 없다. 이러한 미국의 도시에서 태어난 각각의 모든 개인은 생존에 필요한 모든 것을 갖추고 태어나야 한다. 의미 있는 사회적 역할, 교육, 의료, 음식, 거처 그리고 이해심이 출생과 함께 보장되어야 한다. 그것들은 모든 문명화된 인간 사회의 일부였고 미국 사회 역시 거기에 포함된다. 그게 아니라면 왜 사람이 또 다른 사람을 지배하도록 허용하고 있는 것인가?"라는 글을 남겼다.

한쪽 측면에는 "제로워크"가 있었고 또 다른 측면에는… 이 부분은 빅토리아 왕조 시대의 소설가 조지 기싱의 설명을 들어보도록 하자. 그는 클러컨웰에 관한 책 『지하세계』(1889)를 썼다. 그 책은 "사람들이 어떻게 수고를 위한 수고를 늘려가고 잉여노동을 창출하기 위해 일하며 새로운 형태의 피로를 마음속에 그리며 그들의 삶을 허비하는지"를 보여준다. 역사적으로 클러컨웰은 작은 공방에서 일하는 시계공과 보석상이 즐비했던 곳으로 야비한 손가락과 획책하는 두뇌가 쳇바퀴 속의 쳇바퀴를 만들어냈던 장소였다. 윌리엄 블레이크는 이를 두고 상상력의 파괴, 굳어버린 마음이며 인간 존재를 무디고 노예처럼 만든다고 말했다. "헤아릴 수 없는 부가 이들의 공방에서 흘러나왔고 금가루에 얼룩진 손은 어쩌면 어느 날 빵 한 조각을 간청하는 손이 된다." 초라한 소굴에 가득 찬 배고픈 아이들은 돈을 벌어 돌아올 어머니를 기다렸다.

오늘날 우리 급진적 운동의 흔적은 국가 주도의 "긴축이" 모든 공간의 상품화를 요구하고, 악의적인 의도로 우리 과거의 기쁨과 승리가 남긴 증거를 박살 내면서 쓰레기통에 버려졌다. 옷장을 치우고 선반을 비워라. 오래된 영상은 내다 버리고 반체제 언론지는 갈아버려라. 누렇게 변해 삭아버린 문서는 분쇄해 버려라! 이렇게 신자유주의는 옛것으로 부터 새것으로 나아가는 과정을 조직화한다. 그들은 다른 길은 침묵시켜야 했다. 우리는 조지 잭슨과 같은 목소리가 침묵하기를 원하지 않는다. 그의 말은 여전히 바람직한 계획과 필요한 계획을 설득력 있게 묘사한다. 이것이 활동가 학자와 예술가 그리고 교사와 같은 사람들이 모여 이룬 남 다른 모임이 운영하고 '글래스 하우스 신탁'이 후원하는 '메이데이의 방'이라는 기획을 촉발했던 필요성이었다.

클럭컨웰 그린은 1381년 런던에 왔던 농민들이 그들의 공유지 반환을 요구했던 집결지였다. 최초의 민주주의 공동체인 〈런던 통신 협회〉는 그린의 바로 동쪽인 예루살렘 샛 길Jerusalem Passage에서 만났다. 클럭컨웰 군중은 징병소를 그린 밖으로 몰아냈다. 여기에서 헨리 헌트는 의회 개혁을 이야기했고 윌리엄 코벳은 곡물법에 반대했다. 1832년 〈전국 노동계급 노동조합〉이 여기에서 만났다. 1842년 수상은 실제로 "클럭컨웰 그린에서의 회합을 금지"했다. 존 스튜어트 밀은 37a번지가 엘레노어 맑스와 피터 크로프트킨 그리고 윌리엄 모리스가 연설했던 〈런던 애국자 모임〉의 만남의 장소가 되는 것을 도왔다.

맑스 기념 도서관에서 우리는 스페인 내전 중 파시즘에 대항해 싸웠던 〈국제 여단〉에 헌정된 방에서 모임을 했다. 이 역시 기록 보관소라고 할 수 있었다. 1737년에 지어진 이

건물은 만남의 장소가 되었다. 볼셰비키를 이끌었던 레닌은 추방 기간 여기에서 공부했고 실제 그는 『이스크라』("불꽃")가 편집되었던 우리가 있던 방의 위층에서 공부했다. 벽에는 모리스가 고안한 〈해머스미스 사회주의 협회〉의 기치가 걸려있었다.

작고한 에릭 홉스봄이 1966년 모젤강 유역에서 있었던 관습의 범죄화 또는 "숲 도둑질"theft of wood에 관한 맑스의 중요한 논설의 영어판을 나에게 친절히 마련해 주었던 장소도 여기였다. 이를 통해 그(와 우리는) 함께 공유지가 공산주의로 바뀌는 과정을 분석할 수 있었다. 내가 1934년 털리도 총파업에서 공산당 측 주최자였던 "위험한 스코틀랜드인" 조니 윌리엄슨을 만난 곳도 여기였다. 그는 내 대학 생활에 너무나 큰 영향을 끼쳤고 (샌프란시스코 부두 노동자 총파업과 미니애폴리스 운수 노동자 총파업을 통해) 사회보장법과 와그너법 그리고 '가족 부양아동 지원법'의 통과에 너무나 큰 영향을 끼쳤다. 그 뉴딜 정책, 또는 복지국가는 지금 폐허가 되었다.

1966년에 조니 윌리엄슨은 유리장에 넣어져 벽에 걸려 있던 헬렌 맥팔레인의 『공산주의 선언』 첫 번역판을 지적했다. "무서운 홉고블린이 유럽 전역을 돌아다니고 있다. 우리에게 유령ghost이 따라붙고 있다. 공산주의라는 유령이"라는 말은 "유럽에 귀신spectre이 출몰한다. 공산주의라는 귀신이"

라고 알려진 말을 우리에게 더 친숙하게 나타내는 방식이다. "홉고블린"과 "귀신"이라는 단어의 어원과 문헌을 살펴보면 아마도 혁명적인 지적 추상과 중세 서민층 농민의 구전 문학이 보여 주는 차이를 발견할 수 있을 것이다. 아무튼 그렇다고 한다.

'메이데이의 방'이 있던 플릿 거리가 있던 지역이 개조 공사에 들어가 다음 봄 즈음에 완성될 계획이었기 때문에 우리는 맑스 하우스에서 만났다. 그곳은 이 공간에는 활동가들, 동지들, 시민 기록 보관가들만이 활기를 불어넣을 수 있었다.

그런데 만약 기록 보관이 역사가의 직업에서 거의 능가하기 어려운 즐거움이라면 그 즐거움은 빈둥거리는 이의 즐거움이라고 바꾸어 말할 수도 있다. 이는 길거리를 어슬렁거리고 모퉁이에서 놀고 지내며 정신 팔려있기도 하며 낯선 이와 잡담하고 잠깐 멈춰서 담배를 피우고 주변 경치에 한눈을 팔기도 하는 자의 즐거움이다. 방랑은 발견에 내재하는 방법론이다.

나는 법으로 주인 정해놓은 거리를 헤멘다.
그 근처에는 법으로 주인 정해놓은 템즈강이 흐르고.
내가 만나는 모든 얼굴에서
나약함의 표시, 슬픔의 흔적을 본다.

이 시는 1794년 출판된 윌리엄 블레이크의 『경험의 노래』에 수록된 「런던」이라는 시다. 그는 모든 목소리에서 "마음이 벼려낸 수갑"의 소리를 들었다고 하면서 세 가지 예시를 제시한다. 하나는 어떻게 굴뚝 청소하는 아이의 울음이 "모든 음험한 교회의 간담을 서늘케 하는지"에 관한 내용으로 이는 아동 노동, 산업공해 그리고 근본주의자들의 편협이라는 시대의 주제를 합쳐놓은 내용이다. 두 번째 예시는 다음과 같다.

어떻게 불행한 병사의 한숨이
피로 궁궐의 벽을 물들이는지

실제로 내가 런던에 도착했던 날 『가디언』지의 1면 표제는 해리 왕자가 어떻게 헬기를 타고 아프가니스탄에서 "살해"를 저질렀는지 공표하는 내용이었다. 이렇게 21세기의 왕실 일원은 젊은이들에게 "사내다움"의 의미를 가르쳤다. 왕실의 마술이자 통치sovereignty의 신비는 언제는 거룩한 살인에 의존해왔다. 또한, 블레이크의 세 번째 예시는 다음과 같다.

어떻게 젊은 창부의 저주가
갓난아이의 눈물을 말려버리고
결혼한 이들의 꽃마차를 전염병으로 물들이는지

매춘과 성병이 마을에 오는 젊은 여성을 기다리고 있었다. 그 아이들은 보살핌받지 못한 채 매독에 노출되었고 사회와 인류 재생산의 구조는 수감, 인클로저, 매춘, 공장, 노예제 그리고 전쟁이라는 가장 파괴적인 정책으로 붕괴하였다. 폭력이 아무렇지 않게 만연했다. 여성에 대한 폭력이 집중적이었고 특히 심했다. 이 시대가 인구 "폭발"을 언급한 토머스 맬서스를 낳았고 전쟁의 아가리를 벌려 수많은 목숨을 삼켰다. 남자는 죽이고 여자는 낳았다.

그렇게 오래된 국립 지도제작원의 지도를 들고 클러컨웰의 거리를 방황하면서 나는 곧 클러컨웰 그린이 교도소, 노역소, 지하 감옥, 정신병원 그리고 공공기관의 관할지 구역으로 둘러싸여 있다는 것을 알게 되었다. 가두어 두는 것이 이 일대의 기본 방침이었다. 도로 포장재 그 자체에 약점과 고뇌의 흔적이 남아있는 듯 보였다. 클러컨웰 지역의 부동산 거물은 100명의 "타락한 여성"을 위한 집을 지었다.

'메이데이의 방' 소속인 안소니 데이비스는 나를 미들섹스 구치소 구역으로 데려갔다. 짐까지 들어주는 친절한 안내를 따라 (BMW, 볼보, 메르세데스와 같은) 고급 차량이 가득한 주차장을 지나서 이끼와 풀로 덮인 벽돌 벽을 지나갔다. 이끼 낀 벽에 1867년 페니어Fenian 회원 또는 아일랜드 독립투사들의 구출을 위한 시도로 화약 폭발로 벽을 뚫었던 그 장소임을 기념하듯이 명판이 붙어 있었다. 당시 9명이 죽고 40명이 다쳤다.

이곳은 1775년 지어진 악명 높은 교도소였다. W. J. 핑크스의 뛰어나고도 탁월한 저서 『클라컨웰의 역사』(1881)에서 그는 이곳의 수감자들이 비참할 정도로 무지하고 미신에 사로잡혀 있다고 묘사했다. "둥글게 둘러 앉아 그들의 모험과 그에 관한 꿈을 이야기하며 즐거움을 느꼈다. 그들은 영혼에 관해 이야기했다." 꼭 맞는 말이었다. 이곳은 그들이 말한 모험, 꿈, 이야기 그리고 영혼과 정반대의 장소였다. 1794년 지어진 미들섹스 교정 시설이라고 불린 교도소와 마찬가지로 이곳 역시 독방 감금 체제를 도입하고 있었다.

〈연합 아일랜드인회〉의 노예제 폐지론자 에드워드 마커스 데스파드와 자코뱅 혁명가들은 1789~1800년에 콜드바스 필드 교도소[1]의 이러한 체제 아래 고통을 겪었다. 이 교도소는 블레이크가 「런던」 시를 썼던 같은 해에 지어졌고 그 이름은 플릿강의 물에 치유의 힘이 깃들어있다고 믿고 거기에서 목욕하던 사람들을 따라 지어졌다. 사실 보통 사람들은 이곳을 "더 스틸"the Steel이라고 불렀다. 이는 바스티유 감옥의 줄임말이기도 했다. 실제로 이곳은 자유, 평등, 우애[2]라는 사상을 억압하여 가두어두기 위해 만들어졌

---

1. [옮긴이] 미들섹스 교정 시설의 또 다른 이름.
2. [옮긴이] Liberté, égalité, fraternité. 프랑스 혁명 당시의 표어.

고 이러한 사상을 교화하고 감화하기 위한 시도는 전혀 없었다. 이러한 꿈과 이야기를 단절해 버리는 것이 마음이 벼려낸 수갑의 핵심이었다. 그러나 그러한 전체주의 속에서도 제러미 벤담이 당시 제안한 "파놉티콘"[3]과 같은 완전한 통제와 무한 노동의 꿈은 미완성이었다. 그 이유는 바로 우리가 흔히 말하듯 "한 사람의 기술보다 민중의 힘이 더 강하기 때문이었다."

그 시절의 안젤라 데이비스이자 그날의 미셸 알렉산더 또는 루디 길모어는 캐서린 데스파드라는 이름의 여성 혁명가였다. 그녀는 재판 없이 부당하게 투옥된 에드워드의 사면을 위해 노력했다. 그녀는 의회를 성공적으로 설득했고 투옥 스캔들을 보여 주기 위해 언론을 끌어왔다. 또한, 그녀는 교도소와 교도소 관리자의 잔인함에 적극적으로 대항해줄 정치인 몇몇을 일으켰고 또 다른 정치범 아내들의 모임을 조직했다. 나는 교도소 북쪽 벽에 있는 공유지와 개활지에서 벽 바깥에 선 채 봉기에 가까운 시위를 하는 과정에서 그녀가 어떤 역할을 실제로 수행했는지는 알지 못한다. 모두 함께 그리고 이 모든 노력의 조합이 성공했고 그는 풀려났다. 벤담의 전체주의 파놉티콘은 실제로 그녀 덕분에

---

3. [옮긴이] panopticon. 방사형의 감옥 시설 구조로 최소한의 인원 감시를 통해 대상을 통제하는 방식.

절대 실현되지 못했던 것이다.

캐서린은 우리 용어로 말하자면 아프리카계 미국인이었다. 당시에 그녀는 흑인Negro 또는 크레올creole이라고 불렸다. 그러나 요점은 그녀의 인종이 아니었다. 요점은 인종과 역사 경험 간의 관계였다. 그녀는 해방 투쟁에 관해 가장 경험이 많은 세계 프롤레타리아의 지역 출신이었다. 바로 북아메리카의 노예 또는 그들의 후손이나 친족을 의미한다.

클러컨웰은 인클로저의 군도라고만은 할 수 없었다. 인클로저는 절대 영속적이지 않으며 언제나 이를 피하거나 넘기거나 빠져나가거나 우회할 방법이 있다.

마운트 플레전트(유쾌한 산이라는 뜻의 이름은 이 지역이 한때 악취 나는 쓰레기와 오물 언덕이 있어 붙여졌다)의 북쪽은 캘소프 거리로 여기에서는 1831년 소요에서 신입 경찰 한 명이 살해당했다. 런던의 배심원은 순조롭게 민주주의자 용의자를 찾았고 "정당한 살인"이라는 이유로 무죄를 선고했다.[4]

거기에서 수 야드 떨어진 거리에는 스파 필즈가 있었다. 여기에서는 1816~1817년 겨울에 스펜스 박애협회[5]가 이끈

---

4. [옮긴이] 당시 배심원은 지역 상인들이었고 경찰의 무리한 무력 시위진압이 폭력 행위를 끌어냈다고 보았다.
5. [옮긴이] Spencean Philanthropists. 토머스 스펜스의 추종자들로 토지의 귀족 소유에 의문을 표했다.

대규모의 위험한 봉기가 일어났다. 이들은 굶주린 군인과 선원 그리고 클러컨웰의 노동자들과 함께하며, 제인 오스틴 도 겁내며 정중하게 대할 만큼 귀족 고위층을 두려움에 떨 게 했다.

마운트 플레전트 박물관 및 기록 보관실의 기록 보관인 은 (인터넷에 패배함에 따른) 편지와 소포의 감소로 커다란 우체국 창고를 옮기는 중이라고 설명했다. 그의 설명에 따 르면 이 박물관은 1887년에 "더 스틸" 콜드 바스 필드 교도 소의 바로 위에 지어졌다. 남아 있는 독방 시설은 여전히 이 건물 아래 지하실에서 찾을 수 있었다. 이렇게, 꽤나 우연히 도, 나는 데스파드가 갇혀있던 장소를 찾게 되었다. 내 발은 데스파드 여사가 항의하며 걸었던 곳을 같이 걷고 있었다. 이처럼 방랑은 보관을 보완했다.

맑스 하우스로 돌아오는 길에서 나는 런던의 도시 윤곽 이 더는 평온한 세인트 폴 대성당의 둥근 지붕으로 특색 지 어지지 않는다는 점을 알게 되었다. 그 동쪽에 있는 거대한 첨탑과 같은 구조물은 무엇인가? 나는 근처에서 담배를 피 우고 있던 낯선 이에게 물어보았다. 그는 아일랜드 말투로 "우리는 저걸 '더 샤드'[6]라고 불러요."라고 말했다. "바닥층은

---

6. [옮긴이] 뾰족한 조각이라는 뜻의 건물로 런던에 위치한 95층 크기의 초고
   층 건물.

사무실로 쓰이고 최상층은 우리가 이름을 발음하기도 어려운 억만장자들이 콘도로 쓰고 있죠."

나는 "그들은 지금 조만장자trillionaires가 되는 길에 관해 이야기하고 있겠네요."라고 멋대로 덧붙였다.

"그래요, 조만장자." 그는 동의하고 꽁초를 바지 끝단에 털어버린 후 떠나며 말했다. "큰 반란이라도 일으켜야겠네요."

나는 조지 잭슨이 정의했던 그 운동을 보존하려는 우리의 노력이 결코 말살되지 않으리라는 점을 깨달으며 맑스하우스와 놀라운 기록이 보관된 '메이데이의 방'으로 행복하게 돌아왔다.

10장

입실랜티 흡혈귀 메이데이

2012

미시간주 북동부와 오하이오주 북서부의
나이 적고 나이 많은 모든 학생들에게 바칩니다.

드라큘라

1890년대 어느 시기의 메이데이에 보통의 영국인 한 사람이 뮌헨에서 기차를 탔다.[1] 그의 목적지는 몰다비아의 다뉴브 지방과 왈라키아 사이에 끼어 있는 나라인 트란실바니아의 성이었다. 그가 도착한 날은 어둡고 폭풍우가 치는 밤에 바람이 세찬 소리로 불고 있었다.

"오늘 밤 시계가 자정을 울리면 세상의 모든 사악한 것들이 모든 것을 지배하게 된다는 것을 몰랐나요?"라고 물어온 근처 호텔의 여주인장은 그에게 오던 길로 돌아가라고 간청했다. 다른 공유인들도 그에게 그날은 마녀의 연회 witch's Sabbath라고 경고했다. 무심한 듯 그는 순수한 공포가 피를 빨아대는 괴물의 형태로 기다리는 성으로 향하는 길을 고집했다. 드라큘라 백작은 마치 오바마 대통령처럼 부드럽고 예의 바르며 설득력 있는 동시에, 무섭고 악마 같으

---

1. 미시간 대학교의 라바디 컬렉션(Labadie Collection)의 케이트 케이트 허친스와 〈입실랜티 역사학회〉, 콘스탄틴 조지 카펜치스, AK 출판사의 케이트 카티브, 로널드 그리고르 수니 교수, [그리스] 테살로니키의 안나, 테살로니키의 리아 요카, 털리도 대학교의 제프리 폴록과 에릭 알버그(Albjerg) 그리고 미카엘라 브레넌과 라일리 라인보우에게 감사한다.

면서 형태를 바꿔대는 조지 W. 부시의 모습도 가지고 있었다. 그는 좀비 또는 늑대인간과 같은 죽지 않은 자undead이고 인간의 피를 빨 수 있을 때만 살아남을 수 있었다.

우리의 목숨에 닥친 위기를 이야기해 보자. 2009년 매트 타이비는 골드만 삭스를 "냄새 비슷한 것이면 무엇이든 가차 없이 피 빨대를 꽂아버리는 인간성의 얼굴을 감싸 쥔 커다란 흡혈 오징어"라고 칭하며 은행을 비난했다.[2] 미시간 벤턴 하버의 에드워드 핑크니 목사는 자기 도시의 얼굴을 감싸 쥐고 있는 비상 재정 감독관에 관해 "그는 사람들의 생명을 빨아먹는 기업들을 위할 뿐이다."라고 말했다. 은행과 보험 회사 그리고 자본주의 계통에 속한 모든 회사가 이러한 흡혈의 근원이었다. 〈민주사회를 위한 학생 연합〉의 초대 대표이던 앨런 하버는 앤 아버에 있는 '미친 지식의 책방과 찻집'에서 지난겨울 보스턴 점거와 월스트리트 점거에서의 경험을 이야기했다. 그는 "자본은 죽은 노동이며 흡혈귀와 같이 산 노동의 피를 빨아서 살아가며 점점 더 많은 노동을 빨아들인다."는 것을 모두에게 상기하며 이야기를 마무리했다.

2012년 [미시간주의 공업 도시] 입실랜티에 메이데이가 다가오고 있으니, 공유지에서 즐기던 고대의 축제와 꽃과 풍

---

2. Matt Taibbi, "The Great American Bubble Machine," *Rolling Stone*, July 9, 2009, http://www.rollingstone.com/politics/news/the-great-american-bubble-machine-20100405.

요의 의식을 이야기해 보자. 당연하게도 1886년 5월 시카고의 헤이마켓에서 최고조에 달한 하루 8시간 노동을 위한 위대한 투쟁과 동서남북 이 지구 모든 곳의 노동자들을 위한 축제의 탄생도 축하하자. 입실랜티에 노동조합 계약을 파기하고 학교를 폐쇄하며 공공 자산의 매각과 도시 토지의 수용 권한을 가지고 말이 곧 법이 된다는 비상 재정 감독관이 선임될 것이라는 전망이 퍼지기 시작하면서 우리는 건강, 집, 공부 그리고 생계에 관한 불확실함으로 인한 현실적인 우울로 하루를 맞이해야 했다. 그 이빨이 목구멍에 닿아 있었다!

우리의 녹색 공원은 유독한 갈색 땅으로 변하고 우리의 공유지는 불특정한 "개발"을 위한 담보로 버려졌다. 다양한 시간제 근무 또는 연금 없는 노인이나 주간보호 없는 아이들을 보살피기 위한 시간의 소모로 결국 우리의 하루 8시간 노동은 더 길어졌다. 우리의 목숨은 증권화 또는 금융화라고 불리는 알 수 없는 힘의 아귀에 잡히고, 붉어지는 얼굴은 이 힘이 옛날부터 있던 피 빨아먹는 존재라는 것을 알도록 하지만, 결국 우리는 말도 못 할 무력감에 복종할 수밖에 없다. 볼테르는 "주식 투기꾼, 증권 중개인 그리고 대낮에도 사람들의 피를 빠는 사업가 … 이 진정한 흡혈귀들은 묘지가 아니라 너무나 멋진 궁궐에 살고 있다."라고 기록했다.[3]

우리는 생산의 위기에 직면했다. 그렇다. 하지만 또한 재생산의 위기이기도 했다. 생산은 공장, 착취 공장sweatshop, 광산 그리고 들판과 관계하며 상업과 기술 그리고 상품의 영역이었다. 재생산은 부엌, 가족, 학교 그리고 이웃과 관계한다. 그것은 사회와 봉사의 영역이며 매우 특별한 "상품", 실제로는 상품이라고 할 수 없는 인간의 영역이었다. 재생산은 다양한 순환 주기로 발생한다. 이는 다음 날이나 다음 주를 준비하는 쇼핑, 요리, 청소 등과 같은 일상의 준비를 의미할 수도 있다. 아니면 새 생명의 시작부터 기저귀 갈기나 학교 졸업까지 다음 세대를 위한 준비를 의미할 수도 있다. 입실랜티 외곽에 위치한 패커드 공중보건 진료소의 공중 보건 간호사 미카엘라 브레넌은 절망에 가까운 한숨을 쉬며 "보살핌을 필요로 하는 사람이 너무나 많습니다!"라고 말했다.

핑크니 목사와 2012년경의 그리스

벤턴 하버는 같은 주[미시건]州의 반대편이었지만, 그들의 이야기는 입실랜티의 이야기이기도 했다. 핑크니 목사는 100년 전에 도시에 "영원히" 귀속할 것으로 양도된 공원 용지가 수용당하는 것에 반대했다. 이런 장소는 공유지였다. 월풀 코퍼레이션이 이 땅을 원하고 시카고 여름 피서객과

3. *Philosophical Dictionary* (1764).

회사 임원들을 위한 골프장을 생각하고 있던 개발자들 역시 마찬가지였다. 사람들을 위한 공원은 철거되어야 했고, 사람들도 마찬가지였다. 사람들이 시끄럽게 항의하는 동안 비상 재정 감독관이 도시에 강제력을 행사했다. 도시의 공유지는 단 1퍼센트의 사람들에 의해 사유화되었다.

이 글을 쓴 한 가지 목적은 — 민주주의의 이름으로! — 비상 재정 감독관에 맞서고, 공유지의 이름으로 그들 뒤에 숨은 자본주의 체제에 맞서기 위한 것이다. 우리는 현혹되어 가고 있다.

2007년 핑크니 목사는 판사에게 성경 구절을 인용했다.

네가 성읍 안에 있어도 저주를 받을 것이며 들판에 있어도 저주를 받을 것이다. 네 광주리와 떡 반죽 그릇이 저주를 받을 것이다. 네 몸에서 나는 것이 저주를 받고 네 땅에서 나는 것이 저주를 받으며 네 소와 양의 새끼가 저주를 받을 것이다 … 하느님께서 폐병과 열병과 염증, 무더위와 전쟁과 가뭄과 병균으로 너를 내리치시니 이러한 재앙이 너를 따라 너를 파멸케 하리라.[4]

판사는 이러한 구절이 협박이라며 에드워드 핑크니를 3년

---

4. Deuteronomy[신명기] 28:14,22.

에서 10년간 투옥하라고 명령했다. 핑크니는 감옥 안에서도 싸움을 계속하고 백인과 흑인 그리고 황인 간의 적개심 속에서도 그는 각 집단과 협조하여 집단적 행동으로 그들에게 더 나은 음식을 얻어낼 수 있도록 했다.

비상 재정 감독관은 독재자다. 고대 로마에서 술라는 여전히 평민의 형제와 같았던 호민관 카이우스와 티베리우스 그라쿠스의 죽음을 애도하는 민중들의 반대편에 선 인물 중 한 사람이었다. 이들 호민관의 농민법은 귀족의 토지를 재분배하고 민중의 공유지나 국유지$^{ager\ publicus}$를 보존하는 법이었다. 술라는 아테네의 거리를 피로 물들이며 약탈하고 로마에서만 5천 명의 죄수를 학살했다. 비상 체제 아래 그는 자신을 "독재자"라고 선언하고 자신의 친구까지 살해했다. 그의 말이 법이고 법은 죽음이었다. 로마의 사람들이 받은 것은 빵과 서커스고 우리가 받은 것은 맥도날드와 골프였다. 벤턴 하버에서 국유지는 사유화되며 거기에서 민중은 사라지고 18홀만 남았다.

이 현상은 전 세계적이다. 그리스를 예로 들어볼 수 있다. 테살로니키에서 만난 안나라는 이름의 여성은 나에게 "지난겨울 이후 선출 정부가 아닌 IMF[국제통화기금]과 유럽은행이 위기관리를 위한 비상 정부를 임명했다는 것을 알고 있는지 모르겠습니다."라는 편지를 보내왔다. 그 관리자는 한때 골드만 삭스를 위해 일했던 사람이었다. 그는 피를 빨기 위한 빨대를 꽂았다.

2008년 12월 아테네 도심의 자치 지역에 사는 15세 고등학생 알렉시스 그리고로풀로스는 경찰의 고의적인 총격으로 사살되었다. 그리스의 또 다른 동료 리아 요카는 나에게 쓴 편지에서 입실랜티의 그리스 자매 도시인 나플리오의 사람들이 시 의회와 펠로폰네스 대학교 연극학과를 점거하고 항의하고 있다고 했다. 그리스의 젊은 세대는 10년간의 동면을 깨고 일어나 격분을 표출하기 시작했다. 고등학생과 대학생, 이민자와 실업자와 불안정 노동자, 그리고 그 외의 수많은 사람이 봉기적 시위로 거리를 점거하며 거리를 도시 공유지로 되돌려놓았다. 이러한 사건은 그리스의 부채에 대한 대응으로 경제적 "충격 요법"을 받는 중에 발생했다. 비상 사태가 선포되었다.

그리스의 최저 임금은 25퍼센트 삭감되어 유럽에서 가장 낮은 수치를 기록했다. 수당, 급여, 연금이 박살 났다. 청년 실업률은 여전히 51퍼센트였다. 한때 복지국가로서 "요람에서 무덤까지"의 구제를 제공하던 나라는 이제 이민자를 특별 구금 시설에 감금하고 두건을 쓴 시민을 포함해 많은 이들을 범죄자 취급하는 형벌의 나라가 되었다! 그리스의 열 가구 중 여섯 가구는 담보 지급이 연체되었다. 열 가구 중 일곱 가구는 가계 대출이 연체되었다. 두 가구 중 한 가구는 신용카드 대금이 연체되었다. 이는 재생산의 위기이고 여성이 가장 큰 타격을 입게 되었다.

재정 테러리즘은 경제적으로뿐만 아니라 정서적으로도 작동했다. 위기는 수많은 개인의 실패로 경험되었다. 집단적 죄의식과 자기 비하가 만연하고 노동조합 운동가나 정치인 누구도 성공적으로 대응할 수 없었다. 지하철 노동자, 버스 운전기사, 중등학교 교사, 병원 의사, 은행 고용자 그리고 트럭 기사들의 일일 총파업과 부분 파업도 그리스 노동계급을 밀고 들어오는 불도저를 멈출 수 없었다. 자살이 증가했다. 가장 효과적인 항우울제는 집단행동이었지만, 이는 범죄화되었다.

이 상황은 실로 드라큘라의 성城과 흡사하다. 은행의 철창 창문, 난공불락의 증권화 성가퀴, 금융화의 빗장 걸린 문, 신용부도스와프credit default swap의 끝없는 회랑, 잃어버린 담보 대출의 휘감긴 계단, 재정주의의 무거운 쇠살문. 모든 관점이 인클로저로 가로막히고 모든 시민은 전지전능한 악마의 눈, 감시 카메라로 관찰되고 있었다. 그리스의 노동 장관조차도 "출혈이 있을 것이다."라고 선언했다.[5] 우리는 탈출

---

5. 나는 특히 *Revolt and Crisis in Greece : Between a Present Yet to Pass and a Future Still to Come*, eds. Antonis Vradis and Dimitris Dalakoglou (Oakland and London : AK Press and Occupied London, 2011), 115~31,245~78 에 수록된 그리스인 공동체 "Children of the Gallery"가 쓴 두 가지 사설 "The Rebellious Passage of a Proletarian Minority through a Brief Period of Time"과 "Burdened with Debt : 'Debt Crisis' and Class Struggles in

을 갈망한다.

그러고 보니 여기 입실랜티의 흡혈귀 이야기는 마치 19세기 시에서 나오는 이야기 같지만, 다른 점은 이것이 그저 이야기만은 아니라는 것이다. 이는 현실적이고 교훈적이며 문서로 기록된 역사이다. 또한, 과거로 드리워진 미래의 그림자라고도 할 수 있을 것이다. 아마도 이 이야기는 당신을 섬뜩하게 하고 심장을 두근거리게 하며 분노를 불러일으킬 것이며, 또 그래야만 한다. 우리는 현혹되었다.

현혹 벗어나기Debamboozling

하워드 진의 『미국 민중사』[6]는 1980년에 처음 출판되었다. 당신이 책과 향신료를 얹어둘 선반이 하나밖에 없다고 하더라도 이 책은 거기에서 소금 바로 옆자리를 차지해야 한다! 무엇이 급진적 역사인가? 진은 애틀랜타의 흑인 대학생을 향한 연설에서 사회학자 E. 프랭클린 프레지어의 말을 인용했다. "당신의 모든 인생은 백인들에게 현혹된 것입니다. 목사가 당신을 현혹했습니다. 교사가 당신을 현혹했습니다. 그리고 저는 당신을 현혹에서 벗어나도록 하기 위해 여

Greece"에 특별히 감사를 표한다. 또한 테살로니키에서 소식을 전해 준 안나에게도 감사를 표한다.

6. [한국어판] 하워드 진, 『미국민중사』 1~2, 유강은 옮김, 이후, 2008.

기에 왔습니다."[7]

B-24기는 입실랜티 근방 지역의 윌로우 런에서 조립되었다. 젊은 폭격수 하워드 진은 "해방자"The Liberator라고도 불리는 B-24기를 몰지는 않았지만, 대신 "나는 요새"Flying Fortress로 불리는 B-17기를 몰았다. 진은 "그 비행기[B-24]를 몰았던 승무원 중에 많은 수가 죽었다. 더 우아한 자태의 B-17기를 몰았던 우리는 그 비행기를 부를 때 B 다시 2 박살 4B dash 2 crash 4라고 불렀다."라고 회상했다. B-24기는 더 긴 사정거리에 더 무거운 탄두를 실을 수 있지만, 불이 잘 붙는 경향이 있었다.[8] 찰스 린드버그에 따르면 이 비행기는 "지금껏 본 금속 항공기 구조 중 최악의 작품이었다."

2차 세계대전에 대해서 하워드 진은 "나는 그것이 대의라고 생각했다. 그런 까닭에 우리는 폭탄을 투하했다."라고 기록했다. 그는 처음으로 네이팜을 투하했고 이는 그의 남은 생애 동안 후회로 남았다. 또한, 그는 자신에게 "그거 알아? 이건 파시즘에 맞서는 전쟁이 아니야. 제국을 위한 전

7. Howard Zinn, *The Politics of History* (Boston : Beacon Press, 1970), 45. [하워드 진, 『역사의 정치학』, 김한영 옮김, 마인드큐브, 2018.]

8. Howard Zinn, "The Greatest Generation?" *The Progressive* 65 (October 2001) : 12, 13. 또한 그의 *Failure to Quit : Reflections of an Optimistic Historian* (Monroe, ME : Common Courage Press, 1993)과 *You Can't Be Neutral on a Moving Train : A Personal History of Our Times* (Boston : Beacon Press, 1993) [하워드 진, 『달리는 기차 위에 중립은 없다』, 유강은 옮김, 이후, 2016]을 참조하라.

쟁이야. 영국, 미국, 소련, 모두 부패한 나라고 히틀러주의에 대해 도덕적으로 우려하는 것이 아니라 단지 자신들이 원하는 대로 세상이 굴러가길 바랄 뿐이지. 이건 제국주의자들의 전쟁이야."라는 말을 남기고 숨진 다른 조종사를 기억하며 살았다. 이 무명의 사상자가 하워드 진을 현혹에서 벗어나게 하고 그는 이제 20세기 후반부에 세상에서 가장 영향력 있는 평화 운동가가 되었다. 하워드 진과 마찬가지로 앨버트 파슨스도 자신의 마음을 고쳐먹었다. 남북전쟁 중 그는 남부군의 노예 주인들의 편에 서서 기병대로 근무했다. 파슨스와 진은 자신이 맡은 바를 뛰어나게 해내지만, 후에 쓰라린 경험으로 각각 전쟁 또는 노예제도가 갖는 잘못된 용맹과 용기의 가치를 거부하고 진정한 평화와 노동계급을 위한 헌신으로 나아갔다. 동지여, 그것이 우리가 우리와 의견이 다른 이들을 절대 포기해서는 안 되는 이유이다.

입실랜티 급수탑 토대에는 처음 세워진 후 84년간 풍화되어 왔음에도 웅대한 모습으로 서 있는 대리석 그리스인 흉상이 있다. 데메트리오스 입실랜티스는 빛나는 깃을 높이 세우고 턱을 꼿꼿이 들고 드넓은 가슴에 화려한 군인의 띠를 두르고 당당한 현장을 걸치고 잘 솔질된 견장을 넓은 어깨에 차고 미시간의 하늘을 바라보고 있다.

데메트리오스와 러시아 황제 알렉산더 1세의 부관이었던 그의 동생 알렉산더는 1821년 봄까지만 해도 러시아 제국군의 장교였다. 그때 알렉산더 입실랜티스는 소규모 부대를 이끌고 몰다비아의 동쪽을 침략하고 데메트리오스는 왈라키아의 서쪽에서 들어갔다. 그들은 이렇게 10년간 이어질 오스만 제국으로부터의 그리스 독립 전쟁의 첫 전투를 시작했다. 그리스 독립 전쟁이 바로 그 드라큘라의 영역이자 배경이었던 몰다비아와 왈라키아의 다뉴브 지방에서 발발한 것은 역사의 우연이다. 그리고 그 이상의 무엇이 있다. 같은 지방에서 우리는 자본주의 근대성과 우리가 현재 겪고 있는 위기의 특징이라고 할 수 있는, 수용이 착취로 전환되는 핵심 기원을 발견할 수 있다. 우리는 세 가지 상실을 직면한다. 피의 상실과 이름의 상실 그리고 공유지의 상실. 이러한 직면의 결과로만 우리는 메이데이가 약속하는 아름다움을 있는 그대로 볼 수 있을 것이다. 녹색의 아름다움과 붉은색의 약속이다.

1. 피의 상실

　워털루 전투는 나폴레옹의 종말을 가져왔다. 유럽 전역에서 암흑을 삼키는 턱주가리가 자유의 빛 위에 드리워졌다. 프랑스 혁명에 기대어 일어난 전쟁이 마침내 끝났다. 불구가 된 군인과 쇠약해진 선원들이 고향으로 돌아와 도시의 빈민가에 출몰하며 굶주리고 있었다. 영국의 수용당한 농민들은 "빵 아니면 피"를 외치고 있었다. 교수대에서는 네드 러드[9]의 추종자들을 처형했다. 생산의 기계화가 시작되었다. 누구든 감히 항변의 지껄임을 꺼냈다가는 감옥에 갇혔다. 아일랜드는 박살 났다. 기아가 만연했다. 미국에서는 노예 주인과 인디언 학살자가 최고 통치자가 되었다.

대지주들이 영국을 소유했다. 퍼시 셸리와 메리 셸리 그리고 바이런 경이 떠나버린 그 나라다. 바이런은 자신의 도서관과 식사 시중 그리고 휴식용 침대$^{lit de repos}$를 동반하여 떠나는 거대한 운송대와 함께 유럽을 가로질러 스위스로 향했다. 제네바 호수의 기슭에서의 일화로 잘 알려진 밤에 이 친구들은 게으름과 지루함 속에서 유령 이야기로 즐거운 시간을 보냈다. 메리 셸리는 자신의 『프랑켄슈타인』이야기를 꺼냈고, 바이런이 꺼낸 이야기는 그의 주치의 존 폴리도리 박사가 받아적었다. 이 이야기가 바로 1819년 출판된 『뱀파이어』라는 제목의 이야기다.

이 이야기는 바이런과 셸리 부부를 에워싼 역사적 힘을 카타르시스적 우화로 풀어낸 것이다. 그 역사적 힘이란 노예제 또는 프롤레타리아화 그리고 기계화 또는 기술 혁명이다. 이는 지배계급이 민중으로부터 잉여노동의 마지막 한 방울까지 짜내는 수단이었다. 노예제는 더 많은 사람이 더

---

9. [옮긴이] 1810년대에 기계 파괴 운동을 이끌던 러다이트(Luddite)의 지도자로 가상 인물이라는 주장과 실존 인물이라는 주장이 공존한다.

격하게 일하도록 강제했다. 이주, 중간 항로[10], 아동 노동, 여성에 대한 산아 증가 정책, 토지와 자급경제로부터의 수용은 사람들이 공장과 농장에 들어가도록 강제했다. 이 "공장"이란 무엇인가? 과거의 서아프리카 노예 거래소가 석탄을 연소해서 증기로 엔진을 돌리는 시설로 바뀌었을 뿐이지 않은가? 기계는 단순히 단위당 더 적은 노동을 활용하게 하여 물건을 저렴하게 만들 수 있게 하며 대량 생산으로 더 많은 단위를 생산할 수 있게 한다. 인간의 노력은 이제 풍요의 뿔[11]이 아니라 쓰레기장을 채우고 있었다.

이 착취는 어떻게 이루어졌을까? 소외는 인간을 죽지 않은 자, 좀비로 만들어놓았다. 괴물과 같은 힘이 여성과 남성의 생명을 빨아들였다. 그들은 절대적 잉여가치 아니면 상대적 잉여가치를 생산했다. 전자는 하루의 전체 노동시간을 늘리는 것이지만, 후자는 필요 가치를 생산하는 부분만을 단축했다. 그러나 이 가치란 무엇이며 어떻게 추출했을까? 프랑켄슈타인은 기술의 숨겨진 힘과 파우스트식[12] 창조의 오만에 관한 원형의 이야기였다. 기술 지배자technocrat가 새롭고 거의 이해되지 못한 전기 에너지를 결합해서 시체 도둑이 수집해온 신체의 부분에 이 에너지를 쏟아붓는

---

10. [옮긴이] Middle Passage. 노예를 수송하는 대서양 항로.
11. [옮긴이] cornucupia. 코르누코피아 또는 풍요의 상징 장식물.
12. [옮긴이] 돈과 권력, 명예 등을 위해 옳지 못한 일에 동의하는 태도.

다. 이를 통해 그는 새로운 존재를 창조한다. 이 이야기의 부제는 그 기술 지배자를 신으로부터 불을 훔쳐 인류를 창조하기 위해 이를 사용했던 그리스의 반신 프로메테우스와 비교한다.

『프랑켄슈타인』은 1818년 출판되었다. 일 년 뒤 존 폴리도리가 바이런의 유령 이야기를 자신의 산문으로 옮겨 『뱀파이어』를 출판했다. 폴리도리는 고대 농민의 민간전승을 바탕으로 한 이야기를 그렸고 마침내 『드라큘라』*Dracula*라는 최고조에까지 이르게 될 대유행의 시작을 알렸다. 『뱀파이어』의 주인공은 그리스와 그리스 문화를 사랑하는 필헬레네이다. 그는 그리스 고대의 폐허와 사원을 돌아다니며 즐거움을 찾았지만, 곧 한 아름답고 순수한 시골 소녀에게 마음을 뺏겨버렸다. 그는 완전히 반해 버렸다. 어린 시절에 그녀의 유모는 흡혈귀 이야기로 그녀를 즐겁게 해주었다. 그녀가 해주는 이야기는 이미 마을 노인들에 의해 진실성이 입증 된 내용이었다. 흡혈귀들은 숲에서 공격해왔다. "그녀의 목덜미와 가슴에는 피가 가득하고 목에는 선명한 이빨 자국이 정맥을 뚫어놓았습니다. 이를 본 남자들은 공포에 휩싸여 외쳤습니다. '뱀파이어다, 뱀파이어다!'"

이 이야기의 사회경제적 맥락은 그 시대의 수용에서 드러난다. 당시의 한 학자는 이러한 미신이 "일반적인 가정의 일상생활에 필수요소로 적용할 수 있는 일종의 종교를 구성한다."라고 기록했다.[13] 이 미신이 가정을 보호하는 기능을 가졌던 점을 고려한다면 이 이야기는 재생산의 영역에 속한다고 볼 수 있다. 거의 모든 이들이 이 이야기를 잘 알고 있다. 한때 착취당한 농민의 민간전승이었던 이야기는 이제 99퍼센트의 사람들에게 보편적인 진리가 되고 그와 함께 세계 프롤레타리아의 우화가 되었다. 여전히 최초의 작품과 마찬가지로 이후 반복되는 작품에서 피 빠는 이들은 귀족이고 도박과 강간 그리고 목을 무는 행동으로 생명을 살아 있는 죽음으로 둔갑시키며 자신의 시대를 살았다. 이 이야기의 배경은 그리스의 숲이며 1년 뒤에 발칸 반도와 그리스에서는 혁명이 폭발한다. 데메트리오스와 알렉산더 입실랜티스가 이러한 갈등의 중심에 있었다.

우리는 이 두 가지 이야기를 기억하고 있어야 한다. 왜냐하면 하나는 기술과 노동 강화intensification의 우화이며 다른 하나는 노예제와 착취 확대의 우화이기 때문이다.

필헬레네

19세기 초에는 필헬레니즘[14]이 두드러지는 이데올로기였다. 이는 유럽과 미국에 강력하고도 지속적인 영향을 끼

---

13. Emily Gerard, "Transylvanian Superstitions," *The Nineteenth Century : A Monthly Review* 13 (July. December 1885), 131.
14. [옮긴이] 그리스 문화와 자유주의, 낭만주의를 애호하는 정신 풍조.

쳤다. 이러한 사상은 대서양 노예무역의 절정기에 일어났으며 그에 따른 주요한 영향으로 아프리카의 문화를 얕잡아 보는 태도가 발생했다. 나일강 유역과 위대한 피라미드 그리고 이집트 그 자체는 이제 문명의 발상지로 생각되지 않았다. 기독교적 편협, 백인 우월 교리의 성장, 진보의 목적론적 교리 그리고 낭만적 헬레니즘이 필헬레니즘에 기여하며 이는 곧 목화솜 체제와 농장이라 불리는 죽음의 수용소를 확장하는 데 도움을 주었다.[15]

독일의 고대 종합학 또는 고대 과학의 개념은 연구와 학교 교육과정의 주류가 되었다. 그리스어와 라틴어로 된 "고전"은 교육과정의 토대가 된 동시에 그리스어의 글자를 활용한 형제애 조직[16]이 설립되어 쇼비니즘주의와 반反지성 단체로서의 활동을 시작했다. 스포츠 또한 필헬레네의 대유행에 맞춰 시작되었다. 마라톤에서 26마일 285야드[42.195킬로미터]라는 거리는 기원전 490년 페르시아와의 마라톤 전쟁에서 그리스의 승전 소식을 아테네에 전한 페이딥피데스가 달린 거리를 기념하기 위한 것이다.

---

15. Martin Bernal, *Black Athena : The Afroasiatic Roots of Classical Civilization,* Vol. 1, *The Fabrication of Ancient Greece,* 1785-1985 (New Brunswick, NJ : Rutgers University Press, 1987).
16. [옮긴이] Greek-letter fraternity. 알파 카파 누와 같은 그리스 알파벳 이름을 딴 남학생 사교클럽.

산이 마라톤 평원을 바라보고

마라톤 평원은 바다를 바라본다.

그리고 거기에서 한 시간 혼자서 묵상의 시간을 보내고

나는 그리스가 여전히 자유로울 수 있으리라는 꿈을 꾸

었다.

그렇게 바이런은 생각에 잠겼다(『돈주앙』, 칸토 III 86행).
1821년 이후 자유에 관한 사랑이 다시 살아나고 프랑스 혁
명에 대한 묵은 반응이 깨어나며 그리스 독립 전쟁이 발발
했다.[17] 셸리는 1821년에 『헬라스』를 저술하고 다음 해에
출판했다. "우리는 모두 그리스인이다. 우리의 법, 우리의 문
학, 우리의 종교, 우리의 미술 모든 것이 그리스에 뿌리를 두
고 있다." 필헬레니즘은 친親그리스주의를 넘어 광적인 사랑
으로 변해가기 시작했다. "지금은 압제자에 대항하여 억압
받은 자들이 일으키는 전쟁의 시대다. 살인과 협잡을 일삼
는 소위 지배자라는 특권층 무리의 주모자들은 하나같이
강대한 두려움 앞에 서로 간의 질투는 뒤로 물려두고 모두
서로 힘을 합해 공동의 적에 맞서려고 하고 있다." 사실이고
도 남을 말이었다.

---

17. William St. Clair, *That Greece Might Still Be Free : The Philhellenes in the War of Independence* (London : Oxford University Press, 1972).

필헬레니즘의 움직임은 독일과 러시아 그리고 영국에서
성장했다.[18] 모두 합치면 1천 명의 자원자가 그리스의 싸움
을 위해 떠나갔다고 했다. 그들 대부분은 독일과 프랑스 그
리고 이탈리아인이었지만, 그 행렬에는 99명의 영국인과 16
명의 미국인도 포함되었다. 바이런(『돈주앙』, 칸토 VII 18
행)은 삐뚤어진 시각으로 일부를 바라보았다.

개중에는 유명한 외국인도 있었으니
여러 나라의 모든 자원자들이어라.
자신의 나라나 왕관을 위한 싸움이 아닌
단 하루의 군인이 되기를 바라는구나.
또한, 마을을 약탈하리니
그 나이 젊은이들이 즐기는 일이리라.

바이런 자신도 1824년 미솔롱기에서 그리스를 위해 싸우다
가 죽었다. 1824년 하버드의 의대생 사무엘 그리들리 하우
는 무료 병원을 설립했다. 미국 전역에 물자 원조 위원회가
구성되었다. 1826년 독립운동의 가장 큰 적은 터키도 아랍
도 아닌 굶주림이었다. 1827년 여덟 척의 배에 실린 보급품

---

18. L.S. Stavrianos, *The Balkans*, 1815-1914 (New York : Holt, Rinehart and
Winston, 1963).

이 입실랜티의 현재 자매 도시 나플리오로 향했다. 마을은 폐허가 되고 수만 명이 학살당했다. 굶주린 가족들이 산으로 도망치고 약초와 풀 그리고 벌레를 먹으며 연명했다. 매사추세츠의 주지사는 그리스의 고아를 자신의 집으로 받아들였다.

2. 이름의 상실

입실랜티는 처음에 다른 이름들을 가지고 있었다. 미스터 하비 C. 콜번 목사의 『입실랜티 이야기』(1923)는 백인 지주를 위한 백인 지주의 역사이며 따라서 대부분 종이에 적힌 기록에 의존하고 있다. 프랑스인 가브리엘 고드프루와 그의 동료들은 1811년 광대한 토지를 요구하고 나섰다. "주지사 세인트클레어와 인디언이 합의한 다양한 조약과 그들의 토지 요구권의 소멸로 그들은 서쪽으로 퇴거했다." 소멸! 토지 요구! 퇴거! 이것은 순전히 현혹이다. 아니면 강도질이라고도 할 수 있다.

1790년 포타와토미족은 디트로이트에서 4일 정도 떨어진 거리의 상류에 살았다. 규칙을 비웃으며 살고 인디언 여성과 결혼도 하며 모피를 구하는 덫 사냥꾼이자 상인이었던 쿠뢰르 데 부아coureurs de bois들 사이에서는 그곳을 상스크레인트Sanscrainte의 마을이라고 불렀다.[19] 비록 토지는 공유지였지만, 완두콩, 옥수수, 콩 그리고 밀을 키우는 등의

"모든 일은 여성이 도맡아 했다." 장 밥티스트 호망 디 상스 크레인트는 메티스 인디언, 즉 부분적으로는 인디언이고 부분적으로는 아닌 사람이었다. 그는 소크 트레일[20]의 모피 사냥꾼 및 상인 네트워크의 상인이자 통역사였다. 예를 들어 그는 미국 육군 사령관 앤소니 웨인에게 위스키 73통이나 담배 170통을 팔기도 했다. 1795년 상스크레인트는 그린빌 조약에 서명하고 이로써 오하이오와 미시간은 아메리카 원주민의 손에서 미국으로 양도되었다.

1819년 9월 루이스 카스는 "새기노에서 이후 워시트노 카운티에 대한 인디언의 소유권을 영원히 넘겨준다는 조약에 서명했다." 휴런강을 따라 살고 있던 포타와토미족은 옥수수 수확도 제쳐두고 황급히 그린빌로 달려와 쇼니족 예언자[21]의 이야기를 들었다. 그 예언자는 절제를 설파하고 아내를 때리는 것을 금지했으며 긴 칼을 찬 이들Long Knives(백인)과 단절하도록 했다. 1813년 쇼니족 예언자의 추종자들

---

19. Jim Woodruff, *Across Lower Michigan by Canoe 1790* (typescript, Bentley Historical Library, 2004). 이는 1790년 휴 휴워드가 자신의 일지에 기록했던 길을 따라 떠나는 현대의 카누 여행에 관한 내용이다. 또한 Karl Williams, "Gabriel Godfoy Wasn't the First," *Ypsilanti Gleanings* (April 9, 2009)를 참조하라.
20. [옮긴이] Sauk Trail. 일리노이주와 인디애나주 그리고 미시간주를 통과하는 아메리카 원주민들의 오솔길로 말이 다니거나 사냥감을 추적하던 길이었다.
21. [옮긴이] 티컴세의 동생 텐스콰타와를 칭한다.

은 휴런강 하류에 새로운 마을을 지었고 포타와토미족 무리는 그보다 20마일 상류에 그들의 마을을 형성했다. 티컴세의 연합군인 키커푸족, 위네바고족, 사크족, 쇼니족, 와이언도트족, 마이애미족, 먼시 델라웨어족, 포타와토미족, 오지브와족, 오타와족, 세네카족 그리고 크리크족은 1,200명 전사와 그들의 가족과 함께 카누를 타고 캐나다로 후퇴했다. 칠백 명의 포타와토미족은 떠나기를 거부했고 사나운 전사이자 술 취한 황소이며 긴 칼을 찬 이들의 오랜 적대자인 메인 포크[22]의 지휘로 휴런의 마을에 남았다.

이렇게 구성된 잔존 세력이 전쟁에서 살아남고 정착하여 결국 입실랜티가 되었다면 이들의 가장 최근 경험은 패배와 후퇴 그리고 분열이었다.[23] 피가 쏟아지기 전에는 피부가 잘려야 한다. 미합중국의 헌법 제정자들Founding Fathers이 절개를 실시하고 악덕 자본가들이 피를 뽑아냈다.

1823년 우드러프 형제가 도착했다.[24] 그들은 늑대 울음 소리에 익숙하지 않았기 때문에 편안한 잠을 잘 수 없었다. 인디언들이 옥수수 경작을 준비하고 유럽의 정착민들이 이를 넘겨받았다. 토착 공유지는 이렇게 수용되었다. 어떤 "가

---

22. [옮긴이] 포타와토미족 추장으로 티컴세와 함께 미국 개척자들과 싸웠다.
23. John Sugden, *Tecumseh* (New York: Henry Holt, 1993), 148, 362.
24. [옮긴이] 벤저민과 오토 우드러프 형제로 우드러프 숲길(Woodruff's Grove)의 최초 정착민이었다.

족은 농장을 사들이지도 않고 비어 있는 땅에 눌러 앉아버렸고 낡은 집을 지어놓고 될 대로 되라는 듯 모호한 수단으로 생계를 계속해 나가기도 했다."[25] 그것이 바로 우드러프 숲길이었다.

1825년 봄에는 "토지를 개간하고 울타리를 치며 앞뜰에 울을 치고 작물을 심었다… 숲의 야생 동물은 사라지기 시작했다." 대통령 제퍼슨의 신봉자이자 노예 주인들의 수호자이며 디트로이트 공유지를 수용해갔던 아우구스투스 브리볼트 우드워드는 (612에이커[75만 평]에 달하는!) 땅을 사고 마을을 구상한 후 입실랜티라는 이름을 지었다. 그는 컬럼비아 대학교에서 그리스어를 공부하고 고대 그리스의 용맹한 사령관 에파메이논다스의 이름을 예명으로 사용해 책을 출판했다. 우드워드는 디트로이트 통화 영리 취득과 은행 사기에 연루되었다. 그는 미시간 대학교의 설립자이기도 했으며 매우 강한 그리스 광신주의자 성향이 있었기 때문에 그는 학교 명칭을 카톨레피스테미아드[26]라 칭하고 13명의 디닥시아didaxia, 즉 교수를 뒀다.[27] 그는 미시간 반도의 위쪽을 "트란실바니아"로 칭하는 것까지 생각했다.

---

25. Harvey C. Colburn, *The Story of Ypsilanti* (Ypsilanti Committee on History, 1923), 35, 37, 40.
26. [옮긴이] 보편적 지식을 뜻하는 그리스어.
27. Frank B. Woodford, *Mr. Jefferson's Disciple: A Life of Justice Woodward* (East Lansing: Michigan State College, 1953).

도끼와 손수레 그리고 쟁기는 "손쓰는 대로 그를 자본가로 만들고 새로운 공동체에서 자신의 위치를 한발씩 드높일 때마다 그의 자손은 숙녀와 신사로 거듭나게 했다." 이 말은 무슨 의미였을까? 땅이 사회적 재생산의 근본적인 수단으로 바뀐 것이다. 땅은 불변자본이 되거나 또는 단순히 "죽은 노동"(포타와토미족 토지의 개간은 잊혔다.)이 되어 흡혈귀와 같은 방식으로 "산 노동"을 통해서 되살아날 수 있었다. 1832년 블랙호크 전쟁이 끝나고 10년도 되기 전에 입시Ypsi에는 첫 교회, 세금 부과, 철도 그리고 은행이 들어섰다. 같은 시기에 왈라키아와 몰다비아는 흑해 곡물 거래로 연결되게 되었다. 이렇게 다뉴비 지방은 콘스탄티노플의 주요 공급처가 되고 이제 그곳의 제빵업자들은 삼림 지대를 수용했을 뿐만 아니라 그러한 공유지에 대한 농민의 권리까지 박탈했던 이 지역의 귀족에게 의존하게 되었다.

미시간주의 지명 연구는 과거 거주자로부터 파생된 이름으로 층화되어 있다. 상스크레인트(메티스 인디언), 고드프루(프랑스인), 우드러프(영국인), 입실랜티(미국인). 이것이 이름의 상실이다. 의심할 바 없이 이름은 다시 바뀌겠지만, 정확히 언제 바뀔지 또는 새로운 이름이 무엇일지는 그곳을 차지한 자들의 본성에 달려 있을 것이다.

우리 함께 그날을 서둘러 맞이해 보자.

파나리오트

입실랜티스 가문은 파나리오트, 즉 오스만 제국의 편에서 콘스탄티노플 수상Grand Vizer에게 "신의 기름 부음"God's Annointed을 받고 위임받은 왕자 또는 태수hospodar로서 몰다비아와 왈라키아를 통치한 그리스인이었다.[28] 파나리오트는 콘스탄티노플의 파나르 지구에 있는 등대의 이름을 딴 명칭이었다. (입실랜티 시의 급수탑이 등대를 연상시키지 않는가?) 비록 그들은 그리스 독립 전쟁을 함께 공모한 (이탈리아의 〈카르보나리〉[29]와 프리메이슨주의를 본보기로 둔) 〈필리키 에테리아〉, 즉 〈친우회〉에 소속되어 있었지만, 파나리오트는 고향에서 환대받지 못했다. 그뿐만 아니라 그 지역의 영국 역사가는 "최근 100년간의 왈라키아와 몰도비아의 역사를 상세하게 기록하는 일보다 더 엄두가 안 나는 일을 찾는 것은 불가능할 것이다."라고 기록했다.[30] 너무나 많은 이름과 너무나 많은 왕, 너무나 많은 억압이 있었다.

데메트리오스 입실랜티스의 조부 알렉산더 입실랜티스는 다뉴브 지방의 조세법을 "개혁"했다. 그 내용은 너무나 가혹하여 "농민들은 때로 … 암소 세금을 피하려고 자신의

---

28. Wilkinson, *An Account,* 155-66.

29. [옮긴이] 19세기 초 남부 이탈리아에서 결성된 자유주의 애국 비밀결사.

30. R.W. Seton-Watson, *A History of the Roumanians from Roman Times to the Completion of Unity* (Cambridge : Cambridge University Press, 1934), 127.

소를 죽이거나 심지어 … 굴뚝 세금을 피하고자 자신의 집을 부수기도 했다." 데메트리오스의 형제인 어린 알렉산더는 자신의 군대로 하여금 테러를 하도록 부추겼으므로 농민들은 그를 탐욕과 강탈의 인물로 보고, 귀족과 지주들은 그를 침입자로 보는 것이 당연한 일이었다. 평민들은 파나리오트 가문에 대한 속담을 가지고 있었다. "행걸리에서 온 겨울, 입실랜티스에서 온 혼란, 모루지에서 온 기근, 카라지에서 온 유행병." 비록 알렉산더 입실랜티스가 전쟁의 불을 붙였지만, 그의 무질서하고 과도한 힘은 오래가지 못했고 필헬레네들을 포함한 다른 이들이 그 횃불을 집어 들었다. 알렉산더 자신은 트란실바니아 문카치의 요새에 갇혀버렸다!

3. 공유지의 상실

그리스 독립 전쟁(1820~32년)은 미국 독립 전쟁(1775~83년)과 특정한 유사점을 지닌다. 해외에서 자금 조달을 받았다는 점, 그리고 제국에 반대하는 뛰어난 웅변이 쏟아져 나왔다는 점이다. 이들 전쟁은 또한 다른 방향에서 보아도 닮은 점이 있었다. 모든 전쟁이 토지 약탈이었다. 이것이 우리가 그 전쟁들을 "부르주아 혁명"이라고 부르는 이유 중 하나이다.

데메트리오스 입실랜티스는 〈친우회〉에 의해 지휘관으로 임명되었다. 그와 그의 형제는 웅장하고 격식에 맞는 선전포고를 하는 임무를 맡았고 그에 걸맞은 선전포고로 그리스 독립 전쟁이 발발했다. 1832년, 이어진 두 번의 내전, 여러 번의 침략, 무수한 학살, 광범위한 기근, 전염병의 유행, 국제적 외교 그리고 거대 은행 융자를 거쳐 전쟁은 종결되었다.

독립 전쟁 전에 그리스 마을의 공유 영토는 호타르hotar라고 불렀다. "대부분의 호타르는 초원과 목초지 그리고 삼림 지대이고, 온 마을이 공동으로 이 지역을 사용했다." 이 것이 공유지였다. 경제적으로 이야기하면 공유지는 자본주의 이전부터 있던 자급의 제도였다. 이러한 공유지의 소실은 갑작스러운 경우도 있고 왈라키아와 몰도비아의 사례처럼 야금야금 일어나는 경우도 있었다. 1803년 2월 28일 귀족 청원은 그들이 "경계"로부터 잉여를 취할 수 있기 이전에 먼저 마을 사람들에게 허락을 구했다는 점을 보여 준다. 민중의 순수한 관습은 전통을 따르며 성문화되어 있지 않다. "이러한 관습은 분명 사람보다는 그들이 가진 땅에 관한 권리를 중요시했으며, 이러한 권리는 당시 일어나고 있던 역사적 사건에 영향받지 않고 유지되었다."[31] 그러나 흡혈귀는 공동의 토지가 있던 마을 어귀에 출몰하고 있었다.

---

31. David Mitrany, *The Land & the Peasant in Rumania* (London : Oxford University Press, 1930), 7, 9, 17, 19.

18세기 중엽에 일부 고대의 권리(예컨대 건축과 땔감에 쓸 목재)는 8일에서 12일의 종속 노동의 대가로 허용하고 있었다. 그러나 하루라는 것이 무엇이었을까? 이는 농민의 실제 노동시간으로 측정되지 않았고 "노동의 본질에 따라 각 농민이 하루에 수행해야 할 노동의 양으로 고정되어 있었다. 이러한 하루 노동 기준^{nart}은 보통 사람들이 일상적인 하루에 수행할 수 있는 노동의 양보다 두 배 또는 세 배까지 무거웠다."

"농민들은 또한 최악의 터키 시대를 거치면서 땔감과 건축에 쓸 목재에 대한 귀중한 권리를 잃었다." 목재에 대한 농민의 접근을 제한한 최초의 시도는 1792년이었다. 1812년 영국 영사의 보고에서는 숲의 목재를 수출하는 무차별적 상업화 계획과 금식일과 축제일을 240일로 줄이는 것을 권고했다![32] 1820년 영국 영사는 다음과 같이 관찰했다. "왈라키아와 몰도비아의 농민보다 더한 전제적 권력의 영향에 따른 막대한 억압 아래 일하며 공물과 조세에 더한 부담을 느끼는 사람들은 아마도 존재하지 않을 것이다."

1829년 아드리아노플 조약으로 러시아가 왈라키아와 몰도비아를 지배하게 되었다. 볼테르와 디드로학파의 철학자 키셀레프가 통치자가 되었다. 그는 개혁가이고 헌법과도 같

---

32. Seton-Watson, *A History of the Roumanians*, 7, 9, 19, 141.

은 『조직 규정』*Réglement Organique*을 통과시켰다. 귀족들은 모든 땅에서 농민의 경작을 제한하고 노동과 종속 일을 연장하는 경우에만 이를 허용하려고 노력했다. 공유지에서 목재를 자유롭게 이용하는 권리는 폐지되고 강제 노동일은 1년에 56일로 늘어났다. 소작료가 세 배로 늘고 밀 가격은 급등했다. 칼 맑스가 분개했다.

사실 "자본은 흡사 흡혈귀처럼 오로지 산 노동을 빨아먹으면서 사는 죽은 노동이다. 더 많은 노동을 빨아먹을수록 자본가는 더 풍족한 삶을 누린다."라고 말한 사람은 맑스였다. 이 내용은 『자본』 1권의 10번째 장인 「노동일」에서 찾을 수 있다. 이는 19세기 자본주의에 관한 가장 강력하고 분명한 묘사이다.[33] 그 힘의 일부는 흡혈귀와의 관계 언급에서 나오는 진정성에서 파생된다. 이 장의 4편에서 맑스는 자본주의라는 "흡혈귀는 산 노동의 피에 갈증을 느낀다."라고 언급한다. 5편에서 그는 그 "맹목적이고 억제할 수 없는 갈망과 잉여노동에 대한 괴물 같은 굶주림"을 언급한다. 이어지는 부분에서 그는 증권을 거래하는 늑대를 언급한다. 이 장의 결론은 다시 한번 흡혈귀를 언급하며 마무리 짓는다.[34] 맑스는 단지 자신의 막대한 탐독과 자기 딸의 지

---

33. 나는 한때 미주리주 세인트루이스에 있는 독일 철도 노동자들이 최초로 이 엄청난 장을 영어로 번역했다는 증거를 발견하기도 했지만, 그 후로 추적해낼 수는 없었다.

칠 줄 모르는 연구만으로 이 장의 내용을 끌어낸 것이 아니다. 오히려 그는 빅토리아 시대의 남자 학자로서 그 스스로 대부분 믿지 않고 있던 "집안의 미신적 관습"superstitions of the household을 바탕으로 이 내용을 끌어냈다.

흑인은 아니지만 칼 맑스의 피부색은 분명 어두웠다. 그의 조상은 포르투갈 출신인데, 그 이전을 살펴보면 북아프리카 출신도 있었다. 그의 자식들은 다정하게 그를 "무어인"이라 불렀다. 무어인들은 숲과 그 자원에 대한 사람들의 접근을 옹호했다. 곧 무어인이 자랐던 모젤강 유역 사람의 에스토버스에 대해서도 발칸 반도에서 일어난 일이 발생했다. (에스토버스는 공유인이 가져갈 수 있는 나무를 설명하는 용어이다. 이 용어는 프랑스어의 에스토버에서 파생된 단어로 "필요한 것"을 의미한다.) 맑스는 "내가 속한 공동체의 수천 명 영혼은 가장 아름다운 숲이 우거진 지역의 주인이었다."라고 기록했다. 1816년 제정된 법령과 집행 명령은 공동체 건물에 사용되는 목재와 화재로 인한 손실의 경우에 공동체 구성원 개인을 돕는 데 사용되는 목재를 제외하고는 애초에 건축 목재에서 배급 장작과 주거 물품을 만들 재료

34. Mark Neocleous, "The Political Economy of the Dead : Marx's Vampires," *History of Political Thought* 24, no. 4 (Winter 2003) : 668,84. 나는 또한 Amedeo Policante의 "Vampires of Capital : Gothic Reflections between Horror and Hope," Cultural Logic, 2010, http://clogic.eserver.org/2010/Policante.pdf 역시 추천한다.

를 구분했다. 이는 관습의 범죄화로 맑스가 그의 유물론적 방법론을 발달시키게 이끌었다. 국제 시장에서 거래하던 무명의 목재 회사들은 맑스의 부모가 포도나무 한두 그루를 배당받은 모젤의 숲을 사들였다. 중앙과 동부 유럽의 숲은 빠르게 서유럽의 구매자들에게 넘어가고 있었다. 맑스는 몇 년 후 워렌 키더가 월로우 런의 자기 가족 농장의 수용을 막아섰던 것처럼 소박한 생계유지 관습의 상실을 막을 힘이 없었다. 모젤과 근교 지역에서의 장작 부족으로 인한 고통으로 맑스는 「모젤 지역의 흡혈귀들」이라는 새로운 사설을 쓸 계획을 세웠다.[35] 자세히 보면 맑스의 목에서도 구멍 난 상처를 찾을 수도 있을 것이다.

그리스 독립 전쟁과 공유인 농민의 관습적 권리의 수용이 모두 1820년대에 발생해서 1832년에 절정에 도달했다는 시간적 우연은 다양한 방식으로 이해될 수 있다. 전통적 정치 경제학의 관점에서 각각은 "원시적 공산주의"에서 "자본주의적 농경"으로의 간단명료한 변화의 예시이다. 부르주아 계급의 입장에서 그리스의 독립은 오스만 제국으로부터의 해방과 독립 민족국가로서의 재탄생을 의미했다. 신자유주의적 입장에서 이는 정치적 독립성과 시장 관계 사이의 일치성을 보여 준 것이었다. 그러나 삶의 현장에 있는 사람들

---

35. *Rheinische Zeitung*, January 15, 1843.

에게 이는 비상사태였다. 증가한 노동과 더 많은 노동일 그리고 더 많은 잉여노동이라는 체제 앞에서 숲과 목초지 그리고 들판의 공유지를 잃어버렸다. 비록 이러한 변화가 그리스 민족 해방 투쟁 또는 자본주의로의 전환, 즉 경제발전과 근대화 과정에서 실제로 일어날 수 있는 것이라 하더라도 공유인들의 입장에서 이는 피 빨리는 짓이었다. 미시간과 중앙 및 동부 유럽에서 하늘을 덮는 교목이 파괴된 것은 같은 시기에 일어난 일이었다. 몇 년 후 조지 퍼킨스 마시는 미시간의 숲이 사라짐에 따라 "모든 것이 변했다."라고 기록했다. "지구의 얼굴은 이제 촉촉한 해면이 아니라 먼지 더미가 되었다."

워커의 「호소문」(1829)과 인종 가혹행위

보스턴에서 중고 옷을 거래하는 흑인 데이비드 워커는 1829년 「세계 유색인종 시민에의 호소문」을 작성했다. 이를 통해 그는 그리스 독립 투쟁에 대한 미국 지원의 위선에 의심을 제기했다.

그러나 오 미국인이여! 미국인이여! (너희들이 듣고 있든지 말든지) 내가 주님의 이름으로 경고하노라. 회개하고 개혁하라, 아니면 멸망하리라!!! 너희가 그리스와 아일랜드 등에 선교사를 보내고 자선을 하면서 우리의 피를 세계의 다른 이들에게서 숨길 수 있다고 해서 주님에게까지 이를 숨길 수 있다고 생각하느냐? 주님께서 너희의 비밀스러운 범죄를 주님의 집 꼭대기에 걸지 않을 것이라고 보느냐?

메이데이에 우리는 세계 노동자들을 축하한다. 블루칼라, 화이트칼라, 핑크칼라, 후드 쓴 노동자들 또는 녹색 죄수복[36]까지, 이날은 전체 노동계급의 날이다. 여성을 완성하는 것은 피부색이 아니라 그녀가 걸친 옷이다. 이날은 인간의 힘으로 탄생시킨 날이다. 그러나 아프리카 노예의 손으로 세워진 나라인 미국에서 진정한 노동자 투쟁을 이끈 사람이 아프리카계 미국인이었다는 사실을 강조하지 않을 수 없다. 워커는 당당하게 일어선 언어로 토머스 제퍼슨의 백인 우월주의라는 불완전한 개념을 타파했다.

데이비드 워커는 1785년 노스캐롤라이나에서 노예 아버지와 자유인 어머니 사이에 태어났다. 그는 사우스캐롤라이나 찰스턴의 아프리카인 감리교회 소속이고 1822년에 계획된 노예 봉기인 덴마크 베시의 공모에 가담했다. 노예 소유주들은 그의 목에 수천 달러의 현상금을 걸었다. 그는 스파르타에 관해 공부하고 리쿠르고스[37] 치하 상황과의 유사점

---

36. [옮긴이] 저위험군 재소자로 교도소 내에서 다양한 노동을 수행한다.

도 연구했다. 워커에 따르면 예술과 과학은 이집트에서 기원하여 그리스로 넘어갔다. 유색인종은 "세상이 시작된 이래 삶을 살았던 자들 가운데 가장 비참하고 격하되었고 절망적인 사람들이다."[38] "그러나 내가 미국인들에게 말하노니! 당장 그 행동들을 멈추지 않으면 너희와 너희 나라가 소멸하리라!!!!!!" 그는 백인을 흡혈귀에 비유하기도 했다. "백인들은 항상 부당하고 질투심 많고 무자비하고 탐욕스럽고 인간의 피를 갈망한다. 또한, 항상 권력과 권위를 좇는다." 그는 우리가 인종주의의 체제가 괴물이라는 점을 이해할 수 있도록 돕는다.

1825년 윌리엄 로이드 개리슨은 보스턴에서 조판 견습을 마쳤다. 바이런 경의 방식대로 깃에 단추가 없는 셔츠를 즐겨 입던 그는 그리스의 자유를 위해 그들과 함께 싸우려고 항해를 떠나는 꿈을 꾸었다. 그러나 그는 뱃멀미가 심했기 때문에 먼 항해를 떠나는 일은 접어두고 자리를 지키다가 워커의 「호소문」에 감동한다. 그리고 그는 모든 백인이 다 괴물은 아니라는 점을 증명하며 그 시대 (또는 시대를 통틀어) 가장 위대한 반 인종주의자가 되었다!

---

37. [옮긴이] Lycurgus. 스파르타의 입법자로 평등과 공동체적인 삶과 함께 군국주의적 정책을 입법하였다.

38. Peter P. Hinks, *To Awaken My Afflicted Brethren: David Walker and the Problem of Antebellum Slave-Resistance* (University Park: Pennsylvania State University Press, 1997), 199.

당시 미국의 노동계급은 색깔을 중심으로 조직되었다. 붉은색과 흰색 그리고 검은색. 1824년 오스만제국의 편에 선 6천 명의 이집트 군인은 그리스를 침공했다. 이들은 조악하게 구성된 그리스 군대를 완전히 물리치고, 살아남은 이들을 노예로 삼았다. 이들 중에는 "흑인"으로 묘사된 많은 수의 인원이 포함되어 있었다. 바이런 경은 일부 추정에 따르면 200명의 소규모 전투 부대와 그들의 빨래 및 요리와 같은 살림을 맡은 여러 흑인 여성을 이끌었다. 바이런 자신도 벤저민 루이스라는 이름의 서인도 출신 흑인을 대동하고 있었다. 그는 이 시인의 말 관리인으로서 말 떼를 관리했다. 루이스는 터키의 노예였다가 자유를 얻은 후 이제 굶주리고 있던 흑인 여성 두 명과 친구가 되었다. 그는 바이런에게 도움을 간청했다. "내 대답은," 바이런이 말했다. "이 흑인 여인의 아이들이 내 재산이 될 수 있다면 내가 그들을 먹여살리리라. 네[벤저민 루이스]가 그 아이들의 아비가 되어도 좋다."[39] 비록 그리스의 자유를 위해 목숨을 바친 순교자이긴 하지만, 우리가 과연 이 낭만주의자 영웅을 노예제 폐지론자라고 말할 수 있을까?

일라이저 맥코이(1843~1929년)는 기계 바퀴에 윤활유

---

39. Fiona McCarthy, *Byron: Life and Legend* (New York: Farrar, Straus and Giroux, 2002), 507. 유럽의 인종 차별 노예제는 로마니 또는 집시로부터 시작되었다.

를 공급하는 장치를 개발하고 후에는 교외 초지에 물을 뿌리는 장치를 개발했다. 〈언더그라운드 레일로드〉[40]의 지도자였던 그는 자신의 마차 아래에 가짜 바닥을 만들어 공간을 둔 후 도망친 노예를 와이언도트[41]로 보내 주었다. 거기에서 그들은 배를 타고 강을 따라 캐나다로 건너갔다. 그의 부모는 켄터키주에서의 노예 상태를 벗어나기 위해 오하이오강을 건넜다. 캐나다로 향하는 도중에 그들은 입실랜티를 지나갔고 후에 다시 여기로 돌아왔다. 맥코이는 스코틀랜드 에딘버러에서 5년간 기계공의 견습생으로 있었다. 그역시 입실랜티로 돌아왔고 1872년 자동 증기실 운동 윤활 장치의 특허권을 받았다. 보는 눈이 있던 기술자들은 이 장치를 "진품 맥코이"라고 부르고 나머지 장치는 그냥 윤활통이라고 불렀다. 이렇게 일라이저 맥코이는 산업 문명의 기반을 동시에 형성하고 있는 석탄과 철강을 운반하는 기차에 기름칠을 했다. 1880년대 철도 파업에서 그의 역할은 무엇이었을까? 달리는 열차 같은 남자이자 노동조합 임원이며 사회주의자였던 유진 V. 데브스는 기관사와 제동수를 단결시켰다. 당시의 권력자들이 노동자의 축제일을 5월 1일에서 9월로 옮기려고 했을 때 유진 데브스가 이를 막기 위해 나

---

40. [옮긴이] Underground Railroad. 노예제 폐지론자들이 노예의 탈주를 돕기 위해 만든 비밀 조직.
41. [옮긴이] Wyandotte. 미시간주 웨인 카운티의 도시.

섰다. "이날은 최초이며 유일한 국제적 노동의 날이다. 이날은 노동계급의 것이며 혁명에 헌사된 날이다."[42]

재생산의 측면에서 우리는 일라이저 맥코이를 그의 잔디 스프링클러 특허권으로 기억한다. 대초원의 파괴 이후 스프링클러는 핵가족을 위한 오밀조밀한 집이 대유행하던 1950년대 교외의 초지를 미화하는 데 필수적인 도구가 되었다. 맥코이는 신경과민과 성마른 모습을 보이다가 사망했다. 우리는 린치에 대한 호소문을 썼던 그의 아내 메리를 더 쉽게 기억할 수도 있을 것이다. "정의는 어디에 있는가? 살아계신 하느님을 위한 교회는 잠들어 있는가? 깨어나라! 깨어나라! 그리고 주님의 사람들이 에티오피아에서 울부짖는 소리를 들어라!"[43] 데이비드 워커나 퍼시 셸리와 마찬가지로 메리 맥코이는 죽은 이들을 깨우는 목소리로 피 빠는 자들에게 힐난의 저주를 퍼부으며 미래를 점쳤다.

그녀를 따라 앞으로 나아가자. 그녀는 산업화와 기계화로 탈바꿈이 시작되던 시기에 1백 년 전에 만들어진 괴물 같은 노동 체제의 테러리즘에 저항했다. 린치와 처형으로 인한 사망에 생명은 무가치한 것이 되어 버렸다. 우리가 『프

---

42. Philip S. Foner, *May Day : A Short History of the International Workers' Holiday* (New York : International Publishers, 1986), 77.

43. Albert P. Marshall, *The "Real McCoy" of Ypsilanti* (Ypsilanti : Marlan, 1989), 23.

랑켄슈타인』과 『뱀파이어』에서 보았던 것과 같이 그 착취는 죽은 노동에 달려 있다. 이제 우리는 피와 이름 그리고 공유지의 상실을 다루었으므로 이후로는 메이데이의 아름다운 희망의 측면으로 돌아서 봐야겠다.

녹색…

서쪽에서부터 입실랜티에 다가가면 유명한 남근 형태의 급수탑을 지나게 되며 이는 전해 내려오는 구절 하나를 상기시킨다.

만세! 만세! 5월의 첫날!
오늘은 집 밖에서 떡 치는 날!

전 세계의 사람들은 "초목의 비옥한 영혼"과 함께 봄이 오는 것을 축하했다. 우리는 그리스 신화에서 신들의 어머니인 마이아 여신의 이름을 딴 5월에 이 축제를 연다. 그리스인들은 신성한 숲을 가지고 있었고 드루이드는 참나무를 숭배했으며 로마인은 플로랄리아 축제를 주최하며 유희를 즐겼다. 스코틀랜드에서는 목동이 원형을 이루며 불 주위에서 춤을 추기도 했다. 켈트족은 그들의 신 벨테인을 경배하기 위해 언덕 위에서 큰 화톳불을 피웠다. 티롤의 사람들은

234

개를 짖게 하고 냄비와 팬을 두들기며 곡을 연주했다. 스칸디나비아에는 불이 지펴지고 마녀가 나타났다.

온 세상의 사람들이 숲속으로 들어가 잎과 가지 그리고 꽃을 가지고 나와서 사람과 집 그리고 사랑하는 이를 녹색의 화환으로 장식하며 '5월에 빠져들었다.'went a-Maying 야외극장에는 '푸른 잎 속의 잭'과 '5월의 여왕'과 같은 인물이 올라와 연극을 펼쳤다. 나무를 심고 5월의 기둥도 세웠다. 춤을 추며 곡을 연주하고 술을 마시며 사랑을 싹틔웠다. 겨울이 끝나고 봄이 발돋움했다.

드라큘라의 고향이자 입실랜티 도시의 이름을 따왔던 지배자들의 고향이기도 했던 왈라키아와 몰다비아에서는 5월의 정신이 있었다. 1870년대 이 지역을 여행한 영국의 민속학자 에밀리 제라드는 다음과 같이 묘사했다. "가나는, 아름다웠지만 악한 영혼을 관장해 5월 1일의 전야에 그들의 모임을 개최하던 심술궂은 마녀의 이름이다. 가나는 기독교 시대 이전 트란실바니아의 여주인이었다고 한다. 그녀의 아름다움은 많은 이들을 홀렸지만, 누구든 그녀의 매력에 빠져들어 그녀의 오룩스 뿔 술잔에 벌꿀술을 벌컥이는 유혹에 빠져들었던 자들은 모두 죽었다."

매우 복잡하기는 하지만, 메이데이가 신성한 의식이건 불경한 의식이건, 이교도에 의한 것이건 기독교, 무슬림 또는 유대교 일신론자에 의한 것이건, 마술이건 아니건, 이성애자에 의한 것이건 동성애자에 의한 것이건, 고귀한 자의 손길에 의한 것이건 우악한 자의 손길에 의한 것이건, 이날은 언제나 자유롭고 녹색이며 생명을 주는 세상의 모든 것들을 축하하는 날이었다. 이날이 무엇이건 간에 이날은 노동일이 아니었다. 따라서 권력자들에게 공격을 받았다.

… 그리고 붉은색

붉은색의 메이데이에 관해 현혹되지 말자. 이 이야기는 바로 미국에서 시작되었다. 여기에는 두 가지의 본질적인 이야기가 있다. 하나는 메리 마운트고 다른 하나는 헤이마켓이다.

메리 마운트부터 시작해 보자. 음울한 분위기의 청교도들은 ("언덕 위의 도시"에) 그들 자신을 고립시키고 원주민의 환대를 받았다. 하지만 결국 원주민에게 병을 옮기거나 그들에 대한 전쟁까지 일으킨다. 반대로 토머스 모튼은 1624년 도착한 후에 원주민과 함께 일하고 거래하며 삶을 즐기기를 원했다. 그는 결핍보다는 풍요에 기반을 둔 삶을 구상했다. 3년이 흐른 후 그는 거대한 5월의 기둥과 함께 메이데이를 거행했다. "80피트[약 24미터] 길이의 질 좋은 소나무를 세우고 꼭대기 가까이에는 한 쌍의 사슴뿔을 박아 두었다." 메이플라워호를 타고 건너온 윌리엄 브래드퍼드는 플리머스 바위에 도착했다. 그는 인디언이 적그리스도의 앞잡이라고 생각했다. 그는 토머스 모튼과 그의 선원들에 관해 "그들은 다 함께 5월의 기둥을 세우고 난 후 여러 날 동안 함께 술을 마시며 춤췄다. 그들은 인디언 여성을 친구처럼 초대하여 요정처럼 또는 요란한 모습으로 함께 춤추고 뛰어다녔다. 풍습이 어지러웠다.〔이는〕 마치 로마 여신 플로라의 솜씨 찬양이나 광적인 바카날리아 축제의 불결한 관행이 다시 살아난 것처럼 보였다."라고 기록했다. 마일스 스탠디쉬는 메리 마운트라고 불리는 모튼의 코뮌을 파괴했다. 이렇게 함으로써 미국의 첫 번째 붉은색의 메이데이는 핏빛 결말을 맞이했다. 그런데도 우리는 플로라와 뛰어노는 요정들 그리고 야성적인 실천가들을 기억한다.

그리고 우리는 헤이마켓을 기억한다. 하루 8시간 노동을 위한 움직임은 노예제를 폐지한 남북전쟁의 종전과 함께 시작되었다. 〈국제 노동자 협회〉의 아이라 스튜어트는 〈전국 노동조합〉과 함께 이러한 움직임을 이어나갔다. 〈미국 노동연맹〉은 1884년 "8시간 노동이 1886년 5월 1일 이후로 법정 일일 노동시간으로 제정될 것"이라고 결의했다.

우리는 햇빛을 느끼고 싶다.
우리는 꽃향기를 맡고 싶다.
우리는 하느님께서 기꺼이 그것을 원하리라 확신한다.

또한, 우리는 여덟 시간의 노동을 쟁취해야만 한다.

우리의 힘이 쏟아져 나오는 곳은
조선소와 상점 그리고 공장
여덟 시간의 노동과 여덟 시간의 휴식
남은 여덟 시간은 우리 자신을 위해

일하고 쉬고 놀고. 그럴듯한 계획이다. 그렇지 않은가?

이에 따라 1886년 메이데이에 시카고에서는 대규모 행진이 열렸다. 〈주조업 조합〉의 제철 직공들은 시카고의 맥코믹 리퍼 워크스에서 파업에 돌입했다. 경찰이 일부 노동자를 살해하고 그들의 살인에 항의하기 위해 5월 4일 헤이마켓 광장에서 회합이 소집되었다. 노동자 투사와 무장한 경찰이 맞닥뜨렸고 다이너마이트 막대가 던져졌고(누구도 누구의 소행인지 알지 못한다) 지옥이 펼쳐졌다. 샘 필든, 어거스트 스파이스, 앨버트 파슨스, 오스카 니비, 마이클 슈왑, 아돌프 피셔, 조지 엥겔 그리고 루이스 링이 엄청나게 불공정한 재판으로 유죄를 선고받았다. 재판의 불공정성에 대한 국제적인 캠페인에도 그들 중 넷은 1887년 11월 11일에 교수형당했다. 이렇게 미국 자본주의는 황금시대로 가는 길을 마련하고 메이데이는 미국을 제외한 전 세계 모든 곳에서 노동자 연대의 날이 되었다. 우리는 현혹되었다.

이제 우리는 알게 되었고, 잊지 않으리라.

녹색의 축전은 카니발과 같고 일시적으로 세계의 경제 계급과 권력 관계를 뒤집어 놓지만, 붉은색의 시위는 메이데이를 계급 체제의 폐지를 목적으로 하는 혁명으로 전환하고자 했다. 붉은색과 녹색은 탐욕과 사유화의 반대편에 함께 서는 가운데 서로 다른 길을 걸었다. 녹색 메이데이는 공유지(땅에서의 생계유지 장소)의 영역과 관련이 있지만, 붉은색 메이데이는 공론장public sphere(국가의 제도와 관련하여 형성)과 관련이 있다. 공유지는 빼앗기기 전까지는 그 실체가 보이지 않는 경향이 있지만, 공론장은 정확히 사고 팔 수 있는 형태를 띤다. 오클리 존슨이라는 입실랜티 사람은 양쪽 모두에 속하는 사람이었다. 녹색의 공유인이면서 붉은색의 혁명가였다.

오클리 존슨, "태평하기"Take it easy를 배우다

오클리 존슨은 1890년에 미시간주 아레낙 카운티의 통나무집에서 태어났다. 그는 장작을 패고 물고기를 잡으며 밤에는 황소개구리 소리와 소쩍새 소리를 들으며 잠을 청했다. 학교에서는 이솝 우화와 고대 역사 그리고 다윈을 읽었다. 그는 침례교와 감리교 그리고 조합교회에도 나갔지만, 톰 페인과 "위대한 불가지론자"the great agnostic 잉거솔 대령의 작품을 읽으면서 "예수가 신의 유일한 자식"이라는 사실에 의심을 품기 시작했고, 성경 공부를 하러 다시는 돌아오지 말라는 말을 들었다.

존슨은 영국과 아일랜드 공유지를 빼앗아간 지배계급에 관한 올리버 골드스미스의 장편 시 「황폐한 마을」을 공부했다. 아일랜드인 골드스미스(1730~74)는 이 문제를 조사했다.

불행이 땅을 집어삼키며 서둘러 먹잇감을 찾는다.
바로 부가 축적되고 인간이 썩어가는 그곳에서.

쇠약과 만취 그리고 우울이 99퍼센트를 기다렸다. 남은 1퍼센트는,

부와 자만을 갖춘 인간,
수많은 가난한 자들이 내어준 자리를 밟고 선다.
그의 호수와 그의 공원이 자리를 넓혀가고
그의 말과 그의 물건, 그의 개까지 자리를 차지한다.
비단 천으로 그의 몸을 감싼 빼어난 옷은
절반밖에 자라지 못한 이웃의 들판을 빼앗는다.

부유한 지주는 공동의 땅을 빼앗아 그림 같은 조경으로 장

식할 뿐만 아니라 사냥감(토끼, 꿩, 사슴)을 독점하고 자신의 사치품 구매를 위해 소작료를 올렸다.

부의 자식들이 나누어 가진 끝도 없는 땅에서는
벌거벗은 평민조차 내쳐버렸다.

그리고 공유인들이 빈번하게 반란을 일으키고 침입을 하면 그리고 심지어 그 땅에서 축구를 하면서 항의를 표하면 사형이라는 테러리즘이 그들을 기다렸다.

길게 드리워진 허세로 자만을 뿜어내면,
그 곁에는 어두운 교수대가 함께 드리웠다.

분명 오클리는 자신의 남다른 기억력(이 시는 매우 긴 시다!)으로 숙지하고 있는 내용을 자신의 삶과 비교한다. 여기에는 하버 스프링스 근교의 오지브와 마을에서 보낸 시간도 포함되었다. 거기에서 그는 당시 전 세계에서 대화 주제로 다루어지던 공유지에 관해 생각해 보았을 것이다. 1912년 그는 현재 페리스 스테이트 대학교라고 불리는 곳에 입학하고 거기에서 혁명적 사회주의자가 되었다.

아이오와주의 대븐포트에서 그는 〈세계 산업 노동자 동맹〉(“워블리”) 거리 집회에 참여하고 거기에서 프랭크 리틀을 알게 되어 그에게 사보타주에 관해 물어보았다. 아메리카 원주민을 어머니로 두고 있는 리틀은 "우리는 노동의 산물을 파괴하는 것은 옹호하지 않는다. 그건 어리석은 짓이다."라고 말했다. "그러나 만약 상황이 우리가 노동에서 벗어날 수 없게 한다면 우리는 더 천천히 일할 수도 있다. 그렇지 않은가? 그것이 파업이다. 유럽의 노동자들은 이것을 '태업'Ca Canny 또는 '태평하기'Take it easy라고 부른다. 고용주가 온전한 하루 급여 지급을 거부하는 데 우리가 왜 온전한 하루 노동을 다 해야 하는가?" 1995년 입실랜티는 웨스트 미시건가 103번지에 사무실을 두고 〈세계 산업 노동자 동맹〉의 본부가 되었다.

1917년 프랭크 리틀은 몬태나주 뷰트에서 구리 광산 사장의 하수인들에게 린치를 당했다. 존슨은 다니던 학교를 그만두고 입실랜티의 급수탑과 데메트리오스 입실랜티스의 하얀 대리석 흉상과 마주 보는 자리에 있는 미시간 주립 사범 대학에 입학했다. 존슨은 후에 입실랜티의 그랜트 고등학교의 교장이 되었다. 학교를 맡은 기간의 중반 무렵에 그는 미국 법무부의 손에 의해 교실 밖으로 쫓겨나기도 했다. 그들은 그를 그랜드래피즈[44]로 쫓아낸 후 그의 국적에 관해 심문하고 왜 그가 기소 중인 워블리들의 법적 변호를 위한

---

44. [옮긴이] 미시간주에 위치한 도시.

기금에 돈을 기부했는지 캐내고자 했다. 존슨은 위협에 굴하지 않았고 다음 날 학교 위원회를 소집한 뒤 거기에서 모든 이야기를 들려주었다.

"그날 이후로 분위기가 바뀌었다." 존슨은 후에 다음과 같이 회상했다.

> 학생과 농부들은 내 편이었다. 6월 졸업식 전 어느 날 외지인 무리가 나를 잡으러 학교 사택에 왔지만, 학생들은 나와 내 아내를 뒷문으로 빠져나가게 해 주었다. 빠져나간 곳에서는 농부들이 차를 타고 와서 우리를 구해 주었고 밤을 지낼 수 있게 거처를 마련해 주었다. 듣기로는 다음날 입실랜티의 호이트 교수가 졸업 축하 연설에서 전날 밤에 왔던 무리가 빈손으로 돌아간 일에 관해 애석해했다고 한다. 나의 졸업반 학생들은 내가 거기에 없었기에 졸업생 연단에 앉기를 거부했다. 그들은 "일련의 행사"가 끝난 뒤에 따로 졸업 학위를 받아 갔다.

1920년 10월에 존슨은 미시간 대학교에서 교직을 시작하고 1928년까지 거기에 머물렀다.

1934년 메이데이와 교육과정

1934년 메이데이에 미국 공산당은 『새로운 대중들』 저널의 표지에 「조 힐」을 지은 알프레드 헤이즈의 시적 선동문을 실었다.

5월의 첫째 날에는 거리로!
고함치는 광장으로!

헤이즈는 그의 시선을 헤이마켓 광장으로 돌렸다. 우리에게 "고함치는 광장"은 카이로의 타흐리르 광장을 떠올리게 한다. 2011년 여기에서 사람들은 중대한 사건을 일으켰다. 차례로 입실랜티 점거와 같은 현상이 뒤따랐다. 헤이즈는 사람들에게 맨해튼의 유니언 스퀘어로 행진하도록 촉구했다.

도시 한가운데의 탑을 뒤흔들어라.
시내의 하늘을 산산조각내어라.

우리는 2001년 세계 무역 센터의 재앙에서 3천 명의 동료 노동자들을 잃은 것을 기억하고 또 애도한다.

비바람에 깃발을 휘날리며 오라,
지진의 진동과 함께 오라,
종탑의 종들이여 세차게 울려라라,

붉은 깃발이여, 너의 붉은 색을 뛰어넘어라!
가게와 공장 밖으로
낫과 망치를 높이 들고
동지여 이것이 우리의 도구이며
노래이며 깃발이다!

망치와 낫은 산업과 농업의 동맹 또는 임금 노동자와 농민의 동맹을 뜻했다.

우리 마음의 바다에서 울려 퍼지는 노래,
깃발이 휘날리며 자유를 얻네.
노래와 깃발과 함께
부르주아를 타도하라!
우리는 태양과 같은 빛나는 폭탄을 던지네.
또한, 달과 같은 수류탄과 함께.

이 시는 히로시마, 나가사키, 스리마일섬, 체르노빌 그리고 후쿠시마의 사건보다 훨씬 이전에 지어진 시다.

두 번째 대홍수처럼 퍼부어라!
알프스의 하늘을 울려라!
수백만 명의 고함이 울리는 지하도로.

— 동지들이여, 광장으로!

한계점이 있기는 하지만, 99퍼센트의 에너지를 강대한 지구와 우주의 힘에 비유하려는 시도는 우리들의 운동과 그 창조성에 도전 과제가 되어야 한다. 이집트와 마드리드 그리고 오클랜드에서, 우리는 어떻게 광장의 에너지를 순환의 아름다움으로 옮길 수 있을까?

『새로운 대중들』의 같은 권에서 오클리 존슨은 "위기에 처한 교육"에 관한 두 가지 사설을 발표했다. 그는 어떻게 수천 명의 박사가 일거리를 찾고 어떻게 수천 명의 대학 강사가 사직하며, 어떻게 "정상적으로" 대학 과정을 마치던 수천 명의 학생이 현재 그러지 못하고 있는지를 설명했다. 이전에 수업료를 내던 많은 사람에게는 이제 수업료로 낼 돈이 없었다. 그는 "일거리가 없다 …"라고 기록했다. 컬럼비아 대학교의 수업료는 25퍼센트 올랐다. 화학자, 기계 공학자, 회계사, 의사와 같은 화이트칼라들 역시 일자리가 없었다.

사람들은 자신들의 경제 상황을 이해하고 싶었다. 그들은 일반적으로 지식에 목말라했다. 도서 대출이 1년 만에 3천3백만 권에서 4천3백만 권으로 껑충 뛰었지만, 교육 예산은 1,150만 달러에서 800만 달러로 감소했다. 랭스턴 휴즈는 보수적 정책을 펴는 흑인 대학교의 지도자와 아프리카계 미국인의 선천적 열등감이라는 개념을 신봉하는 학내의 절반을 차지하는 교사들을 힐난했다. 게다가 대학원생 조교들은 "무급"으로 일하는 것으로 생각되고 있었다.

관리자들은 "교육"이 마치 우울한 사람의 기분을 고양하는 [항우울제 종류인] 발륨이나 프로작 또는 웰부트린처럼 경제적 재난으로 인한 손해를 완화시켜 줄 수 있다고 생각했다. "굶주린 빈민"들조차 야간 학교에 가거나 수시로 자립 수업을 통해 배울 것을 요구받았다. 대학 학장과 총장은 미고용 박사들이 토론 집단이나 보이스카우트를 위한 자연 도보여행을 이끌어 보도록 조언했다. 의과대학은 "자비로운 성품"이 부족한 지원자는 제명했다. 그들은 "새로운 여가 생활"을 두려워했다. 게으른 사람들이나 취미를 갖는다고 보았다. [미시간주의] 랜싱에서는 YMCA가 "민중의 대학교"를 조직했다. 이곳의 강사는 사업가이고 은행에서 만남의 자리를 가졌다. 항의 대열에 참여하면서 힘을 키우는 학생들? 간이 식당에서 함께 먹으며 굶주림을 채우기? 메이데이의 행진을 위해 수업을 빼먹기? 흑인과 백인이 함께 추는 춤? 아니, 아니, 아니, 아니될 일이었다.

존슨은 "'불황' 뒤에 잠복하고 있는 대학에 대한 거대한 공격은 실제로는 계급으로서의 지식인에 대한 공격이고 중산층 전문 인력과 화이트칼라 노동자들에 대한 공격이었다. 이는 단순히 교육 지식인의 생활 수준을 낮추려는 시도일 뿐 아니라 고등 교육을 공격하여 지식인의 과생산을 줄

이려는 시도이기도 했다 … 학생과 교사 그리고 전문직 노동자들은 이 공격에 저항해야 했다. 특히 대학의 교사들은 끈질기게 일어서고 끈질기게 행동하며 투쟁을 조직해야 했다." 라고 기록했다.

그 전에 쓴 사설인 「5인치 책꽂이 선반」에서 존슨은 하버드 대학교 총장 찰스 윌리엄 엘리엇의 『하버드 고전』에 나타난 필헬레니즘의 현혹에 혁명적인 대답을 제시하려고 노력했다. 이론적 글쓰기는 연구를 해야 하며 존슨은 "탐구하는 지식인과 새롭게 급진적 태도를 보이게 된 지식인은 그 발걸음을 조심해야 한다."라고 경고했다. 정치 경제에 관한 그의 연구는 이 질문에 필수적이었으며 미루어둘 수 없었다. 존슨은 프리드리히 엥겔스의 『사회주의 : 공상적 사회주의와 과학적 사회주의』를 추천했다. 이 작품에는 공유지에 관한 소론(「더 마르크」)이 담겨 있었다. 그는 또한 알렉산더 트란첸버그의 『메이데이의 역사』와 레닌의 『제국주의론』에 관한 연구를 다시 한번 부흥시켜야 할 쓰라린 필요성을 느낀다고 제안했다.

밥 말리 역시 이 쟁점의 현혹에서 벗어나기 위한 시도를 했다.

바빌론의 체제는 흡혈귀, 몰락하는 제국
고통받는 이들의 피를 빨고

교회와 대학을 세우며

사람들을 끊임없이 기만하네.

　1923년에서 1928년 〈흑인-백인종 모임〉이 앤 아버의 미시간 대학교에서 만났다. 당시 대학교에서 영문학과 수사학을 가르치던 오클리 존슨은 이 모임의 후견 교수이고 그들의 인솔자이기도 했다. 그의 아내와 함께 그는 이 집단을 자신의 집으로 초대했다. 이 모임은 미시시피주 출신 학생 르노어 스미스에 의해 시작되었다. 또 다른 초기 지도자로 페어클로우라는 이름의 젊은 서인도 남성도 있었다. 밤샘 공부와 이른 아침의 홍조 띤 얼굴로 강의와 시험 그리고 과제가 이어지던 어느 날 스미스는 간단한 점심을 먹으러 나갔다가 간이 식당에서 접대 거부로 피로가 싹 달아날 정도로 어안이 벙벙했다. 곧 이 모임이 그녀를 도왔고 식당에서 연좌농성을 했다. 이런 일이 이때 처음 일어난 것이었을까? 입실랜티 사람 오클리 존슨을 지도자로 둔 앤 아버가 간이 식당 연좌 농성의 우선권을 주장해야 할까?

　이 집단은 또한 대학 무도회와 수영장 그리고 체육관의 [인종] 통합도 시도했지만, 성공적이지는 않았다. "적대감 이상의 무언가"를 가졌으며 자신의 할어버지가 버지니아의 노예 주인이었다고 떠벌리고 다니던 학장은 "대학의 이름이 〈흑인-백인종 모임〉의 활동과 연관지어 사용되어

서는 안 된다."라고 주장했다.[45] 이 모임이 마을로 불러왔던
초청 연사에는 알레인 로크, W.E.B. 듀보이스, 진 투머 그
리고 클래런스 대로우도 있었다.

윌로우 런과 입시터키Ypsitucky의 탄생

입실랜티는 때로는 입시터키로도 불린다. 그 이유는 다
음과 같다.

윌로우 런은 1940년 지어졌으며 세계에서 가장 큰 공장
이 되었다. 이 공장의 길이는 1마일이었고 한 시간이면 폭격
기 한 대를 생산했다. 25만 명의 사람들이 미시간주의 남동
부로 이사 왔고 그들 중에는 "힐빌리[46], 〈산업별 노동조합
회의〉의 조합원, 대륙의 끝에서 온 떠돌이 노동자들이 몇만
명씩 포함되어 있었다." 포드는 테네시와 켄터키에서 인원을
모집하며 "입시터키"에서 그곳 노동계급 안에 문화적 분열을
설치했다. 1943년에 최고조에 달했던 고용자의 수는 4만 명
이 넘었다. 비록 공장에서는 56개의 샤워실을 이용할 수 있

---

45. *Negro History Bulletin* 33, no. 2 (February 1970) 또는 *Michigan Quar-
terly Review* (Spring 1969). 또한 미시간 대학교 라바디 컬렉션의 "Johnson
Papers" 두 번째 상자에 "Other Papers"라는 이름의 폴더에 있는 오클리
존슨이 자신의 손자를 위해 타이프로 기록한 자서전인 "Trying to Live
'Really Human'"도 참조하라.
46. [옮긴이] hillbilly. 미국 중부 산악지대의 농민과 나무꾼.

었지만, 노동자의 거주에 관해서는 아무 조항도 마련되지 않았다. 여기에서 생산 그리고 재생산 모두의 위기가 나타났다.

워렌 키더는 윌로우 런에서 수용당했다.

"우리 땅에 대한 정부의 징집은 … 강제로 우리를 농장에서 몰아냈다 … ." 불도저의 포효가 그의 귀에 메아리치며 헛간은 불탔고 숲은 개척되었으며 나무 그루터기만 남게 되었다. "나와 내 가족에게 닥쳐온 공포는 땅과 내 마음의 표면 저 아래에까지 흉터와 알 수 없는 힘을 남겼고 아무리 시간이 흘러도 사라지지 않았다."

해리 베넷은 포드의 피스톨 포장pistol-packing 담당 책임자였다. 그는 "주변의 퍼플 갱[47] 폭력단원 무리와 정치적 매수꾼들"과 함께 포드 관리 위계 전반에 공포를 심어주었다.[48] 그의 "관리감독 이론"은 "노동자는 결코 옳지 않다."는 신념으로 이루어졌다. 무장한 경비가 공장의 생산을 감독했고 노동이동률[49]은 매우 높게 나타났다(어떤 해의 비율은 거의 100퍼센트에 가깝기도 했다). 공장 노동자들의 최고

---

47. [옮긴이] Purple Gang. 디트로이트를 중심으로 활동하던 범죄 조직으로 주로 유대인으로 구성되었다.

48. Warren Benjamin Kidder, *Willow Run : Colossus of American Industry* (1995), 39.41. 퍼플 갱은 1927년 청소업자와 염색업자의 전쟁에서처럼 노동에 강제적으로 개입했다.

49. [옮긴이] turnover. 입직자 수와 이직자 수의 합을 평균 종업원 수로 나눈 비율.

불평 가운데 하나는 "머무를 곳이 없다"는 점이었다. 심지어 공장에서 수년간 일했던 노동자도 같은 문제를 겪고 있었다. 또 다른 불평은 "돈이 말라간다"는 점이었다.[50] 공구의 절도(판잣집을 어떻게 지으라는 것인가?)는 다른 문제였고 계획적 결근(또 언제 지으라는 것인가?)도 마찬가지였다.

노동자 거주 시설의 부족은 "미국 전체에서 최악의 혼란"을 초래했다. 이미 존재하던 거주 시설은 형편없어서 텐트, 그늘막, 판잣집 또는 트레일러에 야외화장실을 사용해야 했다. "만약 남편이 현관 ─ 이마저도 정부가 마련한 주둔지에서는 금지되어 있었다 ─ 이라도 지어놓지 않으면 진흙 묻은 신발과 고무장화를 따라 미시간주의 오래된 질 좋은 진흙이 봄, 여름, 가을, 겨울 비 온 날 저녁이면 어김없이 거실을 방문했을 것이다. 트레일러에 사는 아내와 어머니들에게는 하루하루가 대청소의 날이었다."[51] 여성의 노동은 절대 끝나지 않았다.

거주 시설 부족에 대한 정부의 해결책은 우선 미국에 "무료 도로"(통행료가 없는 정부 도로)를 건설하는 것이었다. 자동차 통근으로 노동자들은 디트로이트와 같은 먼 곳에서도 살 수 있게 되었다.

---

50. Lowell Carr and James Stermer, *Willow Run* (New York : Harper, 1952), 9, 36, 104, 208.

51. Kidder, *Willow Run,* 184.

노래와 인쇄물로 급격히 퍼진 상상의 작품인 리벳공 로지[52]는 실제로 수백만 명의 여성을 대표한다.[53] 1942년 18세의 갓 결혼한 농장의 소녀 베티 오엘크는 자신의 드레스를 헐거운 바지와 바꿔 입고 출근 도장을 찍으며 일을 나갔다. 그녀는 하루 9시간을 서서 일했고 주말에도 6시간을 일했으며 윌로우 런 공장에서 폭격기를 만들었다. 그녀는 "나는 온종일 구멍을 뚫었고 다른 여성은 거기에 리벳을 넣었다." 라고 말했다. 노동은 반복적이었고 그녀의 고용주는 비열한 남자들이었다. "그들은 거기에 서서 시간을 재곤 했다." 지난 일을 돌아보며 그녀는 "그것이 여성 해방의 시작이었다."는 것을 알게 되었다.

여성의 해방은 어느 정도의 시간, 거의 20년에서 30년의 세월이 걸리는 일이었다. 그사이 전쟁 직후에 여성들은 공장에서 쫓겨났고 윌로우 빌리지[54]의 주거 정책에서 인종 분리 절차가 나타나기 시작했다. 1967년 연방 정부에 올린 앨런 헤이버의 보고는 흑인 공동체가 "증오, 자기혐오, 무관심, 적개심, 무망감, 미래 없는 직업으로 고통받고 있으며 풍요

---

52. [옮긴이] Rosie the Riveter. 여성의 노동시장 참여를 대표했던 이미지.
53. Ypsilanti Historical Society archives. Willow Run Collection, "Rosie the Riveter" file.
54. [옮긴이] Willow Village. 윌로우 런에서 일하는 노동자들을 위한 기숙사와 작은 집이 있는 마을로 1943년이 지날 무렵에는 입실랜티 인구보다 더 많은 사람을 수용했다.

의 결실을 보지 못하는 가족과 공동체의 삶을 살면서 다양한 즐거움과 성장의 기회가 박탈당한 삶을 살고 있다. 이러한 것들은 풍요로운 백인 공동체에서는 당연하게 여겨지는 것들이다. 백인들 역시 종종 인종주의로 인한 변질로 흑인을 자신의 상태나 안전 그리고 신체적 복지를 위협하는 적의 무리라고 규정하기도 했다."라고 진술했다.

골프장이 들어서며 흑인과 백인의 공동체를 나눴다. 1965년 가난한 사람들이 자신의 이익을 위해, 당시의 표현으로, "실현 가능한 최대한의 참여"[55]를 통한 지역사회 활동 계획이 고안되었다. 이 계획은 실패했다. 보고서는 이 실패를 설명하는 두 가지 놀라운 결론에 도달했다. 그 결론은 첫째, "'유토피아적 사유'utopian thinking가 거의 없었으며", 둘째 "이 계획에 역사의식이 부족했다는 것이었다.[56] 이 내용은 거의 50년 전에 작성된 것으로 월스트리트 점거가 영감을 준 꿈들을 예견할 뿐 아니라 하워드 진의 민중사 계획을 예견하는 것이었다.

---

55. [옮긴이] maximum feasible participation. 당사자들이 자신의 문제를 가장 잘 이해하고 있으며 문제를 해결하는 방법 역시 잘 이해하고 있다는 점을 고려한 접근 방식.
56. Alan Haber, *The Community Organization Approach to Anti-poverty Action: An Evaluation of the Willow Village Project,* Report to the Office of Economic Opportunity (typescript, University of Michigan, 1967), 53, 313, 315.

X²: 또는 이론적인 여담

우리는 세계적 위기의 순간에 잉태된 두 가지 무서운 이야기를 끄집어내는 것으로 시작했다. 그 이야기 중 하나는 우리를 입실랜티라는 이름으로 이끌었고 우리가 국제적인 관점을 가질 수 있도록 도왔다. 두 이야기 모두는 우리가 사회적 삶의 두 가지 악성 구조에 관해 이해할 수 있도록 한다. 그중 첫째는 신체와 영혼을 완전히 파괴하는 자본주의이며 둘째는 인종주의라는 괴물이다. 전자는 생명체를 빨아드리고 후자는 영혼을 뒤튼다. 만약 우리가 흡혈귀의 이야기가 시작된 농민 문화에 관한 사고 구조로 돌아갈 수 있다면 거기에 악마에 대한 해결책이 마법처럼 나타난다. 바로 마늘 또는 심장에 꽂은 말뚝이다. 우리는 이 고대의 구제책의 상징적인 의미를 깨달을 수도 있을 것이다. 그러나 메이데이는 우리가 실제적인 조처를 할 것을 요구한다.

윌로우 런에서 가정을 파괴하는 불도저와 세계에서 가장 큰 공장의 건설은 어떤 관계가 있을까? 아일랜드에 있는 골드스미스의 황폐한 마을과 산스크레인트의 인디언 마을 그리고 1934년의 공산당 프롤레타리아는 어떤 관계가 있을까? 벤턴 하버의 골프장과 입실랜티의 경제적 긴축에는 어떤 관계가 있을까? 그리고 트란실바니아의 땔감에 대한 권리 상실과 미국의 노예제 확장은 어떠한가? 여기에서 우리는 현혹의 늪을 발견한다!

우리 공유지의 상실과 이어진 우리의 사회임금과 사회제도의 비용 삭감은 어떤 관계가 있을까? 무어인[맑스]에 따르면 공유지의 수용은 피와 불의 문자로 달성된다. 우리로 친다면 무인 드론, 구조조정 계획, 침략, 내전, "종파" 폭력, "인종" 폭력 그리고 학교 폐쇄, 공장 폐쇄, 강제집행과 인클로저가 여기에 해당한다고 볼 수 있다. 우리의 학교, 도서관, 진료소, 도시공원, 의료 보험 그리고 직장이 비겁한 수단으로 헤쳐졌다. 의무적 초과근무의 확대와 휴가의 축소로 우리의 노동일과 노동량, 즉 우리의 노동의 삶이 길어졌다!

나는 수용과 착취의 혼합물임을 표시하기 위해 이 현상을 "X 제곱"이라고 부른다. 경제학자 데이비드 하비에게 X^2은 "강탈에 의한 착취"를 의미한다. 만약 당신이 이와 같은 범죄적 장삿속(교묘하게도 "기업가정신"entrepreneurship이라고 일컬어진다)에 따르기를 거부한다면 임금 정체wage-stagnation나 가난 또는 감옥이 당신을 기다리고 있을 것이다.

우리는 어떻게 생산과 재생산의 위기를 X^2과 연관 지을 수 있을까? 우리가 보아왔듯이 수용은 우리의 공유지와 공유재를 훔쳐 가는 것을 말한다. 우리의 재생산은 공유지와 공유의 행위에 달려있다. 심지어 노벨상의 영예를 가진 엘레노어 오스트롬이 보여 준 것처럼 공유적 자치도 가능했다. 그러나 이 모든 것을 정리해 보면 우리 재생산의 위기에 관한 해답은 바로 우리의 공유지를 발견하고 되찾는 것이다.

당신이 오큐파이 운동의 열렬한 지지자가 아니라고 하더라도, 워시트노 카운티의 모든 사람이 주거와 교육의 위기를 고민하고 있다는 점을 알아챌 수 있을 것이다. 강제집행은 수용인 반면 높은 교육비와 그로 인한 엄청난 학생 부채는 착취를 만들어 낸다. 입실랜티에서 교육에 관한 주 정부 예산의 감축과 함께 찾아온 교육 예산의 초과 지출은 갑작스러운 비상 재정 감독관의 선임으로 이어졌다. 주거의 위기는 앤 아버 외곽에 형성된 노숙자 텐트촌 공동체인 캠프 테이크 노티스와 같은 결과를 초래했다. 앤 아버의 오큐파이 집단은 떨고 있을 노숙자를 위한 주 7일 24시간 운영되는 "따뜻한 종합시설"을 세우는 데 온 에너지를 바쳤다. 이 발의안은 실패로 돌아갔고 앤 아버 공공 도서관의 도심 분관 바로 옆에 있는 다층 구조의 지하 주차장 바로 위에 공유지를 세우려는 계획 역시 마찬가지였다.

기술 지배자 프랑켄슈타인 박사의 손에 창조된 괴물은 어떤 국경도 상관하지 않고 이 행성의 모든 곳을 돌아다녔다. 마찬가지로 흡혈귀 역시 붉은 피를 가진 존재라면 나라와 성별 그리고 인종의 차이는 무시했다! 잉여가치에 대한 자본가의 목마름은 세계 어디에나 존재하며 공장, 장비, 유전자, 데이터 그리고 사람을 그들의 원하는 대로 재배치함으로써 피를 갈취하고자 하는 목표를 성취한다. 2011년 10월

나플리오에서 국제통화기금의 회의가 있었을 때 노동조합은 다음과 같은 깃발 아래에 대규모 항의 시위를 조직했다.

당신들의 부는, 우리의 피!

피 빠는 자들은 국제적이지만, 그것은 우리도 마찬가지이며, 단지 우리가 할 일은…

깨어나라! 각성하라! 일어나라! 메이데이를 위해 점거하라!

피를 빠는 것은 단순한 상징이 아니다. 내가 일했던 털리도 대학교의 한쪽 모퉁이를 돌면 거기에는 주차장을 공유하는 세 개의 가게가 있다. 혈장 헌혈센터와 수표 수리점 그리고 주류 가게다. 수많은 대학교 총장이 임기를 채우고 떠난 세월 동안 그들은 같은 자리를 지켰고 분명 번영했다. 그들은 한 사람이 자신의 피를 팔고 거기에서 받은 수표를 현찰로 바꾼 후에 고주망태가 되는 미국인의 전매특허 생활 방식을 편리하게 할 수 있도록 했다.

좀비의 땅! 죽지 않은 자들의 고향. 오, 부끄러워하라!

독재자 술라는 오직 학살에만 눈이 멀었고 신을 위한 신전에 숨거나 선조의 고향으로 돌아가거나 이웃의 호의로 따뜻한 집에 숨어들더라도 그의 분노를 막아낼 수 없었다.

그러나 술라 자신도 피의 종말을 맞이했다. 『플루타크 영웅전』에 따르면 이야기는 다음과 같이 흘러갔다고 한다. 그는 내장에 궤양("그가 먹은 고기가 상해있었다.")이 있었고 피부에는 이가 끓어서 아무리 이를 잡고 씻어도 완전히 박멸할 수 없었다. 한 집정관이 누군가의 공공 부채 상환의 연기를 허용한다는 이야기를 듣고 술라는 그 남자를 호되게 꾸짖고 곧 그의 목을 졸라 죽이려고 했다. 그러나 그 비명과 저항이 너무나 거세서 그를 압박했고 "농양imposthume〔종기 또는 낭포〕가 터지면서 상당한 양의 피를 흘리고" 죽었다. 데이비드 그레이버가 우리에게 알려주었듯이 비록 채권과 부채는 항상 폭력에 의해 뒷받침되어 왔지만, 독재자의 나날이 그토록 자신이 부리던 술수와 같은 방식에 의해 숨을 거두며 시적으로 끝나는 것은 매우 드문 일이다.[57] 술라를 기억하라!

한 목수의 아들이 "또한, 우리에게 빚을 진 자를 용서하듯이 우리 빚을 용서하소서"라고 조언했다. 우리는 또한 데이비드 워커, 칼 맑스, 메리 맥코이 그리고 앨버트 파슨스를 기억하자.

또한, 하워드 진, 오클리 존슨, 메리 셸리 그리고 핑크니

---

57. David Graeber, *Debt : The First 5,000 Years* (Brooklyn : Melville House, 2011). [데이비드 그레이버, 『부채, 그 첫 5,000년』, 정명진 옮김, 부글북스, 2011.]

목사를 잊지 말자.

심판이 있으리라!

영국의 낭만주의자나 시카고의 아나키스트 또는 뉴욕의 공산주의자를 잊지 말자. 우리는 농장 인종 노예제라는 한 가지 방식의 노예제를 종식시켰다. 우리가 흡혈귀와 같은 독재적 기업과 그들의 비상 재정 감독관에게도 종말을 가져올 수 있을까? 아니면 우리는 단지 죽고 사라져버린 하루 8시간의 노동과 우리의 공유지를 애도만 하고 있을까?

심판이 있으리라!

비록 우리는 99퍼센트지만 자신을 "노동계급"이라고 칭하는 미국인은 거의 없다. 세상이 왕자들을, 현대의 태수들, CEO들, 카이사르와 술라들, 비상 재정 감독관들 그리고 다른 1퍼센트들을 타도할 수 있는 연대를 요구하고 있음에도 우리나라에서 이 용어는 심각하게 훼손되어있다. 과거 그 어떤 시기보다 점점 더 많은 이들이 생계의 수단에 궁핍을 겪고 있는 프롤레타리아가 되고 있다.

메이데이는 우리가 누구이며 무엇을 원하는지 새롭게 인식하는 날이다. 우리는 이 영광스럽고 혁명적인 화합의 날에 "나"를 "우리"에 녹여내고 우리의 말과 행동에 따라 우리가 만들고자 하는 화합의 유형을 결정한다. 노동조합, 직공별 조합, 산업별 조합, 결혼의 결합, 가족의 화합, 국가와 부족 연합, 하나의 큰 화합 또는 계급 연합. 이들은 생산과 재생산을 위한 우리의 화합이다. 5월 1일은 실천의 날이다. 우리는 누가 우리의 형제자매인지 발견하고 거기에서 연대를 담금질한다. 이것이 우리가 미래를 창조하는 방법이다. 바로 집합성과 협력이다.

이 메이데이에 우리의 책임은 무엇인가? 우리는 99퍼센트의 총회General Assemblies를 보존해야 한다. 다 함께 우리는 공유의 공간을 차지해야 한다. 광장, 공원, 강당, 거리, 도서관, 공장, 학교, 시장만큼 모두가 함께 자리 잡기 좋은 곳은 없음에도 이러한 장소들은 사유화되거나 단순히 버려졌다. 또한, 벤턴 하버의 골프장으로 변해 버린 빼앗긴 땅은 어떠한가? 우리는 거리를 메우고 우리의 존재를 서로의 눈과 귀 그리고 손길로 느낄 수 있게 해야 한다. 우리는 다수이고 그들이 소수이다.

우리는 5월의 기둥을 가져야 한다. 우리는 입실랜티의 공공 자산을 보존해야 한다. 우리는 거리를 메워서 우리가 99퍼센트라는 사실을 실제로 보아야 한다. 우리는 체류허가를 받지 않은 동료들의 존재를 환영해야 한다. 우리는 백인 우월주의라는 괴물의 심장을 꿰뚫는 말뚝을 박아 넣어야 한다. 우리는 이름을 숨기고 아닌 척 다가오는 독재를 탈피해야 한다. 우리는 아이들에게 감옥이 없는 미래를 그려 주어야 한다. 우리는 학교가 그들에게 주었던 현혹에서 벗어나야 한다. 우리는 황야를 녹색의 땅으로 바꾸어야 한다.

우리는 우리의 공유지를 되찾고 새로운 공유지를 창조해야 한다. 누구도 혼자서 이를 이룰 수는 없다. 우리들 자신에게 다 같이 함께라면 할 수 있다고 확신해 보자. 단지 우리가 할 일은

깨어나라! 각성하라! 일어나라!
메이데이를 위해 점거하라!

11장

메이데이를 노래하는 백조

우리는 어떻게 지금 이 시점 ("인류세")에
여기 (유니버시티 홀) 에 오게 되었나?

2014

이러한 반성은 분노에서 출발한다. 사실이다. 나는 AA[1]의 지혜를 받아들였다. 정의로운 분노는 다른 이들의 몫으로 두는 것이 낫다. 사그라드는 빛에 분노했던 딜런 토머스처럼, 또는 윌리엄 블레이크의 분노한 호랑이처럼 말이다. 그래도 나는 내가 느끼는 바와 그러한 느낌의 원인을 글로 표현해야 한다.

나는 걱정하지 말라고 말할 작정이었지만, 세계 노동자들에 의한 혁명을 권고하는 나의 결론에 비추어 생각해 보면 성공이 결코 확실하지 않아 그런 조언은 할 수가 없다. 걱정거리는 많았지만 그렇다고 내가 포기하지는 않는다!

나의 분노는 약이나 치료로 누그러뜨릴 수 있는 종류가 아니다. 『옥스퍼드 영어사전』은 "분노"rage의 의미 중 하나를 시적 또는 예언적 열정이라고 정의하고 있다.

알다시피 『옥스퍼드 영어사전』 제2판은 단어의 의미를 설명하기 위해 2백4십만 개가 넘는 인용문과 대화를 수록하고 있다. 각 단어 아래에서 이러한 인용문은 시간순으로 정렬된다. 이를 통해 모든 단어가 어떤 역사를 가지고 어떻게 변화해왔는지 알 수 있다. 『옥스퍼드 영어사전』의 처음 제목은 『역사적 원리에 따른 새 영어사전(1884~1928)』이었다.

서문에서는 "비록 여기에서는 단어를 주로 다루지만, 사

---

1. [옮긴이] 알코올 중독자 자조모임(Alcoholics Anonymous).

실상 이 책은 사물의 정보를 담은 백과사전과 같은 금고이다." 영어는 역사적 증거의 위대한 원천이다. 나는 이 원고의 끝에서 『옥스퍼드 영어사전』으로 돌아갈 것이다.

그러나 지금은 다시 분노로 돌아가 보자. 내가 제도에 섞여 보려고 노력하는 도중에 이 분노는 고집불통의 고립으로 나타났다. 이 분노는 자신도 알아볼 수 없는 것처럼 무디고 심지어 저리기까지 한다. 나는 이러한 상태로 20년을 보냈다. 노예로 20년이었나? 심판이 지나치게 가혹한 것으로 보이지만, 생각해 보라.

나는 매년 봄 목련이 피면 학장과 대화하며 터커 홀Tucker Hall에서 유니버시티 홀까지 산책하러 다니곤 했다. 나는 여름 계절 학기 수업을 간청해야 했다. 나는 8월이면 융자금을 내기 위한 돈이 필요했다. 학장은 언제나 말하기를, 미안하고 도울 수 없다고 말했다. 한번은 부끄러운 내 사생활을 들춰보이며 나에게 예산 관리를 더 잘해야겠다고 충고했고 또 다른 때에는 냉철한 신자유주의적 현실주의자가 되어 내가 더 나은 돈벌이를 찾으러 "인력 시장"job market에 나가봐야 한다고 말했다.

이러한 경멸을 포함한 다른 요소들이 하나하나 모여 전체를 이루게 되며, 그 전체는 가치절하 투성이다. 순위로 따져 볼 때 나는 교수진 중에서 가장 낮은 급여를 받는 구성원이었다.

1997년 나는 영국에서 두 명의 예술가를 데려왔다. 둘 다 뛰어난 시인이며 극작가인 동시에 음악가였으며 나는 이들과 함께 제임스 앳킨에 관한 연극을 공연하고자 했다. 그에 관해 들어본 적이 있는가? 1776년 미국의 자유를 위해 그는 영국 포츠머스의 조선소 밧줄 공장에 불을 질렀다. 미국은 영국 함선의 열세로 독립을 얻어낼 수 있었다. 말 그대로 그가 자유의 횃불을 들었다.

연극에는 아무도 오지 않았다.

무언가 잘못되었다. 우리는 함께하고 있지 않았다. 사람들은 혁명이 무엇에 관한 것인지 잊어버렸고 심지어 자신의 혁명조차 기억하지 못했다.

대학에서는 내 학과가 성차별적이라거나 여성의 숫자와 처우에서 부족함이 있다고 했다. 나도 동의하고 그렇다고 말했다. 학과의 몇몇 남성은 나와 논쟁하기를 원했다. 그러나 만약 당신이 학과 회의에서 공용 화장실을 쓰는 신사분께서 용변을 보기 전에 먼저 변기 변좌를 들어 올려야 한다고 요청했다가 조롱당했다면 어떤 생각이 들었을까?

내가 분명히 말하건대 분노는 부끄러움과 관련이 있다.

1994년 내가 처음 학과에 합류했을 때 학과에는 20명의 정년 또는 정년 계열 역사가가 일하고 있었지만, 현재 2014년에는 두 명의 정년 역사가만이 남았다. 교양학부는 폐지되었다.

내가 수업 전에 급하게 무언가를 확인할 수 있었던 도서관 1층에 비치된 『옥스퍼드 영어사전』은 자취를 감췄다. 칼슨 도서관은 장서의 절반을 빼앗겼다. 실제로 그들이 빼앗겼다고 하지는 않는다. 한 도서관 노동자는 이를 "선별 제거"culling라고 불렀다. 그들이 선택한 단어는 "잡초 제거"weeding였다. 이러한 일이 2011년경에 일어났다. 억만장자 블룸버그는 주코티 공원의 시민 도서관에서 5천 권의 책을 청소해 버렸고 쓰레기차로 실어다가 어두운 밤에 허드슨강에 책을 쏟아버렸다.

잡초 제거, 선별 제거, 청소. 최소한 불태우지는 않았다. 다음은 1821년에 하인리히 하이네가 쓴 글이다.

··· wo man Bücher verbrennt

Verbrennt man

Auch am Ende Menschen

"책을 태우면서 시작하는 자들은 사람을 불태우는 것으로 끝맺음한다." 아니다. 아직 화로에는 불이 지펴지지 않았지만, 다른 수단을 통한 가치절하가 만연하고 확산하고 있다.

만약 당신이 학자 또는 교사라면 이것을 수용이라고 할 수 있다. 더 많이 가르치지만, 책은 더 적어진다. 이것이 맑스가 노동자들이 생산의 수단을 잃어버리면 그들이 프롤레타리아가 된다고 말한 것과 같은 의미이다. 일부 교수들이 여전히 자신은 새끼나 치는 이들proles이 아니라고 우쭐해하지만, 우리는 현재 일종의 학자적 PTSD(외상후 스트레스장애)의 시대를 살고 있다.

지난주에는 하수도가 막혀서 도서관이 폐쇄되었다. 내 은퇴에 관한 은유를 찾아보려 한들 이보다 나은 은유는 찾기 힘들 것이다.

존 밀턴을 기억하라(『아레오파지티카』, 1644). "책은 절대로 죽은 것이 아니다… 나는 멋진 용의 이빨처럼 책은 살아 있으며 생명력 넘치는 생산을 끌어낸다는 점을 잘 알고 있다. 또한, 책이 사방으로 퍼지면 무장한 사람들을 일으킬 수도 있다는 점도 잘 알고 있다."

그 대학교는 노동계급을 위한 학교였다. 압둘 알칼리 마트가 초기 대학 헌장에서 발견한 말에 따르면 이 학교는 "털리도의 일하는 젊은 남녀"를 위한 학교였다. 미국에서 대학교는 부채 기계가 되었다. 학교는 학생들이 은행을 통해 조 단위의 달러를 융통하도록 조정했고 학생들이 일생을 계약노역으로 살아가도록 보내버렸다.

요컨대 우리는 교수진을 잃었고 우리의 대학을 잃었으며 우리의 건물과 책 그리고 우리의 가치마저 잃었다. 우리는 가치절하되었다. 나는 이 말을 입실랜티의 공공 도서관 사서에게도 전했고 그녀는 나에게 "피터, 이건 모든 노동계급 사람들의 이야기예요."라고 알려주었다.

정확했다.

틸리도 대학교는 그 가치와 인력, 위계 그리고 재정의 모든 측면에서 대학교 사업체^{business university} 또는 기업형 대학교가 되었다. 이 분노는 단지 틸리도 대학교에서 20년간의 교직 경험에서만 나온 것은 아니다. 분노는 50년 이상의 미국 학계에서의 교직 경험에서 끓어오른 것이다.

1970년에 나는 영국의 워릭 대학교에 있었다. 그 학교는 근처의 자동차 사업에 큰 신세를 지고 있었다. 노동계급 역사가 E. P. 톰슨은 이를 대학교 사업체라고 불렀고 "대학이 점점 권위주의적 효율만 높여 가며 단지 경영자들의 요구에 맞는 내용으로만 포장된 지식 상품을 제공하도록 그 기능을 축소하는 일은 진정 피할 수 없는 것인가?"라고 물었다. "아니면 우리의 노력으로 이 문제를 자유로운 토론과 행동한가운데로 가져와, 이러한 체제가 작동하고 있는 사회 전체의 역동적 갱신을 위한 '전복적' 사고와 활동을 용인하고장려할 수 있을까?"[2]

이 분노의 원인은 일반적이다. 이 분노는 자본주의와 제국주의를 향한다. 짐 크로우 법과 베트남 전쟁과 같은 특

---

2. E.P. Thompson, *Warwick University Ltd.: Industry, Management and the Universities* (1970; repr., Nottingham: Spokesman, 2014), 166.

정한 공격에 대한 분노로 시작된 믿을 수 없는 배신들은 오직 방대하게 숨겨진 분노로 성장할 뿐이었다. 흑인 권력Black Power과 제3세계의 봉기, 자동차 공장에서 폭발한 봉기들, 가부장제의 폐지, 그러나 끝나지 않은 유리 천장. 평등을 이야기할 때 우리는 기회의 평등이 아닌 조건의 평등을 이야기한다. 왜냐하면 기회는 기회주의자들의 것이기 때문이다. 평등이 아니라면 인류라는 말은 도대체 무엇을 의미하는 것인가?

옛 노예제도를 추잡하고 위선적으로 연장하는 모습으로 온 나라에 웅크리고 자리 잡은 거대한 감옥 굴락-리바이어던[3]에서도 분노가 일어났다. 현재 육백만 명이 교정 감독하에 있다. 교도소에 들어가는 비용은 교육에 들어가는 비용보다 여섯 배나 많다.

기업형 대학은 군대와 붙어다닌다. 전자의 정신은 권위에 의문을 제기하는 것이지만, 후자의 정신은 권위에 복종하는 것이다.

심지어 군대조직까지 사유화되었다. 이제 스스로 "공공"이나 "나라"를 위하는 태도를 더는 취하지 않는 기업들이 군인과 재향군인을 대우하고 있다. 유니버시티 홀과 필드하우스 사이에 있는 기념표지[4]에 붙은 후원사의 이름만 보

---

3. [옮긴이] gulag-leviathan. 사상·정치범의 강제노동 수용소.
4. [옮긴이] 두 건물 사이에는 미국 군대에 감사를 표하는 블루스타(Blue Star)의 마크가 붙어있다.

아도 알 수 있다!

왜 거기에는 스콧과 헬렌 니어링[5]의 이름을 딴 건물이나 동상 또는 초상화는 말할 것도 없고 단 하나의 공공 벤치도 없을까? 니어링은 (다른 이들과 함께) 터커[6]에 이끌려 학교에 왔고 대학 학장을 맡게 되었다. 그는 1917년 전쟁에 반대했다. 그는 여성 학습 프로그램을 시작했다가 상공회의소와 기독교 교회 그리고 수사국의 힘을 합친 개입으로 해고되기 전까지 이 프로그램을 지속했다. 이 얼마나 큰 불명예인가!

이제 상황은 더욱 나빠졌다. 이 행성은 고통을 겪고 있으며 공기와 물은 죽어가고 있다. 이 행성의 땅은 시궁창이 되었고 물은 하수도가 되었다. 이제 아이들의 놀이터 아래에는 베릴륨이 뭉쳐있고 태평양의 수면은 플라스틱병이 막고 있다. 호수 위에는 질식시키는 조류가 피어나고 하늘은 이산화탄소로 숨 막힌다. "여섯 번째 종말"이 우리 앞에 도래한다.

이 분노는 침묵에서 나왔다. 침묵은 자기 탄압에서 나왔다. 분노는 나를 혐오로 가득 채운다. 혐오는 나의 정신에

---

5. [옮긴이] 스콧 니어링은 미국의 경제학자로 반자본주의자였으며 분배, 평등, 자유에 관심을 둔 진보적 인물이었다. 헬렌 니어링은 그의 아내로 단순한 생활과 채식 등의 조화로운 삶을 강조한 작가였다. 스콧 니어링이 털리도 대학교에 재직했다(1915~1917년).
6. [옮긴이] 털리도 대학교의 초기 구성원 중 한 명.

영향을 주고 가족에게 영향을 준다. 새로운 사회를 위한 혁명과 자본주의 및 제국주의에 대항하는 노동계급의 혁명을 가져오지 못했기 때문에 분노한다. 이것이 무엇을 의미하는가? 단지 미사여구에 불과한가? 이것이 분노다.

이번이 털리도 대학교에서 내가 내 생각을 분명히 설명할 마지막 기회다.

우리가 어떻게 여기, 유니버시티 홀에 왔을까?

급진주의 또는 핵심으로 파고들어 가는 것은 두 가지 제안으로 시작한다. 첫째, 아래로부터의 역사 또는 노동계급 역사이며 둘째, 일단 역사적 의식을 얻게 되면 노동계급 혁명이 엮여서 일어난다는 개념이다. 나는 우리 학교의 건물이 유니버시티 홀인 점을 고려하여 이러한 제안에 답을 내놓으려고 애써 보겠다. (연구를 통해 분노가 일하기 시작한다.)

1. 유니버시티 홀과 아래로부터의 역사

베르톨트 브레히트의 시 「역사책 읽는 노동자의 의문」을 함께 읽어보자.

일곱 개의 성문을 가진 테베를 누가 건설했는가?
책을 채운 것은 왕의 이름들뿐이다.
울퉁불퉁한 돌덩이를 나른 이들이 왕이었는가?

그리고 수없이 파괴되었던 바빌론

그때마다 도시를 누가 다시 일으켰는가?

리마의 어떤 집을 자리 삼아

황금으로 빛나는 그곳을 지은 이들이 살아갔는가?

중국의 만리장성이 완성된 날 밤

석공들은 어디로 갔는가?

로마 제국은 승리의 개선문들로 가득하나

누가 그것들을 세웠는가?

카이사르의 개선은 누구를 밟고 돌아왔는가?

비잔티움의 노래는 끊이지 않으나

제국을 위한 왕궁만이 존재하였나?

전설의 아틀란티스에서조차

바닷물이 몰려오는 밤이면

물에 빠진 이들은 여전히 노예를 불러다 호통 칠뿐이다.

인도를 정복한 알렉산더는 혼자 그리하였는가?

갈리아를 물리친 카이사르는 군대에 요리사 한 명 두지 않

았는가?

스페인 함대가 침몰하여 필립 황제가 눈물을 흘린 날

같이 울었던 다른 눈물은 없는가?

프리드리히 2세가 7년 전쟁에서 승리를 거둔 날
그와 함께 승리한 이는 누구인가?

모든 승리의 페이지마다
승리의 향연을 준비한 이들은 누구인가?
십 년마다 위대한 인물이 나타났을 때마다
누가 그 앞의 나팔수에게 돈을 주었는가?

너무나 많은 이야기
너무나 많은 의문들

우리의 "이야기"particular는 유니버시티 홀에 있다. 우리의 "질
문"은 누가 울퉁불퉁한 돌덩이를 날랐냐는 것이다.

우리의 건물을 구성하는 돌은 인디애나의 석회암으로
장식한 위스콘신주 래넌 채석장의 돌이다. 아래층 현관의
명판에는 이 건물을 5만 톤의 돌로 지었다고 설명한다. 우
리는 프랭크 히커슨의 『탑 건설자 : 털리도 대학교의 100년
이야기』에서 100대의 철도 차량으로 운반되었다고 읽었다.[7]
5만 톤의 돌을 누가 캐고 또는 누가 100대의 화물 차량에

---

7. Frank Hickerson, *Tower Builders : The Centennial Story of the University of Toledo* (Toledo : University of Toledo Press, 1972), 196-97.

적재하였는지에 관한 말은 없었다. 건물은 400명의 손으로 11개월 만에 1931년 완공되었다. 그들은 누구였는가? 한 명의 이름이라도 알고 있는가?

밀워키에서 북쪽으로 몇 마일 떨어진 래넌 채석장은 곡괭이와 쇠지레만으로 1830년대에 문을 열었다. 래넌의 돌은 주로 포석이나 연석에 많이 활용되고 여전히 뒤채움 재료, 하수도 습지용 쇄석, 콘크리트 혼합재 등으로 사용되고 있다. 채석장 노동자들은 이탈리아와 폴란드의 이민자들이었다.

남자들은 하루 10시간 주 6일 동안 일하는데, 비숙련자는 시급 10센트, 숙련 노동자는 25센트에서 50센트 사이의 시급을 받았다. 그러나 그들은 자신의 장갑조차도 비용을 지급하고 사야 했다. 장갑을 파는 가게는 한 곳이었다. 그리고 노동자들은 너무나 거친 노동에 하루에 장갑 한 켤레가 다 닳도록 일했다. 여자들은 철도 차량에 돌을 옮겨 담을 박스나 나무틀을 만들기 위해 버려진 목조가구의 나무를 모았다. 그들이 땔감으로 사용해야 할 나무였다. 마을 공동체는 과수원 구획과 돼지를 한 마리 키우는 것에 관한 허가를 받아내고자 투쟁했다.[8]

---

8. Ruth Schmidt, "Lannon and Its Quarries," in *Lannon History: Village of Lannon Golden Jubilee 1930.1980*, ed. Fred Keller (1980).

노동자들은 젊은 나이에 규폐증silicosis으로 사망했다. 그들은 맞서 싸웠고 아침에 자신들이 쓸 도구를 연마하는 숫돌 근처에 모여서 회의를 했다. 그들 조합 헌법은 자본주의를 타도할 것을 맹세하고 있었다.[9]

버몬트 채석장 노동자의 상당수는 아나키스트였다. 루이지 갈레아니(1861~1931)는 버몬트주 배리의 채석장 노동자와 함께 일했다. 그는 거기에 숨어서 폭권과 압제자에 대항하는 직접적인 폭력 행동을 옹호하는 자신의 신문을 출간했다. 루이지 갈레아니는 신념을 행동으로 실천해야 한다는 점을 믿고 있었다. 1905년 그의 소책자『라 살루떼 에 인 보이!』(번역은 당신 안에!)는 폭탄 제조 지침을 담고 있었다.

1917년 밀워키 경찰서에 폭탄을 터트려 9명을 죽인 것으로 추정되는 마리오 부다는 그의 추종자 중 한 명이었다. 래넌 채석장에서 일하는 이탈리아 아나키스트도 있었을까? 정교한 실력으로 돌을 하나하나 쌓은 400명의 남자 중 몇몇 정도는 갈레아니의 신문『크로나카 소베르시바』또는 「전복적 연대기」를 이따금 읽어본 적이 있었을까? 한때 이 신문을 구독하는 사람은 5천 명에 달했다. 래넌이나 털리도에 구독자가 한 명도 없다고 생각하기는 어렵다. 누군가 밀

9. Bernard Sanders, "Vermont Labor Agitator," *Labor History 15* (March 1974) : 261.70. 이와 함께 준 도움으로 나는 밀워키 대학교의 관대한 두 학자 레이철 버프 박사와 마이클 고든 교수에게 감사를 표한다.

워키의 폭탄 사건 후 십수 년이 지나도록 래넌 채석장에서 곡괭이질과 발파 작업을 하며 장갑이 닳도록 일하고 있었다면 분명히 이 신문에 관해 들어본 적이 있었을 것이다.

갈레아니는 1919년 추방당했다. 무솔리니는 이탈리아로 돌아온 그를 감옥에 집어넣었다. 거기에서 그는 그토록 원하던 〈라 디나미테〉La Dynamite를 부를 수 있었다. 그는 이곳의 유니버시티 홀이 개관한 1931년 70세의 나이로 죽었다.

아나키스트가 사용한 다이너마이트는 정부나 사업가들이 사용한 다이너마이트와 비교도 되지 않았다. 예를 들어 갈레아니의 시대까지 계속 인쇄한 존 폭스 버고인 경의 고전 『돌 채석과 발파에 관한 논문』을 살펴보자. 그는 영국의 폭파 전문가로 나폴레옹 전쟁과 반도 전쟁(스페인과 포르투갈) 그리고 뉴올리언스(1812)에서 군 기술병으로 참전했다. 미국의 지식까지 얻은 그는 크림반도, 아일랜드 그리고 인도에도 기술공학을 전수했다. 그는 지구를 폭파하여 제국의 형성을 도왔다! 그가 쓴 한 장의 글은 브레히트를 생각나게 한다. "예술의 역사는 우리가 아주 초창기의 시절까지 되돌아보게 하고 … 테베의 구조적 경이로움을 기억하게 한다." 그가 울퉁불퉁한 돌덩이를 나른 사람들의 이름을 알았을 것 같지는 않다.

당신이 지휘자의 지휘봉을 공구로 생각하는 것이 아니라면 총책임자는 손에 공구를 들고 휘두르는 사람은 아니었다고 할 수 있다. 쐐기, 나무망치, 쇠망치, 송곳, 끌과 정(장약을 메워 넣기 전에 구멍을 뚫기 위한 커다란 송곳)이 바로 공구다. 그의 지식은 노동자들에게 의존한 것이었다. 그는 "성냥으로 불을 붙였으면 할 수 있는 한 빨리 달아나라"라는 한 노동자의 말을 그대로 옮긴다.

그래서 아나키스트는 노동자들이 역사를 만드다는 사실을 우리가 알 수 있게 한다. 말 그대로 노동자들이 우리의 세상을 건설했다. 그러나 노동자들이 원했던 대로는 아니다. 노동자들은 역사 발전의 모든 단계에서 그렇게 해왔다.

2. 유니버시티 홀과 나이아가라 단층애

지질학적으로 래넌의 바위는 가장 단단한 형태의 석회암으로 백운석 또는 나이아가라 백운암이라고 불리기도 한다. 이 돌은 밀도가 매우 높아서 입방피트당 무게가 160파운드[약 72킬로그램]에 달한다. 이로 인해 이 돌은 마모와 압력에 강하고 이 돌로 만들어진 유니버시티 홀은 내구성과 우수성을 가진 건물이었다.

래넌의 돌은 장대한 나이아가라 단층애의 일부다. 뉴욕 로체스터의 제네시강은 이 단층애 위에 세 개의 폭포를 형성한다. 이 폭포에서 연어는 매년 격렬하게 몸부림치며 거슬러 오른다. 나이아가라강을 따라 흘러가면 그 유명한 폭포를 만나게 된다. 단층애는 북쪽으로 향하여 휴런호의 남쪽 경계에 있는 온타리오를 지나 미시간주 북부와 위스콘신주 동쪽에 위치한 미시간호 남부 기슭까지 이어진다. 길이 약 1천 마일의 이 단층애는 4억 년 전에 형성되었다.

유니버시티 홀의 백운암 석회암은 이곳에 따뜻하고 얕은 바다가 있던 고생대 실루리아기에 형성되었다. 나이아가라 백운암은 4억 년 전에 고대 바다의 퇴적물이 축적되어 형성되었다. 이 퇴적물은 해조류와 조개류 그리고 바다 생물의 뼈에서 분해된 칼슘과 마그네슘으로 이루어져 있었다. 유니버시티 홀의 돌은 무게와 열 그리고 시간에 영향을 받았으며 완족류, 두족류, 갯나리류 그리고 산호류와 같은 초기 생명체에서 만들어졌다.

실루리아기 동안 단층애가 형성되는 데는 약 1백만 년이 걸렸다. 실제로 바로 이전의 오르도비스기 동안에 이곳은 열대 바다의 해안선이었다. 존 맥피는 성실한 학생이건 게으른 학생이건 오르도비스기의 얕은 바다 밑바닥의 걸쭉한 오물에 큰 빚을 지고 있는데 이는 모든 미국 공립 학교의 칠판의 소재가 여기에서 형성되었기 때문이며, 또한 지역 수영장의 완전히 평평한 바닥 면 역시 여기에서 형성된 것이기 때문이라고 말한다.[10] 공부하기와 놀기 둘 다 말이다!

10. John McPhee, *The Annals of a Former World* (New York : Farrar, Straus

오르도비스기의 멸종은 멸종된 생물 속屬의 비율만 보더라도 지구 역사에서 다섯 번의 대멸종 사건 중 두 번째로 크고 전체 생물군에서의 손실 측면에서도 마찬가지로 두 번째로 큰 멸종이었다. 이 멸종의 원인은 곤드와나(과거의 대륙)의 남극 지역 이동인 것으로 보고되고 있다. 이로 인해 세계적인 기온 저하와 빙결 그리고 그에 따른 해수면 하강이 일어났다.

위스콘신의 교수이며 생태학자이자 농부이고 자연주의자인 알도 레오폴드는 늑대의 울음소리가 "야생의 도전적 슬픔과 세상의 모든 역경에 대한 치욕의 울부짖음"이라고 기록했다.[11] 그는 만약 당신이 늑대를 사냥해 멸종시키면 사슴 떼가 제한 없이 커지면서 곧 숲의 키 작은 풀을 다 먹어버린다고 설명했다. 그러면 토양은 침식되어 강을 따라 운반되며 바다로 쓸려가다가 삼각주에 퇴적토처럼 쌓이게 된다. 그는 늑대 울음소리로부터 거미줄처럼 얽힌 생명의 예시를 보여 주었다. 그는 이것을 산의 입장에서 생각하기라고 부르고 우리는 이것을 영양 종속[12]이라고 부른다.

---

and Giroux, 1999).

11. *A Sand County Almanac and Sketches Here and There* (New York : Oxford University Press, 1949), 129를 참조하라.

12. [옮긴이] trophic cascade. 먹이 망으로 연관된 종들의 개체 수가 연쇄적으로 증감하는 현상으로 먹이 자체보다 포식자의 개체 수가 생태계에 미치는 영향을 강조한다.

"토지와 토지 위에서 자라는 동식물에 관한 인간의 역할을 다루는 윤리적 태도는 아직 마련되지 않았다." 나는 레오폴드가 윤리적이라는 말을 경제적이라는 말의 반대 개념으로 본다고 생각한다. 마치 역사 - 자연의 이원론처럼 윤리 - 경제의 이원론은 17세기 자본주의와 함께 생겨난 상대적으로 최근의 사상이다.

실루리아기는 로더릭 머치슨 경에 의해 발견되고 그는 웨일스 남부의 켈트인 실루리아인들의 이름을 따 이 시기를 명명했다. 윌리엄 래넌이 자신의 이름을 딴 장소인 위스콘신의 그 장소에 도착했던 시기는 1835년이었다. 1879년 찰스 랩워스 경은 오르도비스기를 발견하고 웨일스 북부의 켈트족 오르도비아인들의 이름을 따 이 시기를 명명했다. 이들 켈트족은 기원후 시대의 첫 세기에 로마의 점령에 항의했던 사람들이었다.

3. 역사의 단계

진보의 이야기는 한때 혁명의 이야기이기도 했다. 맑스의 단계는 원시적 공산주의, 고대 노예제, 중세 봉건주의 그리고 자본주의였다. 역사가 잘 정의된 특정 단계를 통해 발전한다는 개념은 18세기 계몽주의에서 나타났다. 역사가들은 단계적 시기stadial의 개념을 지질학자들(층서학Lithostratification)로부터 알게 되었고 이는 다시 석탄 광부(다시 노동자로 돌아왔다)들로부터 알게 된 것이었다. 그리고 현재 마른 땅이나 높은 지대에서 발견되는 바다 생물의 화석으로 사람들은 지구에 한때 다른 형태의 대양과 대륙이 있었다는 것을 믿는다.

인간 역사의 단계는 생산의 양식과 삶의 물질적 기초가 어떻게 이루어졌는지와 관련이 있다. 그들은 수렵 및 채집, 가축, 농경 그리고 거래와 가공으로 살고 있었다. 18세기에 그들은 멸종에 관한 개념이 없었다. 프랑스 혁명의 시기가 되어서야 퀴비에가 지리학적 격변설을 가르치고 곧이어 리엘과 다윈이 나타나 진화론을 가르쳤다.

나는 맑스가 공산주의를 정의한 방식인 "사물의 실재 상태"를 묘사하는 데 실패한 것인가? "공산주의는 우리가 달성해야 할 상황이나 〔미래의〕 현실을 맞추어 조정해야 할 이상이 아니다. 우리는 공산주의를 사물의 현재 상태를 폐지하는 실재적 운동이라고 부른다."[13] 이는 그림의 떡 같은 것이 아니다. 맑스는 당신의 주위를 둘러보라고 말한다. 프롤레타리아의 자기 활동은 당신에게 당신만의 답을 줄 것이다. 당신은 다음과 같은 사회 계약을 지는 동시대의 무수한

---

13. *The German Ideology*, 48. [카를 마르크스·프리드리히 엥겔스, 『독일 이데올로기』 1~2, 이병창 옮김, 먼빛으로, 2019.]

공유지들 사이에서 답을 찾을 수 있을 것이다.

　　각자에게는 그의 필요에 따라서,
　　각자는 그의 능력에 따라서.

　　맑스는 우리에게 토대와 상부 구조를 제시했다. 토대는 기술공학이나 노동 또는 경제에 있고 그 위에 가족과 사유 재산 그리고 국가가 놓이며 거기에 종교와 철학 그리고 관습이 이어졌다. 그러나 언어는 토대와 상부구조 전체에 걸쳐 있다. 나는 어떻게 물질적 토대와 이데올로기적 상부 구조가 상호 구성하는지 알고 싶었다. 사전이 단어와 사물에 관한 역사적 지침이라는 사실을 기억하라. 나는 『옥스퍼드 영어사전』을 들고 사전 체계, 의미론, 담론, 철학, 언어학을 마치 나이테처럼 이해하고자 했다.

　　비코에게 철학은 어원학, 역사, 연설 그리고 제도에 가까웠다. 그는 "어원사전"etymologicon에 관한 생각을 하고 있었다. 예를 들어 그는 법에 관한 라틴어인 "렉스"lex가 수렵과 채집의 단계에서의 도토리의 원래 이름에 기원을 둔다고 믿었다. 그러다가 농경 단계가 되면서 이 단어는 물과 식물을 뜻하는 단어와 그 뿌리를 같이하게 되었고, 이후 기록의 발명 이후에 어휘를 의미하게 되었으며, 국가가 형성되면서 법을 의미하게 된 것으로 보았다. 정확하게 계통학phylogeny적

발달 단계를 따르는 발생학은 아니지만, 분명히 어원학은 계층학stadialism을 따르고 있다.

혁명가는 또 다른 세상을 열 수 있다고 믿는다. 생계 수단으로서의 사유재산을 갖지 않은 사람들이 우리를 거기에 데려다줄 것이다. 그것이 칼 맑스의 생각이었다. 이 계급은 아직 세계 역사적 과제에 부응하지 못하고 있다. 어떻게 이러한 과제를 해나갈 수 있을까? 물론 시행과 착오를 통해서다.

만약 블레이크가 지옥의 격언14에서 "분노한 호랑이가 훈련받은 말horses보다 현명하다."라는 말을 정확하게 썼다고 한다면 이러한 진실은, 한편에는 호랑이의 야성적이고 숭고한 저항을 두고 다른 한편에는 목축 단계 역사에서의 동물 가축화를 두는 역사적 연속 선상에 놓을 수 있다. 블레이크는 양쪽의 단계가 동시 발생적이라고 가르쳐준다. 즉, 거기에 시행과 착오가 있고 우리는 이를 발견할 수 있다.

4. 멸종 또는 혁명

인류세가 우리에게 펼쳐지면서 생명의 여섯 번째 대멸종도 함께 다가왔다.

이 용어의 정의는 다양하게 변화해 왔다. 이 용어는 지구

---

14. [옮긴이] proverbs of hell. 블레이크의 산문시.

생명체의 역사 시대로서 충적세를 대체하는 새로운 지질학적 시대를 제시한다. 마이크 데이비스는 이 시대가 "지질학적 힘으로서 도시산업 사회의 출현"이라는 특징을 가진다고 말한다. 잘라셰비츠는 이 시기가 지구의 생물학적, 물리적 그리고 화학적 과정에 인간이 미친 영향을 깨닫게 한다고 말한다. 그 원인에는 화학적 교란(탄소와 질소), 되살아난 분균류taxa, 종들의 파멸, 대양의 산성화, 지형의 변화, 오존층 파괴 등이 있다.[15] 〈런던 지질학협회 층서위원회〉(1807년 설립)는 지질학적 시간의 척도를 판단하여 현재를 "인류세"로 부르는 것을 고려하고 있다.

딜런 토머스는 "분노하라, 죽어가는 빛에 분노하라"고 울부짖었다. 웨일스의 음유시인은 그의 죽음을 언급했지만, 아마도 그는 지구의 대기를 채운 먼지가 세상을 어둡게 하는 마지막 멸종을 이야기하고 있었는지도 모른다. 한낮의 황혼이다.

인류세는 우리의 지질학적 세epoch를 뜻하기 위해 제안된 최근의 기술적 용어이다. 이는 우리 지질학적 시대인 신생대의 하위 분할이며 우리의 지질학적 시기인 제사기Quaternary의 하위 분할이기도 하다. 여기에는 시대적으로 겹쳐지

---

15. Mike Davis, "Who Will Build the Ark?" *New Left Review* 61 (January. February 2010) : 30. Jan Zalasiewicz et al, "Stratigraphy of the Anthropocene," *Philosophical Transactions of the Royal Society* 369 (2011) : 1050.

는 연대기적 요소가 있다. 이를 통해 이전의 멸종과 우리에게 다가오는 멸종을 비교할 수 있다.

생명의 첫 번째 대멸종은 약 4억 4천5백만 년 전인 오르도비스기 말과 실루리아기 초에 일어났다. 오르도비스기 방산은 해양 생명체의 폭발적 증가를 뜻하며 육지 기반 생명체인 이끼류로 인한 대기 중 CO_2의 감소로 빙하기가 오면서 이렇게 증가한 생물의 85퍼센트가 멸종했다.[16] [17] 이 "사건"은 1백만 년을 사이에 두고 두 번의 급격한 곡선으로 나타났다!

주요 과학은 오늘날 우리가 인류세에 동반해 나타날 여섯 번째 멸종의 길에 있다고 말해 준다. 그러나 시간적 측면에서 어울리지 않는 것이 있다. 인류세는 연대기적 분류에서 세世에 속하지만, 첫 번째 멸종은 기紀에 속한다. 이는 마치 몇 초 걸리는 일을 수십 년 이상 걸리는 일과 비교하는 것과 같다.

더 심각한 문제가 있다. "인류세"는 계급을 감추고 종 접

---

16. [옮긴이] 이끼로 인해 암석의 화학적 풍화작용이 촉진되어 석회암이 형성되는 과정에서 이산화탄소가 감소하였으며 바닷물의 부영양화 현상이 겹쳐 지구 온도가 급감하였다.

17. Elizabeth Kolbert, *The Sixth Extinction : An Unnatural History* (New York : Henry Holt, 2014), chap. 5. 인류세와 그 멸종에 관한 내 의견은 2014년 캘리포니아 버클리에서의 반론 모임에서의 뛰어난 논의로부터 시작되었다.

근을 택하고 있다.[18] 남성 또는 여성은 호모 사피엔스라는 역사 없는 종種이 된다. 만약 역사라는 것이 단지 "인간 본성" 또는 멍청이가 해 준 이야기라면 우리가 역사를 왜 공부해야 하는가? 인류라는 용어도 같다. 여기에도 악마가 숨어 있다. 이러한 용어는 역사를 생물학으로 한정해 버린다.

사람들 사이에는 노동계급과 지배계급과 같은 계급의 차이가 있다. 이는 지배하는 자들과 지배받는 자들, 가진 자와 가지지 못한 자, 부유한 자와 가난한 자의 차이다. 우리는 완전한 표면적 "본성"이 아닌 역사를 통해 계급에 접근해야 한다.

단지 광부들이 석탄을 파냈다는 이유로 그들에게 지구 온난화의 책임을 묻는 실수를 하지 말라. 그들을 지하로 내려보낸 것은 그들의 고용주다. 고용주가 없는 그들의 모습은 재즈를 사랑하는 웨일스 광부이고 전국민 의료보험 서비스를 위한 싸움을 이끄는 자들이었다. 또한, 그들은 스페인에서 파시즘과 맞서 싸웠으며 그들의 합창은 아무에게도 뒤지지 않았다.

인류세는 언제 시작된 것으로 보고 있을까? 과학적 제안에 따르면 1800년이다. "우리는 합리적으로 이처럼 서

---

18. Jason W. Moore, "Anthropocene, Capitalocene & the Myth of Industrialization," three parts, online.

기 1800년이 인류세의 시작으로 선택될 수 있다고 제안한다."[19] 비록 "자본세"라는 말을 더 선호하는 비평가들조차 1800년이 시작점으로 적절하다고 생각한다.

경제 체제로서의 자본은 삶의 수단을 통제하지 못하는 사람들과 그 수단을 통제하는 자들을 떼어놓아 줄세우고, 권력과 돈 그리고 사악한 생각들로 요약될 수 있는 방편을 모아놓은 수단으로 이러한 분열을 성취한다. "자본세"는 역사적 변화의 뿌리에서 인간의 갈등을 보도록 강요하는 추한 단어다. 우리를 이 시점으로 끌고 온 것이 인간 행위자였듯이, 우리를 현재 상황에서 구출할 것도 호모 사피엔스의 멸종이 아니라 인간 행위자에 의한 자본주의의 폐지다. 인간 행위자는 역사를 통해 작용하며 그 역사는 갈등의 역사이다. 누가? 누구를?

프레더릭 더글러스는 "우리가 필요한 것은 빛이 아니라 불이다. 부드러운 소나기가 아니라 천둥이다. 우리는 폭풍과 회오리 그리고 지진이 필요하다."라고 말했다. 이는 (마찬가지로 래넌의 돌로 만들어진) 필드 하우스의 벽에 강력한 메시지를 담은 낙서로 남아 있다.

---

19. Will Steffen, Jacques Grinevald, Paul Crutzen, and John McNeill, "The Anthropocene : Conceptual and Historical Perspectives," *Philosophical Transactions of the Royal Society* 369 (2011) : 849. 또한 Jan Zalasiewicz et al., "Stratigraphy of the Anthropocene," *ibid.*, 1050를 참조하라.

나는 학장이 "시장에 나가보라"고 제안했을 때 그럴 시간이 없었다. 대신 나는 마치 용의 이빨과 같은 학술적 씨앗을 사방에 퍼뜨렸다. 나는 『런던 교수형』, 『히드라』(마커스 레디커 공저), 『마그나카르타 선언』 그리고 『멈춰라, 도둑!』을 출판했다. 학장, 처장, 총장, 부총장 그리고 평의원회 구성원 중 누구도 이 책들을 언급하지 않았다. 역사학과의 동료들은 이러한 성과를 존중하고 지지해 주었다. 첫 번째 책은 사형을 학계 의제로 올리는 것을 도왔다. 두 번째 책은 "대서양 세계"를 지도에서 부각했다. 법과 공유지에 관한 세 번째 책은 여전히 사람들의 마음에 녹아들고 있다. 이제는 혁명으로 돌아갈 때이다. 활동가들에게 용의 이빨이 솟아날 수 있기를.

마침 이 책의 내용도 1803년 참수당한 혁명가 에드워드 데스파드를 다루었던 털리도 대학교에서의 나의 첫 강의로 돌아갈 때가 되었다. 나는 1803년에 관한 궁금증을 20년이나 품고 있었다. 1803년에 무슨 일이 일어났는지 아는 것이 왜 절대적으로 필요할까?[20] 물론 그해에 오하이오가 주(州)로

---

20. 역사가의 직업병 중 하나는 날짜에 관한 맹목적인 사랑이다. 내 경우에는 거의 비자발적인 틱의 단계에까지 왔다. 백운암과 백운석에 관해 공부하면서 기뻤던 점은 이 돌이 1750년 태어나서 1801년에 죽은 프랑스의 지질학자 데오닷 드 돌로미유(Déodat de Dolomieu)의 이름을 땄다는 점이다. 그가 죽은 해는 인류세가 시작된 바로 다음 해이며 데스파드가 감옥에서 풀려났던 해다! 나폴레옹은 그를 광산 조사관으로 임명했다.

승격하기는 했지만, 나는 다른 사건을 생각하고 있다.

우리 시대에 공장, 감옥, 농장 그리고 가부장제는 역사적인 착취 제도이다. 이러한 제도가 크게 활성화되었던 시기가 1803년이다.[21] 화석 연료 추출의 확대, 열기관의 열역학, 낙태의 법적 범죄화, 농민 공유지의 수용, 아이티 독립에서 노예의 승리, 루이지애나 매입에서 노예의 패배, 영국 공예가들의 지하조직, 아일랜드 독립운동의 소멸 그리고 전쟁, **전쟁, 전쟁!**

우리는 신과 왕 그리고 사유재산을 대표하는 영국과 자유와 평등 그리고 형제애를 대표하는 프랑스 사이에서 여러 전쟁을 볼 수 있다. 아니면 우리는 자본주의적 국제관계의 확산이나 오하이오 계곡, 오대호, 멕시코, 베네수엘라, 인도, 아프가니스탄, 케이프타운 등등에 "통상적인 사업"을 도입하는 과정에서 전 세계적으로 이러한 현상을 발견할 수 있다. 그 시작점이 1803년이다.

그러면 노동계급은 어떠한가?

20년 전 혁명가 에드워드와 캐서린 데스파드에 관한 내 강의는 그들을 영국 노동계급의 형성이라는 한정된 맥락에서 다루지 않았으며 오히려 그들을 아일랜드인과 아프리카

---

21. "The City and the Commons" in *Stop, Thief! The Commons, Enclosures, and Resistance* (Oakland : PM Press, 2014) [피터 라인보우, 『멈춰라, 도둑!』, 서창현 옮김, 갈무리, 근간]를 참조하라.

계 미국인 노동자로도 보았다. 내가 가진 "사물에 관한 정보"는 『옥스퍼드 영어사전』에 한정되어 있었기 때문에 그들의 머릿속에 들어갈 수는 없었고 또한 그들의 역사적 경험을 묘사할 수도 없었다! 말로 하는 정치는 내 나라의 말을 파괴하고 기억을 지우며 집단 정체성을 소멸시킨다.

나는 아일랜드의 말을 생략했고 은어도 빼버렸다. 이 둘은 모두 『옥스퍼드 영어사전』에 빠져 있었다. 따라서 나는 아일랜드어 사전과 도둑의 사전이 필요했다. 대니얼 캐시디가 이미 아일랜드에서도 심각하게 쓰는 사람이 줄어든 아일랜드어가 어떻게 비밀스레 미국에서 속어로 살아남았는지를 아래에서부터 보여 주는 사전 편집법으로 만든 사전을 제공해 주었다! 다른 하나는 교양 있는 도둑 제임스 하디 보가 실제로 1800년에서 1803년에 데스파드가 있었던, 같은 감옥에서 지내면서 수집한 자료에서 찾을 수 있었다.[22] 이 두 가지 자료는 『옥스퍼드 영어사전』의 부족분을 메꾸는 데 도움이 되었고 결과적으로 인류세의 시작 시기에 계급 구조에 관한 우리의 이해를 확장할 수 있도록 했다.

하나는 우리가 이민자의 역할, 특히 제국에 대항한 경험

---

22. Daniel Cassidy, *How the Irish Invented Slang : The Secret Language of the Crossroads* (Petrolia, CA : CounterPunch, 2007), and Noel McLachlan (ed.), *The Memoirs of James Hardy Vaux, Including his Vocabulary of the Flash Language* (London : Heineman, 1964).

이 있는 사람들의 역할을 이해하는 데 도움이 되었고 다른 하나는 하층 계급이나 불안정 노동자, 특히 공유를 경험한 적이 있는 사람들을 비추는 빛을 제공한다. 이는 노동계급 내에서의 구분이다. 내가 유니버시티 홀에서 반복적으로 언급한 "노동계급"은 역사적 힘이고 창조의 세력이며 경제의 숨겨진 요소다. 이들이 충분히 함께 집결하면 새로운 사회와 새로운 세世, 새로운 기紀, 새로운 대代를 열 수 있을 것이다.

자본주의적 통제 속에서 대학은 지식의 공유지로서, 사회적 재생의 장소라는 역할에서, 그리고 심지어 책을 읽는 장소로서의 역할에서도 죽어가고 있다. 비록 생각하고 조사해 봐야 할 것들이 많이 남아 있지만, 내 감정은 분명하다. 비통한 슬픔은 우리의 것이 아니라 과거의 돌과 과거의 눈물에 속한 것이다. 그러나 분노는 거기에 남겨지는 것이 아니다.

나는 역사에 속하는 생물학적, 화학적, 자기적magnetic 힘을 보여 주고 싶다. 인류세에 관한 토론은 적어도 우리가 우리의 은유를 시대의 징후로 볼 수 있도록 돕는다. 늑대 울음소리는 이전 세대를 거미줄처럼 얽힌 삶 속으로 불러왔다. 그 전에 천둥과 회오리 그리고 지진이 나타나며 노예 제도가 폐지되었다. 1803년 분노한 호랑이가 숲을 거닐 때 〈런던 지질학협회 층서위원회〉나 산업 혁명과 같은 것은 모르고 있었다.

　이제 결론 내려 보자.

　이미 나의 백조 노래[23]를 통해 내 의견을 말했듯이 나는 건설 노동자, 이민자, 죄수, 요리사, 간호사, 학생, 정원사, 교사 그리고 농부와 함께 이 과업에 뛰어들 준비가 되었다. 새 관찰자이며 휴대용 새 도감을 고안했던 로저 토리 피터슨은 백조의 한 종류인 흑고니가 노래를 부르는 것이 아니라 단지 꽥꽥, 꿀꿀, 쉿쉿 소리를 내는 것이라고 말한다.[24] 동물에 관한 우화에 한 몸을 바친, 노예이자 이야기꾼인 이솝은 거위 대신 실수로 붙잡힌 백조가 마치 죽음의 서곡처럼 노래를 시작한다고 말한다. 그리고 그 소리와 노래를 알아챈 사람이 백조의 목숨을 살려 주었다. 여기 나의 백조 노래 또는 백조 울음도 그러하기를 바란다. 그 진실한 맹세가 다시 울려 퍼지고 전 세계의 노동자들을 단합하게 해야 한다. 우리가 쟁취해야 할 세상이 여기 있고 회복해야 할 지구가 여기 있다. 메이데이! 메이데이!M'aidez! M'aidez! 25

---

23. [옮긴이] swan song. 최후의 걸작을 뜻하는 말로 백조가 죽기 직전에 단 한 번 큰 소리로 운다는 속설에서 유래했다.

24. Roger Tory Peterson, *A Field Guide to Birds* (Boston : Houghton Mifflin, 2001), 49.

25. [옮긴이] 메이데이와 동음이의인 조난신호 메이데이(MAYDAY)는 프랑스어 메데(M'aidez)를 어원으로 하는 영어 표현이다. 5월 1일을 뜻하는 메이데이와 어원상 관계는 없지만 여기에서는 두 가지 의미의 메이데이를 모두 표현하고 있다.

이 책은 서로 다른 시기에 작성된 열한 편의 글이 메이데이를 다양한 측면으로 바라볼 수 있도록 짜여 있다. 거기에 담긴 흥미로운 정보들은 누구나 메이데이의 역사에 다가갈 수 있도록 한다. 하지만 이 책을 통해 저자가 전하고자 하는 바는 메이데이에 관한 단순하고 흥미로운 사실을 넘어선다. 역사는 과거부터 이어진 시간의 연속체에서 일어난 인간 사회의 변화를 보여 준다.

메이데이는 기념일이다. 고대부터 이어진 봄의 축제가 시작되는 날인 메이데이에 사람들은 공유지에 나와 축제를 즐겼다. 땅을 밟고 일하는 사람들에게 풍요의 권리가 있다면 이날은 그 권리를 축하하는 기념일이었다. 1886년 5월 1일에 노동자들은 이러한 풍요의 권리를 주장하기 위해 한자리에 모였고 불행한 유혈사태를 이겨내고 승리를 거두었다. 완전무결한 승리는 아니었기에 그날의 역사는 완료된 역사가 아니다. 오늘날 전 세계의 노동자들은 이 투쟁의 날에 하나의 목소리로 연대하고 자본주의 체제의 부조리와 억압에 저항한다. 노동과 인간의 해방이라는 목표를 어떻게 이루어가고 있는지 알기 위해 메이데이의 상징적 중요성과 역사적 과정을 탐구하는 일은 매우 중요하다.

우리는 메이데이의 역사에서 어떤 면을 바라봐야 하고, 또 앞으로는 어떤 역사를 기대해야 할 것인가?

저자는 공유지와 8시간 노동에 초점을 맞춘다. 메이데이의 역사에서 공유지는 다양한 의미를 지닌다. 원시 공동체에서 공유지는 축제와 휴식 그리고 생계의 장이었다. 원시 공동체가 해체되면서 권력을 가진 자들이 공유지에서의 축제를 이교도의 문화로 치부하기도 했지만, 그럼에도 메이데이는 이교도의 문화가 아닌 모든 이들이 축하하는 날로 자리 잡았다. 과거의 역사에서 공유지에서 메이데이가 되었다고 한다면, 오늘날에는 메이데이가 거행되는 장소가 바로 공유지라고 할 수 있다.

그리고 바로 그 공유지에서, 바로 그 메이데이에 모두가 연대하여 이루어낸 것이 하루 8시간 노동이다. 우리나라에서 '노동절'이나 '근로자의 날'로 불리는 이날은 그저 하루 쉬는 휴일로 '더 나은 생산성을 위해 은혜롭게 제공되는 휴식'의 날이 아니다. 하루 8시간의 노동 역시 궁극적인 목적이 아닌 또 다른 성취를 향한 길에 놓인 이정표milestone이다. 그리고 이와 같은 연대와 저항의 이정표가 늘어선 그 길의 끝에 풍요의 권리가 놓여 있을 것이다. 여기에서 중요한 점은 이날의 역사가 미완의 역사라는 점이다.

이 책을 번역하며 가장 눈에 띄면서도 처음으로 그 의미에 대해 의문이 들었던 단어가 '미완'incomplete이었다. 이 책의 번역을 마친 시점에서 이 단어가 가진 의미를 몇 가지 이야기하고 후기를 마치고자 한다. 메이데이의 역사에는 담아야 할 것이 아직 훨씬 더 많이 남아있다. 여기에 미처 담지 못한 여러 이야기가 있다. 다른 대륙과 다른 시간에, 메이데이는 보편적으로 존재하면서도 특수한 이야기를 자아냈을 것이다. 다른 시간이란 과거와 현재 그리고 미래를 모두 아우른다. 이제 우리에게는 앞날이 열려 있다. 눈앞의 현재와 열려 있는 미래에, 우리는 메이데이의 역사를 기억하고 그 의미를 논의한 뒤 우리 시대의 상황에 맞는 행동을 취하면서 이 미완의 역사의 나머지 부분을 또 다른 축제와 춤 그리고 행동으로 채워야 할 것이다.

5월이 다가오는 시점에서 이 책을 마무리하며 녹색이 가득한 시기에 많은 이들과 이 이야기를 나눌 수 있기를 바라며, 경이로운 이야기를 담은 이 책을 독자들에게 권하는 바이다.

2020년 4월 13일
부산대학교에서
박지순

7장 「마음을 다한 메이데이(2006)」 참고문헌

Algren, Nelson. *Chicago : City on the Make*. 1951. Reprint, Chicago : University of Chicago Press, 2001.

Avrich, Paul. *The Haymarket Tragedy*. Princeton : Princeton University Press, 1984.

De Angelis, Massimo. www.thecommoner.org.uk.

Duberman, Martin. *Haymarket : A Novel*. New York : Seven Stories Press, 2003.

Foner, Philip. *May Day : A Short History of the International Workers' Holiday, 1886–1986*. New York : International Publishers, 1986.

Galeano, Eduardo. *Memory of Fire*, Vol. 2, *Faces and Masks*. Translated by Cedric Belfrage. London : Quartet, 1987. [에두아르도 갈레아노, 『불의 기억 2』, 박병규 옮김, 따님, 2005.]

Galeano, Eduardo. *The Book of Embraces*. Translated by Cedric Belfrage and Mark Schafer. New York : W.W. Norton, 1991. [에두아르도 갈레아노, 『포옹의 책』, 유왕무 옮김, 예림기획, 2007.]

Green, James. *Death in the Haymarket : A Story of Chicago, the First Labor Movement and the Bombing That Divided Gilded Age America*. New York : Pantheon Books, 2006.

Harris, Joel Chandler Harris. *Uncle Remus : His Songs and Sayings*. New York : Appleton, 1880.

Logan, Rayford W. *The Negro in American Life and Thought : The Nadir, 1877–1901*. New York : Dial Press, 1954.

MacCarthy, Fiona. *William Morris : A Life for Our Time*. New York : Knopf, 1995.

Shnookal, Deborah, and Mirta Muñiz, eds. *José Martí Reader : Writings on the Americas*. New York : Ocean Press, 1999.

Roediger, David, and Franklin Rosemont. *Haymarket Scrapbook*. Chicago : Charles H. Kerr, 1986.

Thompson, E.P. *William Morris : Romantic to Revolutionary*. 1955. Reprint, Oakland : PM Press, 2011. [에드워드 파머 톰슨, 『윌리엄 모리스 : 낭만주의자에서 혁명가로 1·2』, 윤효녕 외 옮김, 한길사, 2012.]

8장 「오바마 메이데이 (2010)」 보충문헌

Brownhill, Leigh. *Land, Food, Freedom : Struggles for the Gendered Commons in Kenya*. Trenton, NJ : Africa World Press, 2009.

Geertz, Clifford. *Agricultural Involution : The Process of Ecological Change in Indonesia*. Berkeley : University of California Press, 1963. [클리퍼드 기어츠, 『농업의 내향적 정교화 : 인도네시아의 생태적 변화 과정』, 김형준 옮김, 일조각, 2012.]

Green, James. *Death in the Haymarket : A Story of Chicago, the First Labor Movement and the Bombing That Divided Gilded Age America*. New York : Pantheon Books, 2006.

Grubačić, Andrei, ed. *From Here to There : The Staughton Lynd Reader*. Oakland : PM Press, 2010.

Morton, Thomas. *The New English Canaan*. Amsterdam : J.F. Stam, 1637.

Obama, Barack. *Dreams from My Father : A Story of Race and Inheritance*. New York : Times Books, 1995. [버락 오바마, 『내 아버지로부터의 꿈』, 이경식 옮김, 랜덤하우스코리아, 2009.]

Sale, Kirkpatrick. *SDS*. New York : Random House, 1973.

Sanders, Ed. *America : A History in Verse*, vols. 1~3. Santa Rosa, CA : Black Sparrow Press, 2000, 2004; *America : A History in Verse : The 20th Century*. Woodstock, NY : Blake Route Press, 2008. CD-ROM.

Shiva, Vandana. *Stolen Harvest : The Hijacking of the Global Food Supply*. Boston : South End Press, 2000. [반다나 시바, 『누가 세계를 약탈하는가』, 류지한 옮김, 울력, 2003.]

Toer, Pramoedya Ananta. *The Mute's Soliloquy*. Translated by Willem Samuels. New York : Penguin, 1999.

Wright, Richard. *The Color Curtain : A Report on the Bandung Conference*. Cleveland : World Pub. Co., 1956.

Zinn, Howard. *SNCC : The New Abolitionists*. Boston : South End Press, 2002.

9장 「'메이데이의 방'에 쌓은 기록(2011)」 보충문헌

Ackroyd, Peter. *London : The Biography*. New York : Nan A. Talese, 2000.

Alexander, Michelle. *The New Jim Crow : Mass Incarceration in the Age of Color-blindness*. New York : The New Press, 2011.

Austen, Jane. *Northanger Abbey*. 1817. [제인 오스틴, 『노생거 사원』, 윤지관 옮김, 민음사, 2019.]

Blake, William. *Songs of Innocence and Experience*. 1789, 1794. [블레이크, 『순수의 노래 경험의 노래』, 김영무 옮김, 혜원출판사, 2000.]

Davis, Angela Y. *Are Prisons Obsolete?* New York : Seven Stories Press, 2003.

Gilmore, Ruth Wilson. *The Golden Gulag : Prisons, Surplus, Crisis, and Opposition in Globalizing California*. Berkeley : University of California Press, 2007.

Gissing, George. *The Nether World*. 1889.

Jackson, George. *Soledad Brother*. New York : Bantam Books, 1970.

Marx, Karl. *The Communist Manifesto*. 1848. [칼 맑스·프리드리히 엥겔스, 『공산당 선언』, 심철민 옮김, 도서출판b, 2018.]

10장 「입실랜티 흡혈귀 메이데이 (2012)」 보충문헌

Boal, Iain, Janferie Stone, Michael Watts, and Cal Winslow, eds. *West of Eden : Communes and Utopia in Northern California*. Oakland: PM Press, 2012.

Brecher, Jeremy. *Strike!* Oakland: PM Press, 2014.

Caffentzis, George. "On the Notion of a Crisis of Social Reproduction : A Theoretical Review." In *Women, Development and Labor of Reproduction : Struggles and Movements*, edited by Mariarosa Dalla Costa and Giovanna F. Dalla Costa. Trenton, NJ : Africa World Press, 1999, 153~87.

Federici, Silvia. *Revolution at Point Zero : Housework, Reproduction, and Feminist Struggle*. Oakland : PM Press, 2012. [실비아 페데리치, 『혁명의 영점 : 가사노동, 재생산, 여성주의 투쟁』, 황성원 옮김, 갈무리, 2013.]

Graeber, David. *Debt : The First 5,000 Years*. Brooklyn : Melville House, 2011.

[데이비드 그레이버, 『부채, 그 첫 5,000년 : 인류학자가 다시 쓴 경제의 역사』, 정명진 옮김, 부글북스, 2011.]

Green, James. *Death in the Haymarket : A Story of Chicago, the First Labor Movement, and the Bombing that Divided Gilded Age America*. New York : Pantheon Books, 2006.

Harvey, David. *The New Imperialism*. Oxford : Oxford University Press, 2003. [데이비드 하비, 『신제국주의』, 최병두 옮김, 한울아카데미, 2005.]

Hawthorne, Nathaniel. "The Maypole of Merry Mount." In *Twice-Told Tales*. Boston : American Stationers Co., 1837.

Linebaugh, Peter. *The Magna Carta Manifesto : Liberties and Commons for All*. Berkeley : University of California Press, 2008. [피터 라인보우, 『마그나카르타 선언 : 모두를 위한 자유권들과 커먼즈』, 정남영 옮김, 갈무리, 2012.]

Marsh, George Perkins. *Man and Nature; or, Physical Geography as Modified by Human Action*. New York : Charles Scribner, 1864. [조지 마시, 『인간과 자연』, 홍금수 옮김, 한길사, 2008.]

Marx, Karl. *Capital : A Critique of Political Economy*. Vol. 1. Translated by Ben Fowkes. London : Penguin Books, 1976. [카를 마르크스, 『자본론 ― 정치경제학 비판 I (상), (하)』, 김수행 옮김, 비봉출판사, 2015.]

McNally, David. *Monsters of the Market : Zombies, Vampires and Global Capitalism*. Historical Materialism Book Series, Vol. 30. Leiden, Netherlands : Brill, 2011.

Morton, Thomas. *The New English Canaan*. London, 1637.

Rosemont, Franklin, and David Roediger, eds. *The Haymarket Scrapbook*. Chicago and Oakland : Charles Kerr and AK Press, 2012.

Stoker, Bram. *Dracula* (1897). Edited by Nina Auerbach and David J. Skal. New York : W.W. Norton & Co., 1997. [브램 스토커, 『드라큘라 : 브램 스토커 장편소설』, 이세욱 옮김, 열린책들, 2000.]

Trachtenberg, Alexander. *History of May Day*. New York : International Publishers, 1947.

Vradis, Antonis, and Dimitris Dalakoglou, eds. *Revolt and Crisis in Greece : Between a Present Yet to Pass and a Future Still to Come*. Oakland and London : AK Press and Occupied London, 2011.

Walker, David. *Appeal to the Coloured Citizens of the World* (1829). Edited by Peter P. Hinks. University Park : Pennsylvania State University Press, 2000.

Zinn, Howard. *A People's History of the United States*. New York : Harper & Row, 1980. [하워드 진, 『미국민중사 1·2』, 유강은 옮김, 시울, 2006.]

ㄱ

가비, 마커스 (Garvey, Marcus) 108
간디, 모한다스 (Gandhi, Mohandas)
   94, 95, 112
갈레아노, 에두아르도 (Galeano,
   Eduardo) 128, 146, 147, 149
갈레아니, 루이지 (Galleani, Luigi)
   276, 277
개리슨, 윌리엄 로이드 (Garrison,
   William Lloyd) 230
거트먼, 허버트 (Gutman, Herbert)
   17
고드프루, 가브리엘 (Godfroy, Ga-
   briel) 216, 220
골드만, 엠마 (Goldman, Emma) 141
골드스미스, 올리버 (Goldsmith, Oli-
   ver) 240, 255
곰퍼스, 사무엘 (Gompers, Samuel)
   49, 133, 141
그라쿠스, 티베리우스 셈프로니우
   스 (Gracchus, Tiberius Sempro-
   nius) 202
그람시, 안토니오 (Gramsci, Antonio)
   19
그리고로풀로스, 알렉시스 (Grigoro-
   poulos, Alexis) 203
그린, 제임스 (Green, James) 128,

129, 131, 138, 140, 141
기싱, 조지 (Gissing, George) 185
긴즈버그, 앨런 (Ginsberg, Allen) 52
길, 더글러스 (Gill, Douglas) 104

ㄴ

나세르 (Nasser) 163
네루 (Nehru) 146, 163, 164
뉴턴, 아이작 (Newton, Isaac) 41
니비, 오스카 (Neebe, Oscar) 139,
   160, 238
니어링, 스콧 (Nearing, Scott) 271
닉슨, 리처드 M. (Nixon, Richard M.)
   53
닐, 몬티 (Neill, Monty) 24

ㄷ

다임러, 고틀리프 (Daimler, Gottlieb)
   133
댈러스, 글로든 (Dallas, Gloden) 104
대로우, 클래런스 (Darrow, Clarence)
   141, 250
더글러스, 윌리엄 O. (Douglas, Wil-
   liam O.) 57
더글러스, 프레더릭 (Douglass, Fred-
   erick) 288

데 안젤리스, 맛시모 (De Angelis, Massimo) 127

데브스, 유진 (Debs, Eugene) 49, 103, 232

데스파드, 에드워드 마커스 (Despard, Edward Marcus) 191, 194, 289, 290

데스파드, 캐서린 (Despard, Catherine) 192, 194, 290

데이비스, 안소니 (Davies, Anthony) 190

두꺼비 씨 (Mr. Toad) 54

두버먼, 마틴 (Duberman, Martin) 129

듀보이스, W.E.B. (Du Bois, W.E.B.) 107, 108, 112, 250

ㄹ

라쉬, 크리스토퍼 (Lasch, Christopher) 17

라윅, 조지 (Rawick, George) 22, 23, 120, 121

라이벌, 제이슨 (Hribal, Jason) 137

라이커, 데이브 (Riker, Dave) 22

라이트, 리처드 (Wright, Richard) 160, 164, 174, 180

라인, 찰스 (Rhyne, Charles) 56

라자루스, 엠마 (Lazarus, Emma) 141

라킨, 제임스 (Larkin, James) 110

라펠, 로빈 (Raphel, Robin) 99

랩워스 경, 찰스 (Lapworth, Sir Charles) 281

러스킨, 존 (Ruskin, John) 162

런던, 잭 (London, Jack) 173

리노, 재닛 (Reno, Janet) 65

레닌, 블라디미르 (Lenin, Vladimir) 50, 102~106, 112, 187, 248

레오폴드, 알도 (Leopold, Aldo) 280, 281

로렌스, T.E. (Lawrence, T.E.) 90, 92, 93, 94

로이드, 헨리 데마레스트 (Lloyd, Henry Demarest) 141

로즈, 세실 (Rhodes, Cecil) 106

로즈몬트, 프랭클린 (Rosemont, Franklin) 26, 112, 129

록펠러, 넬슨 (Rockefeller, Nelson) 56

루사, 존 (Roosa, John) 22

루스벨트, 시어도어 (Roosevelt, Theodore) 147

루이스, 벤저민 (Lewis, Benjamin) 231

리틀, 말콤 (Little, Malcolm) 62

리틀, 프랭크 (Little, Frank) 241, 242

린넬, 알프레드 (Linnell, Alfred) 142, 144

린드, 스타우튼 (Lynd, Staughton) 172

린드버그, 찰스 (Lindbergh, Charles) 206

링, 루이스 (Lingg, Louis) 139, 160, 238

링컨, 에이브러햄 (Lincoln, Abraham) 44, 50, 131, 132

ㅁ

마라찌, 크리스티안(Marazzi, Christian) 16

마르키에비츠, 코니(Markiewicz, Connie) 110

마르티, 호세(Marti, Jose) 131, 132, 142, 146

마몬(Mammon) 113

마시, 조지 퍼킨스(Marsh, George Perkins) 228

말리, 밥(Marley, Bob) 248

말콤 X.(Malcolm X) 62, 168

맑스, 엘레노어(Marx, Eleanor) 186

맑스, 칼(Marx, Karl) 62, 81, 127, 160, 174, 187, 225~227, 259, 267, 281~284

맥도널드, 드와이트(MacDonald, Dwight) 173

맥코믹, 사이러스(McCormick, Cyrus) 45, 46

맥코이, 메리(McCoy, Mary) 233, 259

맥코이, 일라이저(McCoy, Elijah) 231~233

맥팔레인, 헬렌(MacFarlane, Helen) 127, 187

맬러리, 조지(Mallory, George) 9

머치슨, 로더릭(Murchison, Roderick) 281

메링턴, 존(Merrington, John) 19

멘추, 리고베르타(Menchú, Rigoberta) 67

모건, 루이스 헨리(Morgan, Lewis Henry) 74

모리스, 윌리엄(Morris, William) 48, 118, 120, 124, 142, 144, 186, 187

모벌리, 프레더릭 제임스(Moberly, Frederick James) 91, 98

모튼, 토머스(Morton, Thomas) 7, 36~40, 70, 155, 156, 236, 237

몰록(Moloch) 113

미즈, 마리아(Mies, Maria) 81, 111

밀, 존 스튜어트(Mill, John Stuart) 186

밀턴, 존(Milton, John) 92, 95~97, 268

ㅂ

바버, 찰스 H.(Barber, Charles H.) 97, 98

바이런(Byron) 209, 211, 214, 215, 230, 231

바커, A. J.(Barker, A.J.) 98

밴 잰트, 니나(Van Zandt, Nina) 138

버고인, 존 폭스(Burgoyne, John Fox) 277

번스, 로버트(Burns, Robert) 39

번즈, 바비(Burns, Bobbie) 139

베넷, 해리(Bennett, Harry) 251

베번, 애뉴린(Bevan, Aneurin) 153

베시, 덴마크(Vesey, Denmark) 229

베전트, 애니(Besant, Annie) 95

베이커, 엘라(Baker, Ella) 170

벤담, 제러미(Bentham, Jeremy) 192

벨, 거트루드(Bell, Gertrude) 90~

304

92, 95, 97~99

보, 제임스 하디(Vaux, James Hardy) 291

보딘, 바바라(Bodine, Barbara) 99

부다, 마리오(Buda, Mario) 276, 278

뷰트 백작(Bute, Earl of) 41

브래드퍼드, 윌리엄(Bradford, William) 38, 155, 156, 236

브레넌, 미카엘라(Brennan, Michaela) 16, 197, 200

브레히트, 베르톨트(Brecht, Bertolt) 272, 277

블레이크, 윌리엄(Blake, William) 185, 189, 191, 264, 284, 298

비코, 지오반 바티스타(Vico, Giovan Battista) 283

ㅅ

상스크레인트, 장 밥티스트 호망 디(Sanscrainte, Jean Baptiste Romain dit) 217

샤이블리, 찰리(Shively, Charlie) 24

세인트클레어, 제프리(St. Clair, Jeffrey) 26

셸리, 메리(Shelley, Mary) 209, 259

셸리, 퍼시(Shelley, Percy) 209, 233

수카르노(Sukarno) 163, 164

술라(Sulla) 202, 258~260

셰이크샤프트, A. J.(Shakeshaft, A. J.) 98

슈왑, 마이클(Schwab, Michael) 139, 160, 238

스미스, 르노어(Smith, Lenoir) 249

스윈턴, 존(Swinton, John) 138

스탠디쉬, 마일스(Standish, Miles) 38, 156, 237

스터브스, 필립(Stubbs, Philip) 35

스튜어드, 아이라(Steward, Ira) 132

스파이스, 어거스트(Spies, August) 13, 46, 47, 73, 74, 116, 117, 137~139, 149, 160, 238

스파이스, 헨리(Spies, Henry) 138

시바, 반다나(Shiva, Vandana) 154, 276

시한, 신디(Sheehan, Cindy) 140

실비스, 윌리엄(Sylvis, William) 132

싱클레어, 업튼(Sinclair, Upton) 172

ㅇ

아메린저, 오스카(Ameringer, Oscar) 117, 162

알칼리마트, 압둘(Alkalimat, Abdul) 268

애브리치, 폴(Avrich, Paul) 129

애쉬보, 캐럴린(Ashbaugh, Carolyn) 72

액턴 남작(Lord Acton) 145

앱데커, 허버트(Aptheker, Herbert) 18

앳킨, 제임스(Aitken, James) 266

앵거먼, 스탠리(Engerman, Stanley) 17

야고보(James, the Less, Apostle, Saint) 33, 34, 37, 135

어빙, 워싱턴(Irving, Washington) 36

에파메이논다스 (Epaminondus) 219

엘리엇, 찰스 윌리엄 (Eliot, Charles William) 248

엘위트, 샌포드 (Elwitt, Sanford) 12~14, 19

엥겔, 조지 (Engel, George) 13, 73, 116, 160, 238

엥겔스, 프리드리히 (Engels, Friedrich) 79~84, 127, 248, 282

오글스비, 리처드 (Oglesby, Richard) 132

오바마, 버락 (Obama, Barack) 26, 151~153, 176~181, 197

오스트롬, 엘레노어 (Ostrom, Elinor) 256

오엘크, 베티 (Oelke, Betty) 253

요카, 리아 (Yoka, Lia) 197, 203

우드워드, 아우구스투스 브리볼트 (Woodward, Augustus Brevoort) 219

우보카 (Wovoka) 75

워터먼, 베디아 (Waterman, Bethia) 16

월러스턴, 리처드 (Wollaston, Richard) 36

웨스트, 코넬 (West, Cornell) 64

윌리엄슨, 존 (Williamson, John) 187

응구기 와 시옹오 (Ngugi wa Thiong'o) 168

이그나티에프, 노엘 (Ignatiev, Noel) 24

이솝 (Aesop) 239, 293

입실랜티스, 데메트리오스 (Ypsilantis, Demetrios) 207, 212, 221, 222, 242

입실랜티스, 알렉산더 (Ypsilantis, Alexander) 208, 212, 221, 222

ㅈ

자비츠, 제이컵 (Javits, Jacob) 56

잔 다르크 (Joan of Arc, Saint) 32, 33

잘라셰비츠, 얀 (Zalasiewicz, Jan) 285, 288

잭슨, 오노레 (Jaxon, Honore) 74

잭슨, 조지 (Jackson, George) 184, 186, 195

저우언라이 (Chou En-lai) 163

제노비스, 유진 (Genovese, Eugene) 17, 19

제라드, 에밀리 (Gerard, Emily) 212, 235

제로니모 (Geronimo) 73, 133

제퍼슨, 토머스 (Jefferson, Thomas) 219, 229

존 왕 (John, King of England) 115, 118~120, 122

존스, 메리 해리스 ("마더") (Jones, Mary Harris ["Mother"]) 43, 141, 161

존슨, 오클리 (Johnson, Oakley) 239, 240, 242, 243, 246~250, 259

존슨, 휼렛 (Johnson, Hewlett) 20

진, 하워드 (Zinn, Howard) 170, 171, 205~207, 254, 259

ㅊ

체스먼, 캐릴(Chessman, Caryl) 169
치카타바트 추장(Chief Chicatabat)
35

ㅋ

카메론, 앤드루(Cameron, Andrew)
132
카스, 루이스(Cass, Lewis) 217
카스틸리오네(Castiglione) 13
카펜치스, 조지(Caffentzis, George)
184, 197
캐멧, 존(Cammett, John) 19
캐시디, 대니얼(Cassidy, Daniel) 291
케니, 던컨(Kenney, Duncan) 25
케이스먼트, 로저(Casement, Roger)
109
코놀리, 제임스(Connolly, James)
89, 100, 107, 109, 112
코벳, 윌리엄(Cobbett, William) 186
코플린, 댄(Coughlin, Dan) 22
콘래드, 랜달(Conrad, Randall) 24
콜디거, 애덤(Coaldigger, Adam)
162
콜번, 하비 C.(Colburn, Harvey C.)
216
쿠싱, 프랭크(Cushing, Frank) 121
크레이머, 사무엘(Kramer, Samuel)
87
크로포트킨, 피터(Kropotkin, Peter)
186
클라크, 브린(Clark, Bryn) 22

키더, 워렌(Kidder, Warren) 227,
251
키로스, 테오도로스(Kiros, Teodros)
24
키셀레프, 파벨(Kiselev, Pavel) 224
킹, 로드니(King, Rodney) 65, 76
킹, 마틴 루터 주니어(King, Martin
Luther, Jr.) 175

ㅌ

타이비, 매트(Taibbi, Matt) 198
톤젠드, 찰스 베레 페러스(Town-
shend, Charles Vere Ferrers)
89~91, 97~99
톰슨, E. P.(Thompson, E.P.) 269
트란첸버그, 알렉산더(Trachtenberg,
Alexander) 248

ㅍ

파농, 프란츠(Fanon, Frantz) 179,
180
파슨스, 루시(Parsons, Lucy) 23,
48, 51, 73, 121, 140, 159
파슨스, 앨버트(Parsons, Albert) 7,
13, 23, 47, 70, 71, 73, 116, 121,
124, 135, 138, 139, 159, 160, 207,
238, 259
페데리치, 실비아(Federici, Silvia)
184, 299
포우너, 필립(Foner, Philip) 129
폭스-제노비스, 뱃시(Fox-Genovese,
Betsy) 17

폴리도리, 존 (Polidori, John) 209, 211

프라무디아 아난타 토르 (Pramoedya Ananta Toer) 166

프레지어, E. 프랭클린 (Frazier, E. Franklin) 205

피셔, 아돌프 (Fischer, Adolf) 13, 73, 116, 160, 238

피스크, 로버트 (Fisk, Robert) 101

피츠제럴드, 마곳 (Fitzgerald, Margot) 24

피크 경, 윌프레드 (Peek, Sir Wilfred) 99

피터슨, 로저 토리 (Peterson, Roger Tory) 293

필든, 사무엘 (Fielden, Samuel) 47, 135, 138, 139, 160, 238

필립보 (Philip, the Apostle, Saint) 33, 34, 37

핑크니, 에드워드 (Pinkney, Edward) 198, 200~202, 259

핑크스, W.J. (Pinks, W.J.) 191

ㅎ

하먼, 로버트 ("화물열차") (Harmon, Robert ["Freight Train"]) 12~14, 19, 20, 22

하버, 앨런 (Haber, Alan) 153, 173, 198

하비, 데이비드 (Harvey, David) 256

하우, 사무엘 그리들리 (Howe, Samuel Gridley) 215

하이네, 하인리히 (Heine, Heinrich) 267

해리슨, 윌리엄 H. (Harrison, William H.) 83

햄튼, 프레드 (Hampton, Fred) 176

헌트, 리 (Hunt, Leigh) 59

헌트, 헨리 (Hunt, Henry) 186

헤이든, 톰 (Hayden, Tom) 174

헤이우드, 빅 빌 (Haywood, Big Bill) 141

헤이즈, 알프레드 (Hayes, Alfred) 244

헨드릭, 조 (Hendrick, Joe) 16

헨리 8세 (Henry VIII) 66, 67

호손, 나다니엘 (Hawthorne, Nathaniel) 39, 156

홉스봄, 에릭 (Hobsbawm, Eric) 187

후세인, 샤리프 (Hussein, Sharif) 92

휘트먼, 월트 (Whitman, Walt) 24, 146

휴즈, 랭스턴 (Hughes, Langston) 246

히커슨, 프랭크 (Hickerson, Frank) 274

힐, 조 (Hill, Joe) 110, 112, 113, 244

ㄱ

〈가사노동 임금 캠페인〉(Wages for Housework campaign) 18, 184

가족 부양아동 지원법(Act for Aid to Families to Dependent Children) 187

『간과된 전쟁』(*The Neglected War*, 바커) 98

강간(rape) 20, 21, 212

게르니카(Guernica) 137

경제 연구 및 실천 계획(Economic Research and Action Projects, ERAP) 175

계급의식(class consciousness) 159, 180

계급투쟁(class struggle) 30, 117, 118, 176, 180

고대 그리스(ancient Greece) 31, 219

고대 로마(ancient Rome) 103, 202

고대 종합학(Altertumswissen-schaft) 213

고등 교육(higher education) 247

고문(torture) 115

곤드와나(Gondwana) 280

골드만 삭스(Goldman Sachs) 198, 202

공산주의(communism) 21, 52, 72, 74, 80, 83, 163, 165, 187, 227, 260, 281, 282

『공산주의 선언』(*Communist Manifesto*, 맑스·엥겔스) 122, 127, 187

공유지(commons) 8, 16, 27, 28, 66, 69, 79, 81~84, 101, 109, 120, 122~124, 154, 156, 157, 159, 161, 162, 168, 170, 175, 177, 179, 180, 186, 187, 192, 198~203, 208, 216, 218~220, 222, 223, 225, 228, 234, 239~241, 248, 256, 257, 260, 262, 283, 289, 290, 292, 294, 295

공정노동 규준법(Fair Labor Standards Act) 148

〈공화국 전투 찬가〉(The Battle Hymn of the Republic) 20

구름다리 전투(Battle of the Viaduct) 46

〈국제 노동자 연합〉(International Working People's Association) 71, 135

〈국제 여단〉(International Brigades) 186

국제통화기금(International Monetary Fund, IMF) 64, 202, 258

국토 자유 부대(Land and Freedom Army) 167, 168

『궁신론』(*Courtier*, 카스틸리오네) 13

〈그랑 자트섬의 일요일 오후〉(A Sunday Afternoon on the Island of La Grande Jatte) 133

그랜드래피즈(Grand Rapids) 242

그리스 독립 전쟁(Greek War of Independence) 208, 214, 221~223, 227

글래스 하우스 신탁(Glass House Trust) 186

기계화(mechanization) 44, 45, 134, 136, 137, 209, 233

ㄴ

나이아가라 단층애(Niagara Escarpment) 278

나이지리아 해군 연대(the Nigerian Marine Regiment) 93

나플리오(Nafplion) 203, 216, 258

남북전쟁(Civil War) 45, 70, 131, 132, 157, 159, 207, 237

『남용의 해부학』(*The Anatomy of Abuses*, 스터브스) 35

『내 아버지로부터의 꿈』(*Dreams from My Father*, 오바마) 177

냉전(Cold War) 56, 57, 163, 164, 173, 174

네바다 파이우트족(Nevada Paiute) 75

노동계급(working class) 19, 49, 105, 106, 112, 124, 130, 132, 134, 137, 142, 146, 149, 154, 160, 161, 164, 179, 183, 186, 204, 207, 229, 231, 232, 250, 260, 268, 269, 272, 287,

290, 292

〈노동 기사단〉(Knights of Labor) 43, 49, 133, 140

노동일(workday) 54, 225, 228, 236, 256

『노동자 신문』(*Arbeiter Zeitung*) 139

『노동자의 대변자』(*Workingman's Advocate*) 132

『노수부의 노래』(*Rime of the Ancient Mariner*, 콜리지) 93

노숙자(homeless people) 72, 257

노예제(slavery) 23, 79, 132, 157, 162, 190, 191, 207, 209, 212, 231, 232, 237, 255, 260, 281, 292

노퍽(Norfolk) 93, 99

녹색 메이데이(Green May Day) 239

농민 반란(Peasants' Revolt) 71

뉴딜(New Deal) 187

늑대(wolves) 96, 134, 145, 198, 218, 225, 280, 292

ㄷ

다윗교(Branch Davidians) 63, 64, 76

〈닷지 혁명 노동조합 운동〉(Dodge Revolutionary Union Movement) 52

대학 강사(college teachers) 246

〈대학 연합 사회주의 협회〉(Intercollegiate Socialist Society) 173

「더 마르크」(The Mark, 엥겔스) 248

데모(demonstrations) 7, 79

도싯셔(Dorsetshire) 93

『돈주앙』(*Don Juan*, 바이런) 214, 215

『돌 채석과 발파에 관한 논문』(*Treatise on the Blasting and Quarrying of Stone*, 버고인) 277

드라큘라(Dracula) 197, 204, 208, 211, 235

ㄹ

『라 살루떼 에 인 보이!』(*La Salute e in voi!*, 갈리아니) 276

라코타족(Lakota) 131, 158

란츠베르크(Landsberg) 51

러시아 혁명(Russia Revolution) 50, 163

『런던 교수형』(*The London Hanged*, 라인보우) 289

〈런던 애국자 모임〉(London Patriotic Club) 186

〈런던 지질학협회 충서위원회〉(The Stratigraphy Commission of the Geological Society of London) 285, 292

〈런던 통신 협회〉(London Corresponding Society) 186

로마 제국(Roman Empire) 33, 69, 273

론디즈 카운티(Lowndes County) 176

『루시 파슨스 : 미국 혁명가』(*Lucy Parsons : American Revolutionary*, 애쉬보) 72

리벳공 로지(Rosie the Riveter) 253

『리시다스』(*Lycidas*, 밀턴) 95

린치(lynching) 71, 72, 108, 233, 242

ㅁ

마그나카르타(Magna Carta) 114~118, 120, 122~124, 289

『마그나카르타 선언』(*The Magna Carta Manifesto*, 라인보우) 123, 289

마녀(witches) 15, 32, 34, 53, 69, 80, 197, 235

〈마르세유의 노래〉(La Marseillaise) 139

마우마우(Mau Mau) 167, 168, 179

마운트 플레전트(Mt. Pleasant) 183, 193, 194

마이아(Mai) 31, 43, 234

맑스 기념 도서관(Marx Memorial Library) 183, 186

맑스주의(Marxism) 17

매사추세츠 대학교(University of Massachusetts) 22, 58, 121

맥코믹 리퍼 워크스(McCormick Reaper Works) 238

『멈춰라, 도둑!』(*Stop, Thief!*, 라인보우) 289, 290

메소포타미아(Mesopotamia) 89, 91~93, 100, 102, 104

메소포타미아 원정군(Mesopotamian Expeditionary Force) 89

메이데이의 방(MayDay Rooms) 182~184, 186, 188, 190, 195

메이데이의 역사(History of May

Day) 30, 43, 153, 155, 176, 248, 294~296

메인 포크(Main Poc) 218

메티스(Metis) 73, 158, 217, 220

멸종(extinction of species) 122, 280, 282, 284~286, 288

모젤강 유역(Moselle Valley) 81, 187, 226

〈몰리 맥과이어〉(Molly Maguires) 158

문카치(Munkacs) 222

므깃도 프로젝트(Megiddo Project) 153

미국 공산당(Communist Party USA) 18, 244

〈미국 광산 노동자 연합〉(United Mine Workers of America) 43, 161

〈미국 노동 연맹〉(American Federation of Labor) 133, 141, 237

미국 독립 전쟁(American War of Independence) 222

『미국 민중사』(*People's History of the United States*, 진) 205

미국주의의 날(Americanism Day) 56

『미국 흑인 노예 봉기』(*American Negro Slave Revolts*, 앱데커) 18

미군(U.S.Army) 73, 75, 87

〈미드나잇 노츠〉(Midnight Notes) 26, 184

『미드나잇 오일 : 노동, 에너지, 전쟁 : 1973~1992』(*Midnight Oil: Work, Energy, War : 1973-1992*) 67

미들섹스 교정 시설(Middlesex House of Correction) 191

미들섹스 구치소(Middlesex House of Detention) 190

미솔롱기(Missolonghi) 215

미시간 대학교(University of Michigan) 197, 219, 243, 249, 250

『미지의 적 : 1차 세계대전에서 영국군의 반란』(*The Unknown Army: Mutinies in the British Army in World War I*, 댈러스·길) 104

미친 지식의 책방과 찻집(Crazy Wisdom Book Shop and Tea Room) 198

민주당(Democratic Party) 172, 175

〈민주사회를 위한 학생 연합〉(Students for a Democratic Society, SDS) 153, 161, 163, 169, 172~176, 198

『밀알』(*A Grain of Wheat*, 응구기) 168

ㅂ

〈반란군 소녀〉(The Rebel Girl) 110, 110

반체제 언론(underground press) 185

밧줄의 날(Day of the Rope) 158

방목권(pannage) 122, 124

방화(arson) 20, 21

밭갈이파(Diggers) 70, 96

배리(Barre) 276

백운암(dolomite) 278, 279, 289

백인 우월주의(white supremacy) 25, 153, 229, 261

백조(swans) 27, 263, 293

『뱀파이어』(*The Vampyre*, 폴리도리) 209, 211, 234

뱀파이어(vampires) 209, 211, 234

법의 날(Law Day) 22, 56, 57~59, 140

『벙어리의 독백』(*The Mute's Soliloquy*, 토르) 166

베나레스 힌두 대학(Benares Hindu University) 94

베르됭(Verdun) 89, 103

베트남 전쟁(Vietnam War) 175, 269

벤턴 하버(Benton Harbor) 152, 198, 200, 202, 255, 261

변증법(dialectics) 64

변호사(attorneys) 128

보이콧(boycotts) 25, 127, 164

복종(obedience) 104, 144, 199, 270

볼셰비키 혁명(Bolshevik Revolution) 50, 162

봉건주의(feudalism) 80, 81, 124, 281

부르주아(bourgeoisie) 80, 102, 179, 222, 227, 245

『부와 민주체제의 대립』(*Wealth against Commonwealth*, 로이드) 141

부활절 반란(Easter Rising) 108, 109

붉은색 메이데이(Red May Day) 239

뷰트(Butte) 41, 242

블랙 엘크(Black Elk) 44, 121

〈블랙 조커스〉(Black Jokers) 23

〈블랙 팬서당〉(Black Panther Party) 175, 176

비상 재정 감독관(emergency managers) 198, 199, 201, 202, 257, 260

비트바테르스란트(Witwatersrand) 133

비폭력(nonviolence) 95, 153, 161, 163, 169, 171, 181

빵 봉기(Bread Riot) 46

ㅅ

『사빠띠스따의 오로라』(*Auroras of the Zapatistas*) 26, 85

사투르날리아(Saturnalia) 65

사티아그라하(satyagraha) 94, 181

사회주의(socialism) 14, 21, 23, 42, 47, 49~52, 79, 80, 88, 102~105, 107, 110, 124, 133, 134, 139, 145, 159, 160, 162, 164, 173, 187, 232, 241, 248

『사회주의 : 공상적 사회주의와 과학적 사회주의』(*Socialism: Utopian and Scientific*, 엥겔스) 79, 248

〈산업 민주주의 연맹〉(League for Industrial Democracy) 172

〈산업 민주주의 학생 연맹〉(Student League for Industrial Democracy, SLID) 173

산 쿠엔틴(San Quentin) 169

삼림헌장(Charter of the Forest, Forest Charter) 122

새기노(Saginaw) 217

『새로운 대중들』(*New Masses*) 244, 246

샤먼 드럼(Shaman Drum) 152

서아프리카 연대(West African Regiment) 93

석유(oil) 89, 94, 101, 149, 178, 179

석탄 광부(coal miners) 153, 282

선전(propaganda) 30, 41, 222, 223

〈세계 산업 노동자 동맹〉(Industrial Workers of the World, IWW) 50, 113

「세계 유색인종 시민에의 호소문」 (Appeal to the Coloured Citizens of the World, 워커) 228, 230

셰이커(Shakers) 70, 75

소 방목권(herbage) 122, 124

『소셜리스트 레지스터』(*Socialist Register*) 19

소크 트레일(Sauk Trail) 217

쇼니족 예언자(Shawnee Prophet) 217

『수메르에서 시작된 역사』(*History Begins at Sumer*, 크레이머) 87

수용(expropriation) 27, 30, 33, 62, 66, 69, 72, 73, 75, 77, 127, 149, 168, 177~180, 199, 200, 208, 210, 211, 213, 218~220, 227, 251, 253, 256, 257, 267, 270, 290

수족(Sioux) 46, 74, 75, 121, 136

수평파(Levellers) 70, 96

스와인스테드 수도원(Swinestead Abbey) 119

스위프트 앤 아머(Swift and Armour) 136

스위너튼 계획(Swynnerton Plan) 167

스탠더드 오일 회사(Standard Oil Company) 141

스티븐스 그린(Stephen's Green) 110

스파 필즈(Spa Fields) 193

시민권(civil rights) 57, 164

시칠리아(Sicily) 51

시카고 순교자의 날(Day of the Chicago Martyrs) 49

시팅불(Sitting Bull) 74, 75, 131

씨앗(seeds) 16, 154, 156, 166, 181, 289

ㅇ

아나키스트(anarchists) 12, 14, 22, 23, 27, 50, 95, 145, 147, 160, 173, 260, 276~278

아드리아노플 조약(Treaty of Adrianople) 224

아레낙 카운티(Arenac County) 239

『아레오파지티카』(*Areopagitica*, 밀턴) 268

『아메리카 : 역사시』(*America : A History in Verse*, 샌더스) 105

아메리카 원주민(Native American) 7, 31, 38, 44, 48, 69, 83, 84, 159, 217, 242

아티카 교도소(Attica Prison) 18

아파치족(Apache) 133, 158

아프리카계 미국인(African Americans) 17, 18, 22, 48, 52, 71, 72,

120, 121, 131, 144, 145, 159, 193, 229, 246, 290

〈아프리카계 미국인 연구 모임〉(African American Study Group) 18

아프리카인 감리교회(African Methodist Episcopal Church) 229

〈아프리카 학문 자유 위원회〉(the Committee for Academic Freedom in Africa) 184

악폐 메이데이(Evil May Day) 67, 69

알비파(Albigensian) 123

암살(assassination) 21, 131, 168, 172, 176, 184

앤 아버(Ann Arbor) 152, 153, 172, 173, 198, 249, 257

야생 동물(wild animals) 43, 134, 219

에스토버스(estovers) 123, 124, 226

엘리슨 파크(Ellison Park) 15

『엘 쁘로덕토르』(El Productor) 146

〈엘 에코〉(El Echo) 23

『역사에서 어떤 일이 일어났는가?』(What Happened in History, 차일드) 87

「역사책 읽는 노동자의 의문」(A Worker Reads History, 브레히트) 272

연료(fuel) 290

〈연합 아일랜드인회〉(United Irishman) 191

영국 서인도 연대(British West Indies Regiment) 93

영국 우편 박물관과 기록 보관소(British Postal Museum and Ar-

chive) 183

〈오늘과 그날의 작은 반란〉(A Little Rebellion Now and Then, 랜달) 24

오스만 제국(Ottoman Empire) 92, 208, 221, 227

「오지만디아스」(Ozymandias) 140

오지브와족(Ojibwa) 218

오큐파이 운동(Occupy movement) 257

옥수수(corn) 84, 216~218

『옥스퍼드 영어사전』(Oxford English Dictionary, OED) 264, 265, 267, 283, 291

와이언도트(Wyandotte) 232

우르두어(Urdu) 90

운디드니 학살 사건(Wounded Knee Massacre) 69, 75, 76

『울지마라 아이야』(Weep Not Child, 응구기) 168

워릭 대학교(University of Warwick) 269

워시트노 카운티(Washtenaw County) 217, 257

워털루 전투(The Battle of Waterloo) 208

월풀 코퍼레이션(Whirlpool Corporation) 200

웨이코 공포(The Waco Horror) 108

『위기』(The Crisis) 108

〈위키드 캐주얼즈〉(Wicked Casuals) 23

윌로우 런(Willow Run) 206, 227, 250, 251, 253, 255

윌로우 빌리지(Willow Village) 253

『유니우스 팸플릿』(*Junius Pamphlet*, 룩셈부르크) 102, 104

유령 춤(Ghost Dance) 69, 74~76

유색 연대(Coloured Section) 93

『유색의 장막』(*Color Curtain*, 라이트) 165

은행(bank) 30, 62, 64, 67, 152, 157, 198, 202, 204, 219, 220, 223, 247, 268

이민자(immigrants) 45, 67, 70, 130, 134, 141, 146, 153, 155, 158, 159, 162, 177, 203, 275, 291, 293

『이성에의 호소』(*Appeal to Reason*) 103

『이스크라』(*Iskra*) 187

이집트 공병대 93

인류세(anthropocene) 263, 284~289, 291, 292

인종 격리(racial segregation) 25, 88

인클로저(enclosure) 66, 67, 69, 122, 128, 167, 190, 193, 204, 256

〈인터내셔널가〉(The Internationale) 51, 148

『입실랜티 이야기』(*The Story of Ypsilanti*, 콜번) 216

잉여노동(surplus labor) 30, 185, 209, 225, 228

ㅈ

『자급의 삶은 가능한가』(미즈·벤홀트-톰젠) 81

자동 증기실 운동 윤활 장치(Automatic Steam Chest Locomotive Lubrication Device) 232

『자본』(*Capital*, 맑스) 133, 225

자본세(capitalocene) 288

자유의 나무(Tree of Liberty) 66

자유의 여신상(Statue of Liberty) 141

자유 헌장(Charter of Liberties) 122, 123

재생산(reproduction) 8, 154~156, 161, 190, 199, 200, 203, 212, 220, 233, 251, 256, 261

〈전국 노동계급 노동조합〉(National Union of the Working Classes) 186

〈전미 자동차 노동조합〉(United Auto Worker) 172, 173

전쟁(wars) 9, 25, 45, 50, 54, 66, 67, 69, 70, 72, 88, 89, 92, 95, 97~99, 101, 103, 104, 106~107, 109, 118, 121, 131, 132, 136, 141, 148, 152, 153, 155, 157, 159, 175, 178, 190, 201, 206~208, 214, 218, 220~223, 227, 236, 237, 251, 253, 269, 271, 274, 277, 290

『제국주의론 : 자본주의의 최고 단계』(*Imperialism, the Highest Stage of Capitalism*, 레닌) 104, 248

제네시강(Genesee River) 278

제로워크(Zerowork) 183~185

제세례파(Anabaptists) 69

『조 힐 : IWW와 혁명적 노동계급 대항문화의 탄생』(*Joe Hill : The IWW & the Making of a Revolu-*

tionary Workingclass Counterculture, 로즈몬트) 112

『존 볼의 꿈』(*The Dream of John Ball*, 모리스) 144, 145

종교(religion) 27, 32, 33, 63, 70, 75, 153, 171, 211, 214, 283

죄수 운동(prisoner movement) 183

중세(Middle Ages) 34, 81, 144, 188, 281

『지하 세계』(*The Nether World*, 기싱) 185

〈직능별 조직 노동조합 연맹〉(Federation of Organized Trade and Labor Union) 46, 116

짐 크로우 법(Jim Crow law) 146, 269

ㅊ

착취(exploitation) 25, 62, 63, 69, 72, 73, 75, 77, 108, 117, 130, 134, 159, 200, 208, 210, 212, 234, 256, 257, 290

철도(railroads) 46, 98, 130, 146, 157, 220, 225, 232, 274, 275

청교도(Puritans) 34, 35, 37~41, 43, 69, 70, 155, 156, 236

초기 감리교도(Ranters) 70

총파업(general strikes) 12, 50, 51, 53, 72, 128, 187, 204

추방(deportation) 35, 38, 70, 74, 115, 134, 142, 156, 187, 277

충절의 날(Loyalty Day) 30, 56

치머발트(Zimmerwald) 102

치페와족(Chippewa) 74

〈친우회〉(Society of Friends) 221, 222

「침묵의 말」(The Silent Speak, 라인보우) 22

ㅋ

카라치(Karachi) 94, 95

카바레 볼테르(Cabaret Voltaire) 105

『카운터펀치』(*CounterPunch*) 26

카톨레피스테미아드(catholepistemiad) 219

캘소프 거리(Calthorpe Street) 193

캠프 테이크 노티스(Camp Take Notice) 257

컬럼비아 대학교(Columbia University) 52, 219, 246

켈트(Celts) 31, 32, 234, 281

코만치족(Comanche) 158

코카콜라 142

〈콕시스 아미〉(Coxey's Army) 148

콘스탄티노플(Constantinople) 220, 221

콜드 바스 필드 교도소(Cold Bath Fields Prison) 191, 194

쿠르나 전투(Battles of Kurna) 99

쿠트의 포위(Siege of Kut) 93

쿡 카운티(Cook County) 116

퀸시(Quincy) 23, 35, 36, 39, 40, 70

〈퀸시 역사 협회〉(Quincy Historical Society) 35

〈큐 클럭스 클랜〉(KKK단, Ku Klux

Klan) 71

『크로나카 소베르시바』(*Cronaca Sov-versiva*) 276

크테시폰(Ctesiphon) 99

『클라컨웰의 역사』(*History of Clerkenwell*, 핑크스) 191

「키엔탈 선언」(Kienthal Manifesto) 89

킬메이넘 교도소(Kilmainham Gaol) 110

ㅌ

탈주(desertion) 38, 90, 232

『탑 건설자』(*Tower Builders*, 히커슨) 274

태업(labor slowdowns) 7, 158, 242

터프츠 대학교(Tufts University) 22

털리도 대학교(University of Toledo) 197, 258, 269, 271, 272, 274, 289

통행권(chiminage) 123, 124

트란실바니아(Transylvania) 197, 219, 222, 235, 255

ㅍ

파나르(Phanar) 221

파나리오트(Phanariots) 221, 222

파소나게시트(Passonaggessit) 36

파업(strikes) 7, 12, 24, 25, 45, 46, 50~54, 58, 72, 84, 88, 127, 128, 134, 137, 138, 157, 159, 164, 187, 204, 232, 238, 242

패커드 공중보건 진료소(Packard Community Clinic) 200

펀자브주(Punjab) 90, 93

페니어(Fenian) 190

페미니스트(feminists) 21, 22, 38, 154

페어클로우(Fairclough) 249

〈페이싱 리얼리티〉(Facing Reality) 22

평등(equality) 38, 39, 71, 123, 191, 230, 270, 271, 290

폐쇄(lockouts) 40, 45, 72, 152, 168, 170, 199, 256, 268

포큐파인족(Porcupine) 75

포타와토미족(Potawatomis) 216~218, 220

「포트 휴런 선언문」(Port Huron Statement) 174

퓨젯 사운드 인디언들(Puget Sound Indians) 75

프랑켄슈타인(Frankenstein) 209, 210, 211, 233, 257

플릿강(Fleet River) 191

플릿 거리(Fleet Street) 184, 188

피의 일요일(Bloody Sunday) 144

〈필리키 에테리아〉(Filiki Eteria) 221

필헬레니즘(philhellenism) 212~215, 248

핑커튼 탐정 사무소(Pinkerton Detective Agency) 46

ㅎ

『하버드 고전』(*The Harvard Classics*, 엘리엇) 248

학살(genocide) 35, 50, 63, 69, 73, 75, 80, 89, 103, 107, 111, 122, 133, 136, 149, 162, 167, 169, 178, 179, 184, 202, 209, 216, 223, 258

학생 부채(student debt) 257

〈학생 비폭력 조정위원회〉(Student Nonviolent Coordinating Committee, SNCC) 153, 161, 163, 169~173, 175, 176, 298

〈해머스미스 사회주의 협회〉(Hammersmith Socialist Society) 187

『해방자』(Liberator) 51

햄트랙 조립 공장(Hamtramck Assembly Plant) 52

〈험티 덤티〉(Humpty Dumpty) 140

『헤이마켓 발췌록』(Haymarket Scrapbook) 24, 26

헤이마켓 사건(Haymarket affair) 25, 142, 149

『헤이마켓의 죽음 : 시카고의 이야기와 최초의 노동 운동 그리고 금권 정치로 분열된 미국에 던지는 폭탄』(Death in the Haymarket : A Story of Chicago, the First Labor Movement, and the Bombing that Divided Gilded Age America, 그린) 129, 150

『헬라스』(Hellas, 셸리) 214

〈혁명적 흑인 노동자 연맹〉(League of Revolutionary Black Workers) 18

현혹 벗어나기(debamboozling) 205

호프웰족(Hopewell) 84

『홀의 연대기』(Hall's Chronicle) 67

화형(burning) 32, 34, 69, 80

「황폐한 마을」(The Deserted Village, 골드스미스) 240

휴일(holy days) 41, 42, 48, 49, 58, 127, 295

〈흑인-백인종 모임〉(Negro-Caucasian Club) 249

희년(jubilees) 81, 153, 161, 169, 170, 176

『히드라』(The Many-Headed Hydra, 라인보우·레디커) 289

힌두스타니어(Hindustani) 9

기타

1차 세계대전(World War I) 50, 88, 92, 104, 164

2차 세계대전(World War II) 164, 206

〈3,000년과 삶〉(3,000 Years and Life) 24

5월의 기둥(Maypoles) 7, 23, 32, 34, 35, 37, 38, 41, 60, 65, 66, 69, 70, 74, 87, 128, 155, 156, 235~237, 261

「5인치 책꽂이 선반」(A Five-Inch Shelf of Booklets, 존슨) 248

8시간 노동(eight-hour workday) 45, 46, 50, 71, 72, 84, 88, 117, 132, 137, 138, 140, 147, 148, 157, 160, 181, 199, 237, 295

〈8시간 노동 연맹〉(Eight-Hour Leagues) 132

〈23구역 주조업 조합〉(Molders Union Local 23) 45, 84

LA 봉기(Los Angeles Uprising) 63,
    69
『NEPA 소식지 : 뉴잉글랜드 수감
    자 연합의 목소리, 1973~1975』
    (*NEPA News: The Voice of the New
    England Prisoners' Association*,
    1973~1975) 184